《甲寅》月刊与
中国新文学的发生

赵亚宏 著

人民出版社

教育部人文社科规划基金项目"《甲寅》

月刊与中国新文学的发生"（ 09YJA751067）

最终成果

通化师范学院科研基金资助

目 录
CONTENTS

前　言

一、选题的范围及研究意义

　　《甲寅》月刊是章士钊于 1914 年 5 月在日本东京创办的，《青年杂志》(第二卷起改名为《新青年》)是陈独秀于 1915 年 9 月在上海创办的。《甲寅》月刊创刊之日，正值中国历史发生大转折之时。共和与帝制的反复较量，新旧思想的激烈交锋，中西文化的相互碰撞，动荡不安的时局，使得民初的思想文化界也都变得捉摸不定。《甲寅》月刊，成为二次革命失败后流亡和留学日本的先进知识分子探索民族出路与表达个人思想的公共话语空间。它是对晚清和民初社会启蒙思潮的理性反思和扬弃，是对袁世凯专制统治的一种抵制和对西方政治体制、文化思想的宣传与借鉴，是《青年杂志》问世前欧洲进步思想的主要传播阵地。政治观念和文学观念的互动，文学创作也开始因新的思想的注入而扩展了空间，融入了新的内容和新的创作模式的尝试，注重以个人的体验为本位，为五四新文学"人的文学"观的确立做了很好的铺垫。《甲寅》月刊不仅在组织上，而且在思想上对于《新青年》和新文化运动有着很大影响，《新青年》的许多思想都可以在

《甲寅》月刊中找到它的原型。有人曾把《甲寅》月刊说成是新文化运动的鼻祖。也有人称《甲寅》月刊为"现代之母"。不论这种评价是否公允,但却说明了一个问题,就是《甲寅》月刊在《新青年》和新文学的发生发展过程中,起到其他刊物不可替代的作用。

　　历史不能被埋没,它是呈线性发展的。《新青年》的诞生以及新文学的发生皆非偶然,也非从清末的思想启蒙和文学改革一下子跨越到五四,中间必须要经历一个过渡阶段,《甲寅》月刊就是《新青年》与新文学发生的过渡平台。《甲寅》月刊自始至终都是以反对封建帝制、标榜自由主义为思想根基,倡导"有容"思想、"人权说"和独立意识。陈独秀协助章士钊编辑《甲寅》月刊,发表惊世骇俗的《爱国心与自觉心》,注重个人本位的文学观的一致性,这一切,为《新青年》的诞生,奠定中国知识分子的立场和新文学的空间格局,从政治思想层面上清除了路障,《新青年》与《甲寅》月刊有着极深的历史渊源关系。

　　本论文主要立足于对《甲寅》月刊(及其本身研究)与早期《新青年》的渊源关系进行梳理,从而弄清《甲寅》月刊与"五四"新文学的关系。探讨《甲寅》月刊与《新青年》思想启蒙的源流。由《甲寅》月刊往前延伸,清末知识分子的政治探求与思想文化上的革新,《甲寅》月刊为代表的知识精英们对清末民初的自由、民主、人权政治等启蒙思想的承继与创新,对文学革新与对人生情爱、生死主题的思索和探寻。对章士钊和陈独秀共事革命、共办刊物的背景及个人思想的阐发,对袁世凯复辟帝制的批判。章士钊由清末的激进革命到民初以后变得理性平和,陈独秀由清末的激进革命到对民初社会现实做出了深刻清晰的理性判断。两刊物在办刊宗旨、撰稿人队伍、栏目设置、广告刊载、文学观念变革等方面渊源关系的展现,对《甲寅》月刊文学作品的个案研究,进而理清《新青年》对《甲寅》月刊与清末民初启蒙思潮的承继与超越,《甲寅》月刊催萌了新文学,新文学的立场与空间格局的形成,通过文学改良与文学革命,构建了新文学的理论并形成了文学批评观。考察章士钊从 20 世纪初到《甲寅》月刊,陈独秀则从 20 世纪初到五四新文学运动。对于章士钊在 20 年代的思想经历不作涉猎。对于《新青年》,基本考察前几卷,因为从新文学创作上讲,真正代表"五四"新文学创作实绩的除了鲁迅在 1918 年发表《狂人日记》及以后发表的一系列小说之外,都体现在 20 年代,尤其是文学社团成立后,文学创作才真正地兴盛起来,但不是本课题的研究范围。

　　本着尊重历史,在历史真实的语境下理解和阐释文本,从所选定的研究范围,对大量的历史资料和史实进行细致的梳理、剖析,进而还历史的真实面目,明了两刊物之间在思想上、精神上和创作上的联系。梳理《甲寅》月刊与《新青年》及新文学的关系,能使我们进一步明确《甲寅》月刊与《新青年》所具有的精英倾向和理念,在清末民初延续的启蒙思潮和文学变革上又体现了知识精英们不懈的努力和探索,探讨《甲寅》月刊在当时历史境遇下存在的价值和意义,《甲寅》月刊催生了《新青年》和"五四"新文学,《新青年》对《甲寅》月刊进行承继和超越,对于"五四"新文学本课题只作宏观概括和梳理,不作更深入的研究。

　　随着"没有晚清,何来五四"的新文学溯源性口号的提出和对各类新文学源流思想的不断梳理,晚清与民国的重要性日益凸现。正是在这样的情况下,对《甲寅》月刊和"五四"新文学之间的关系研究更应该逐渐得到重视,并且将具有继续进行研究的极大空间和张力。本论文运用"文学的整体观"进行考察,把清末民初至五四时期的思想与文学的演变作为一个整体看待。试从政治——思想——文学入手,对文本展开,进行逻辑梳理。这样梳理《甲寅》月刊与中国新文学之间的渊源关系,就成为顺理成章的事情。对《甲寅》月刊与"五四"新文学的关系研究,既有宏观的政治思想理论的梳理,又有细致微观的个案问题研究,做到点面结合,使研究过程形成一个网状结构,细致完整全面。因此,探讨《甲寅》月刊与中国新文学的渊源关系,正确评价其历史地位和作用,对于全面深入地认识新文学运动形成与发展的脉络和内因,拓展新文学发生期与现代性转型等方面的研究,作出力所能及的有益探索,将有着非常重要的学术价值和学术意义。

二、学术史回顾及尚需解决的问题

(一)关于中国新文学源流的研究

有关新文学源流的研究,许多学者都做出了诸多努力,他们的研究成果为我们认识"五四"新文学运动提供了许多新的视角。张全之、陈强的《"五四"新文学源流研究述评及其反思》①,对这些研究进行了梳理。综观学者们多年的研究,他们梳理和归纳了五种观点。由于"五四"新文学运动的发生,有着深远的社会、政治、文化背景,这个问题本身的复杂性,致使学者们仁者见仁,智者见智。此外还有从现代文艺社会学方法的角度,对中国新文学发生期进行研究的。这五种观点体现为:

1. 魏晋南北朝说

陈方竞和刘中树的论文《对"五四"新文学发生及源流的再

---

① 《丽水学院学报》,2005 年第 3 期。

认识》①,对"五四"新文学的源流重新进行了梳理,他们认为魏晋文学构成了从章太炎到鲁迅所开启的"五四"新文学与传统联系之渊源。文章主要从受章太炎影响最深刻的鲁迅对六朝文学的重视来论述新文学的源流。认为从艺术内部规律而言,鲁迅开创的"五四"新文学与六朝文学是相通的,将"五四"新文学运动的源头指向了遥远的魏晋时期,对全面了解古代文学特别是中古文学与现代文学的关系提供了一个很好的平台。

　　2. 晚明说

　　周作人在《中国新文学的源流》②一书中,具体阐明了中国新文学运动的根本方向与晚明的公安、竟陵派的文学运动完全相同。并且认为胡适的"八不主义"是复活了明末公安派的"独抒性灵,不拘格套"和"信腕信口,皆成律度"的主张。也是迄今为止发现的最早的关于中国新文学源流专项研究的著作。周作人的弟子任访秋的《中国新文学渊源》③,则在此基础上,认识到晚明思想家李贽对公安派的巨大影响,并对李贽在晚明思想解放和文学革新运动中的重要作用加以重新认识和评价。认为李贽的"童心说",当时就影响了公安派袁氏兄弟……直到后来的新文学运动。这种学说抛开了新文学运动发生时极为明显的西学背景,但是纠正了关于新文学完全否定旧文学基础上建立起来的这一偏颇。

　　3. 明末清初说

　　郑家建在《中国文学现代性的起源语境》④中,深入探究了

---

① 《文艺研究》,1999 年第 2 期。
② 邓恭三整理、周作人讲校,北平:人文书店出版,1932 年。
③ 郑州:河南人民出版社,1986 年版。
④ 上海:上海三联书店,2002 年版。

"五四"新文学的起源问题。他认为明末清初的知识分子如顾炎武、黄宗羲和王夫之三大思想家,对自我精神存在的思考中国启蒙者的主体性的自我启蒙,从六个方面指出与五四的内在渊源。第一,清人"重证据"的研究精神;第二,怀疑精神;第三,是"诸子学"的悄然兴起;第四,人本主义思想对古代思想和文化的剧烈冲击;第五,近代今文学对"五四"的影响;第六,经世致用的思想意识对"五四"新文学的影响。郑家建从思想史和学术史的角度,钩沉出"五四"思想启蒙运动和学术研究理路的传统根源,指证了以反传统自居的"五四"人物其实本身就带有中国传统思想和思维方式的印记,这无疑很有见地。张全之等认为这六个方面几乎都犯了以局部代整体的逻辑错误。

4. 晚清说

陈子展的《中国近代文学之变迁》①,将"五四"新文学的源头定位于晚清的戊戌维新运动。他从两个方面论述了"戊戌变法"对后来"五四"新文化运动的巨大影响。即文人开始摆脱八股影响,同时真正接受外来的影响。

杨联芬的《晚清至五四:中国文学现代性的发生》②,将"五四"新文学的源流定位在晚清的先锋知识分子的思想启蒙运动上。杨联芬主要通过小说从晚清到"五四"时期的发展轨迹系统论述了中国文学的现代性从萌芽到成长的过程。认为在现代性的视域下,清末的"新文学"与"五四"的"新文学",实际上是一种文学运动的两个阶段。并分析了晚清小说对五四小说的影响。

---

① 上海:上海古籍出版社,2000 年版。
② 北京:北京大学出版社,2003 年版。

王德威的《被压抑的现代性:没有晚清,何来"五四"》①,则界定了晚清文学的重要地位。以小说为例将晚清文学推向了一个比"五四"更高的阶梯。不论从作家的数量、作品的成果还是出版机构、媒介等方面,晚清的小说都是比"五四"更庞大的,而到"五四"时期却成为现实主义的一花独放。

张全之的博士论文《无政府主义与中国近现代文学》②中,强调了晚清无政府运动对"五四"文学革命的奠基之功。他重点比较了1907年吴稚晖、李石曾等无政府主义者在巴黎创刊的《新世纪》杂志与《新青年》之间在文化立场与文学态度等方面的相似性,指出:"检视新文学革命的源流,不能忽视无政府主义思潮的影响和奠基作用。"

"晚清说"声势最为浩大,对当今学界和文学史著述产生了不可估量的影响。它从总体上改变了现代文学写作的基本框架,澄清了"五四"文学研究中存在的很多纠缠不清的问题。

5. 辛亥革命说

陈万雄的《五四新文化的源流》③,对学术界将"五四"新文化的源头定位在晚清的思想解放十分不满。他主要从新文化运动的人员构成、对传统思想的反叛以及文学革新等几个方面论述了辛亥革命运动与五四运动的渊源关系。1900年到1920年是中国第一代近代型知识分子的形成期和成长期,进而成为这20年间的主要革新力量。认为《新青年》和"五四"新文化运动在革新思想上,与辛亥革命运动一脉相承。

---

① 《想象中国的方法》,北京:北京三联书店,1998年版。
② 南京大学,2004年博士论文打印稿。
③ 北京:北京三联书店,1997年版。

此外,栾梅健的《二十世纪中国文学发生论》①,就是从二十世纪的经济状况与文化背景切入,来思考二十世纪中国新文学是如何发生和为何产生的。中国自鸦片战争以来,受外来的经济因素的影响,打破了自给自足的小农经济模式,晚清报刊业的兴起,随着科举制度的取消,职业作家的出现,对中国传统文学无疑是一个巨大的冲击。他主要从"传播媒介的变革与文学兴盛的契机"、"稿费制度的确立与职业作家的出现"、"社会形态的嬗变与文学主题的流向"、"文体革命的要求与艺术形式的创新"四个方面,运用了现代文艺社会学研究方法之一,即从社会经济的总体发展上来分析文学的发生与发展,论证了中国新文学的发生。

(二)关于《甲寅》月刊的研究

章士钊曾办过《甲寅》月刊、《甲寅》日刊、《甲寅》周刊,这里只遴选关于章士钊与创办《甲寅》月刊相关的研究成果。胡适曾经在《与高一涵等四位的信》中说:"二十五年来,只有三个杂志可代表三个时代,可以说是创造了三个新时代:一是《时务报》;一是《新民丛报》;一是《新青年》。而《民报》与《甲寅》还算不上。"②《甲寅》月刊也许不能代表一个时代,但是它在民初社会中却是令人瞩目的刊物。"以《甲寅》月刊的创立为标志,启蒙思想在中国得到了复苏并迎来了高潮。""对于《甲寅》月刊,我们认为,它在早期新文化运动中扮演了重要的角色。"③《甲寅》月刊在当时的地位和影响可见一斑。

---

① 广西师范大学出版社,2006 年版。

② 《努力周报》第 75 期,1923 年 10 月。

③ 刘桂生、朱育和:《艰难的历程——几点想法(代前言)》,刘桂生主编:《时代的错位与理论的选择——西方近代思潮与中国"五四"启蒙思想》,北京:清华大学出版社,1989 年版,第 13 页。

　　对于《甲寅》月刊的研究主要从八十年代开始。近年来越来越多的研究者把目光投向了晚清和民国。对章士钊以及《甲寅》月刊在中国政治思想文化史上的影响的研究在近几年成为热点。到目前为止，对章士钊个人及其杂志研究的论文、回忆文章、传记、专著共近百篇（部）。研究者们分别从政治学、社会学、历史学等不同角度进入，取得了一定的研究成果。随着章含之、白吉庵主编的《章士钊全集》（十卷）①的出版，为章士钊和《甲寅》月刊研究提供了更大的方便，促进了研究的进一步深入和成为热点。

　　1. 钱基博在《近百年湖南学风·湘学略》和《现代中国文学史》②中肯定了章士钊的逻辑文的成就和逻辑思辨能力。而王森然于二十世纪 30 年代所写的《近代二十家评传》③中有"章士钊先生评传"，书中介绍了章士钊的人格和文采。"事业之宏远伟大，莫或见及；而其高尚之人格，则益如良璞之霾于深矿，永劫莫发其光晶也"。④ 汪原放于 1983 年写的《回忆亚东图书馆》则专章介绍亚东图书馆从《甲寅》月刊第 5 期开始接手出版事宜，并说"一九一五年印行章士钊的《甲寅》杂志，亚东图书馆的名字已经叫人认识了。"⑤可见，当时《甲寅》月刊在国内的影响之大。李新、李宗一主编的《中华民国史》第二编第一卷"北洋政府统治时期"⑥中，把《甲寅》月刊作为欧事研究会的宣传机关进行了介绍。

---

①　上海：文汇出版社，2000 年版。
②　二书均为长沙：岳麓书社，1986 年版。
③　北京：书目文献出版社，1987 年版。
④　北京：书目文献出版社，1987 年版，第 283 页。
⑤　上海：学林出版社，1983 年版，第 28 页。
⑥　北京：中华书局，1987 年版。

杨义《中国新文学图志》①着重介绍了《甲寅》月刊与《甲寅》周刊在对文学态度上的分歧和差异,并附有《甲寅》月刊的书影。由丁守和主编的《辛亥革命时期期刊介绍》②,其中有白吉庵主笔对《甲寅》月刊的办刊宗旨、编辑人员进行了详细的介绍,对比较重要的政论文章也进行了整理与简单评述。

关于章士钊传记,目前主要有三部:陈书良《寂寞秋桐——章士钊别传》③,邹小站《章士钊传》④,白吉庵《章士钊传》⑤。陈书良写的传记只是叙述传主一生比较大的几个事件。邹小站写的传记则朴实严谨,主要突出章士钊一生特立独行的性格。白吉庵写的传记更显得丰富、扎实、厚重,对传主的家谱都梳理得非常清晰、准确。他是章士钊的学生,也是研究章士钊的学者。

关于介绍章士钊的交游行踪的专篇论文(包括亲属回忆文章)有很多,这里不一一列举。

2. 关于研究章士钊逻辑思想的文章有:谢幼伟《评章著〈逻辑指要〉——兼论演绎与归纳》⑥、彭漪涟《近代中国逻辑思想史论》⑦、卞孝萱《章士钊一生"三指要"》⑧、周逢琴的硕士论文《论章士钊的逻辑文》⑨。卞文对章士钊一生中写的《逻辑指要》、《论衡指要》、《柳文指要》进行了评述。周文在论述章士钊的逻辑文

---

① 北京:人民出版社,1998 年版。
② 北京:人民出版社,1986 年版。
③ 长春出版社,1999 年版。
④ 郑州:河南文艺出版社,1999 年版。
⑤ 北京:作家出版社,2004 年版。
⑥ 《思想与时代》,第 26 期,贵州,1943 年发行,见邹小站:《章士钊社会政治思想研究》前言第 2 页。
⑦ 上海:上海人民出版社,1991 年版。
⑧ 《烟台师范学院学报》(哲学社会科学版),2001 年第 2 期。
⑨ 青岛大学,2003 年。

时,论证了章士钊带有现代色彩的文学观,区别对待政论和文学作品,体现出文学认识上的"分业观"。论述了章士钊对于政论创作以理性态度,推理、论证都要合于逻辑,以"洁"为文标准,坚持独立论证、朴实说理的原则,并且创造了"逻辑文"这一独特的文体,体现了现代科学实证的理性精神。论文着重揭示"逻辑文"文言外壳掩盖下的现代性,期待更多的研究视线投向 20 世纪的中国散文。

3. 关于章士钊的政治思想和新闻理论、实践研究的博士学位论文有:张谦《章士钊宪政思想研究》①,主要以清末立宪与排满革命两大政潮为背景,在变革的世界抉择中突出当时中国出现的宪政机遇,并在已有章士钊研究的基础上,强调章士钊的宪政主张在清末民初的宪政思潮中占有重要地位,及其宪政思想演变的整个过程和内在理路;李日《章士钊新闻理论与实践研究》②,系统探讨章士钊的近代新闻实践和新闻理论,并对章士钊在新闻事业中的贡献给予了一个公允的评价和合适的定位;郭华清《宽容与妥协——章士钊的调和论研究》③,是以章士钊的几篇谈调和的文章为基础而写成的博士论文。把章士钊调和论的涵义、是非、新旧调和论的失足,历史和理论相结合,深化了对章士钊调和论的认识。

4. 研究章士钊及《甲寅》月刊的硕士学位论文有:袁甜的《〈甲寅〉杂志研究》④,论文资料翔实、丰富,看得出作者对《甲寅》月刊这一同人杂志,除了文学方面简略介绍外,都做了比较详

---

① 复旦大学,2000 年。
② 湖南师范大学,2003 年。
③ 天津:古籍出版社,2004 年版。
④ 苏州大学,2006 年。

细的考察。该文重点是对"通讯"栏的研究分析,认为是一个"讲堂",不是一个沙龙和公共话语空间,"甲寅"人担当了导师的角色,成为知识传播者,对于理解中国文学文化的发展走向、民族心理的形成及现代性因素的演变很有帮助;刘康《五四新文学缘起的政治文化再考——以〈甲寅〉月刊为中心》[①],从政治文化方面对《甲寅》月刊进行论述,主要以"个人本位"为研究的突破口,从政治文化的角度对"五四"新文学的缘起进行探讨;周基琛《从反叛到复归——章士钊1903～1927年间的文化思想》[②],以学理和历史为标准,考鉴1903～1927年间章士钊由激进至保守的文化思想的嬗变轨迹,并作出评价;李琴《五四前后陈独秀报刊编辑思想探析》[③],谈到陈独秀协助章士钊编辑《甲寅》月刊时期,与李大钊、高一涵等人相识,论述陈独秀认为中国要进行政治革命,必须要从思想革命开始。这一时期的编辑思想和策略为《青年杂志》的诞生打下了基础;郑英春《章士钊〈调和立国论〉再研究》[④],对章士钊在《甲寅》月刊上发表的重要文章《调和立国论》,在以往学界研究的基础上,对其对象、内涵和意义再进行重新理解和评估。认为调和立国论貌似妥协的言论背后透露出来的是不妥协的革命精神,发挥了坚定革命党人革命信念,捍卫了共和制尊严的作用;滕峰丽《从前、后〈甲寅〉看章士钊的思想转变(1914—1927)》[⑤],从文化、政治、教育等角度论述了章士钊由前《甲寅》时期的温和、讨论的调和立国,到后期的复古保守的转变。

---

① 西南大学,2006年。
② 复旦大学,2001年。
③ 湖南师范大学,2002年。
④ 清华大学,2004年。
⑤ 华中师范大学,2004年。

5. 关于《甲寅》月刊研究的论文有：郑超麟《陈独秀与〈甲寅杂志〉》①，该文证明了陈仲甫（即陈独秀）第一次用"独秀"笔名的时间和史实，披露了陈独秀创办《新青年》的动机和由来，解析了长期被中国政治界、学术界误会的陈独秀一篇重要文章，即发表在《甲寅》月刊第4期上的《爱国心与自觉心》的真实内容（不是不爱国，而是为什么要爱国，爱什么样的国，怎样去爱国）。又从所引用的史料看，有些是作者向陈独秀的好友汪孟邹等调查所得的活材料，特别珍贵。这篇文章是作者在上一世纪40年代收集材料写作《陈独秀传》的过程中所写，一直未得机会发表；李华兴《从传播欧洲思想到回归传统文化——〈甲寅〉时期章士钊思想研究》，认为学术界几十年来的思维定势，使得章士钊在前《甲寅》时期的贡献被遮蔽，后《甲寅》时期的思想则被一笔否定。正是在被"否定"的地方，却显示了章士钊思想的价值理性。他的文化保守主义观点，"对于五四时期彻底反传统的激进主义，是一种补偏纠弊；而在当前的中国社会，则不仅是西化、自由主义、科学主义的对立互补要素，而且是重建既有时代性又有民族性的中国社会主义新文化的内在张力。"②浮新才《章士钊〈甲寅〉（月刊）时期政论研究——以调和论为中心》③，以章士钊在《甲寅》月刊时期发表的政论文章为研究对象，对其不同时期的观点、理论、和词义进行了清理，来挖掘章士钊真正关注的目标、观念思维和理论选择的深层次的思想，真实地说明了章士钊思想的实质和核心内容；崔汝云、吴江梅《民初章士钊政治"有容"论之评析》④，对

① 《安徽史学》，2002年第4期。
② 《史林》，1996年第1期，第89页。
③ 《清华大学学报》（哲学社会科学版），1999年第3期。
④ 《昆明大学学报》（综合版）。1999年第2期。

章士钊《甲寅》月刊中提出的"有容"思想进行分析,不"好同恶异",指出"为同"之弊:一是造成中国社会长期停滞,二是"为同"在政治上表现为专制。如何在政治上做到"有容":第一是迎异则进,克异则退,第二是反对"好同恶异",关键在于立宪。"有容"精神是推进民主宪政建设的迫切需要;邹小站《章士钊〈甲寅〉时期自由主义政治思想评析》①,认为《甲寅》月刊时期,是章士钊一生思想影响最大的时期,也是他自由主义思想的巅峰时期。他既关注国家的强大,又关注个人的自由权利。他用功利主义理论系统地清理国家与个人的关系,批驳专制集权理论,捍卫民主政治的价值,提出调和立国论。他希望中国能够以和平有序的方式实现政治的转型,同时又在现实的逼迫下承认革命的正当性。章士钊的困惑在近代自由主义者中具有相当的典型性。此外,还有郭华清的《〈甲寅〉时期章士钊的哲学思想——调和论》②和《章士钊批判封建专制的理论评析》③(其博士论文已说明)。

6. 关于《甲寅》月刊文学方面研究的文章有:罗家伦的《近代中国文学思想的变迁》,对章士钊的政论文章和《甲寅》月刊给予了很高的评价,"《甲寅》杂志出来,可谓集'逻辑文学'的大成了!平心而论,《甲寅》在民国三四年的时候,实在是一种代表时代精神的杂志。政论的文章,到那个时候趋于最完备的境界";④陈平原《论"新小说"主题模式》,从对清末民初作家对文化选择的困惑的角度与小说所采用的主题模式上来解读章士钊和苏曼殊的小说。作者认为此时期的作家对社会理想和生活理想没有清晰

---

① 《近代史研究》,2000 年第 1 期。
② 《中山大学学报论丛》,2000 年第 3 期。
③ 《广州大学学报》(综合版),2001 年第 1 期。
④ 《新潮》,1920 年 9 月,第二卷第 5 号第 872、873 页。

明确的理论表述,只有大致的倾向性,出现了选择的困惑,主要具体体现在"旧文化与新文化的对立、传统文化与外来文化的对立和正统文化(儒)与非正统文化(佛、道)的对立这三个互有联系的层面上。"①章士钊和苏曼殊在小说中都通过一男同时选择二女的三角恋爱模式,来体现两作家对东西方文化选择所表现出来的困惑;刘纳《民初小说的情感取向和文体特色》,对章士钊的小说《双枰记》的叙述模式和主题表达与情感取向都进行了分析,"辛亥革命时期持有民主主张的文学作者曾经热情歌颂时代与人生的因缘际会,而 1912 年以后的作者在凭吊革命年代的永诀的伤痛中则衍生出'来日大难'的预感。"②认为章士钊把主人公的死置于可解与不可解之间,披露了一代人苦闷之结的绞缠,涵蕴于其中的悲哀已经超越了"伤心"的时代情绪,并接近于形而上层次的边缘;徐鹏绪、周逢琴《论章士钊的文学观与"逻辑文"》③,已在周逢琴的硕士论文中说到。

7. 其他涉及到《甲寅》月刊的文章有:朱志敏《五四新文化运动初期的"惟民主义"》④、荆忠湘《论陈独秀早期的爱国主义思想》⑤、沈永宝《〈文学改良刍议〉探源——胡适与黄远生》⑥、白吉庵《略论章士钊与胡适》⑦、牟正纯、朱俊瑞《陈独秀早期的国家

① 《文艺研究》,1989 年第 2 期,第 55 页。
② 《海南师院学报》,1996 年第 3 期,第 29 页。
③ 《山东社会科学》,2003 年第 2 期。
④ 《历史教学》,1994 年第 10 期。
⑤ 《齐鲁学刊》,1995 年第 3 期。
⑥ 《学术季刊》,1995 年第 2 期。
⑦ 《社会科学战线》,1996 年第 2 期。

观》①、沈永宝《新文学史应该有黄远生的名字》②、朱俊瑞、吴秋华《爱国心与自觉心——陈独秀的近代爱国思想探源》③、丁仕原《略论章士钊与陈独秀》④、操国胜《〈新青年〉创办于上海初探》⑤、董宝瑞《第一个为李大钊写传的人》⑥、张玉民《陈独秀早期的爱国观》⑦、刘希立《关于陈独秀与李大钊讨论"爱国心"问题的探析》⑧、马新娜《浅谈陈独秀早年的报人生涯》⑨、胡明《〈新青年〉的创办与陈独秀的早期文章》⑩、徐鹏绪、周逢琴《论章士钊的逻辑文》⑪、庄森《陈独秀和〈青年杂志〉》⑫等等。

（三）关于《甲寅》月刊与《新青年》渊源关系的研究

对于《新青年》和"五四"新文学运动本身的形成发展过程，以往学界作深入细致探索和研究的人不是很多，一直未引起重视，只近几年有人开始研究。实际上，《甲寅》月刊与《新青年》以及整个新文学运动有着极深的历史渊源关系。最早肯定《甲寅》月刊对新文化运动贡献的是常乃德，他在 1928 年写作并于 1930 年出版的《中国思想小史》中谈到了培植新文化运动的种子的人，既不是陈独秀，也不是胡适，他认为是章士钊。而且说他无意间为后来的新文化运动预备下几个基础：理想的鼓吹，逻辑式的

① 《中华女子学院山东分院学报》，1997 年第 2 期。
② 《读书》，1998 年第 10 期。
③ 《商丘师范学院学报》，1999 年第 5 期。
④ 《湖南行政学院学报》，1999 年第 1 期。
⑤ 《赣南师范学院学报》，1999 年第 1 期。
⑥ 《党史博采》，2000 年第 7 期。
⑦ 《理论学刊》，2001 年第 1 期。
⑧ 《湖南行政学院学报》，2001 年第 4 期。
⑨ 《湖南行政学院学报》，2001 年第 1 期。
⑩ 《求是学刊》，2003 年第 6 期。
⑪ 《东方论坛》，2002 年第 5 期。
⑫ 《文艺理论研究》，2004 年第 6 期。

文章,对文学小说的注意,正确的翻译,通信式的讨论。除了第二点外,"都是由《甲寅》引申其绪而到《新青年》出版以后才发挥光大的。"①

胡适在《五十年来中国之文学》中谈到章士钊是一个大政论家,"自1905年到1915年(民国四年),这十年是政论文章的发达时期,这一时代的代表作家是章士钊。""章士钊的文章,散见各报;但他办《甲寅》时(1914—1915)的文章,更有精采了。"②肯定了章士钊"逻辑文学"的成就,同时谈到黄远庸致《甲寅》月刊记者要提倡新文学的信,"是中国文学革命的预言"。③ 美国学者周策纵在《五四运动史——现代中国的思想革命》中早就提到《新青年》"许多早期撰稿人如李大钊、高一涵都曾为不久前停刊的《甲寅》杂志撰写过文章",④但没有展开论述。台湾学者陈万雄在《五四新文化的源流》中说:"这里要指出的,这时期的主要作者几全属章士钊、陈独秀办《甲寅》杂志的作者,所以初期《新青年》之与《甲寅》杂志是有一定人事和思想渊源。"⑤其他几位的专著也都或多或少提及,如曹聚仁的《文坛五十年》中,说《青年杂志》"这份划时代的刊物,创刊之初,只是继续《甲寅》的老路线,那几位爱国伤时的书生,如李大钊、李剑农、高一涵、陈独秀,也都是《甲寅》的旧友,他们用《甲寅》体的逻辑文学,发为《甲寅》式的论调就是了。"⑥刘纳的《嬗变——辛亥革命时期至五四时期

---

①　葛兆光导读,上海:上海古籍出版社,2005年版。
②　《胡适学术文集·新文学运动》,北京:中华书局,1993年版,第130页。
③　《胡适学术文集·新文学运动》,北京:中华书局,1993年版,第133页。
④　周子平等译,南京:江苏人民出版社,1999年版,2005年7月二印,第46页。
⑤　北京:北京三联书店,1997年版,第19页。
⑥　上海:中国出版集团东方出版中心,1997年版,第107页。

的中国文学》①中,对"国民"与"人","群体"与"个体"的意识,从文学角度对辛亥革命时期到五四时期知识分子的思想转变,作了深刻、独到的阐释。陈方竞的《多重对话:中国新文学的发生》②中,谈到陈独秀创办《新青年》提倡思想启蒙,就背离中国传统而面向西方思想学术而言,较之他的《甲寅》同人显然要更加彻底。

研究《甲寅》月刊与《新青年》渊源关系的论文有:

岳升阳的三篇文章:《移植西方民主政制的失败与启蒙思想的复苏——〈新青年〉的先声〈甲寅〉月刊》③,论述了民初社会对政制移植的争论与偏重"国权"的趋向,袁世凯表面上同意共和立宪,但实质上是用来维护他的封建专制统治。民主政治的失败,使人们痛苦失望,但进步知识分子开始在挫折和失败中探索新路,《甲寅》月刊就是鼓吹卢梭的人权和具有自由主义特征的政治理论的理想之地,使得启蒙思想开始复苏。即对自我意识的强调,对卢梭"天赋人权说"的捍卫,在个人与国家关系上有了新认识,以及对功利主义的提倡。《甲寅》的启蒙思想和注重政治根本精神的做法被《新青年》所继承。《从"人权"到"民主"——新文化运动前期陈独秀民主思想的演变》④,对"人权"并非"民主"进行了剖析,论述了陈独秀的民主思想与《甲寅》时期基本上是一致的,并对陈独秀人权思想的内容作了解释。同时阐明了陈独秀的启蒙思想一方面继承了《甲寅》月刊注重学理探讨的长处不过分贴近政治斗争,保持着一定的理论深度和思想锋芒;另一

---

① 北京:中国社会科学出版社,1998 年版。
② 北京:人民文学出版社,2003 年版。
③ 刘桂生主编:《时代的错位与理论的选择——西方近代思潮与中国"五四"启蒙思想》,北京:清华大学出版社,1989 年版。
④ 刘桂生主编:《时代的错位与理论的选择——西方近代思潮与中国"五四"启蒙思想》,北京:清华大学出版社,1989 年版。

方面又继承了梁启超注重宣传鼓动的长处,使启蒙思想突破单纯学理探讨的层次。《〈甲寅〉月刊与〈新青年〉的理论准备》①,则是对第一篇文章的具体阐述。

　　刘桂生《章士钊与〈甲寅〉月刊和〈新青年〉》②,谈到章士钊这个"五四"时期以反对新文化运动闻名于世的评论家,在新文化运动的酝酿时期,却曾为它提供了有力的扶持和政治方向的指引。简略论述了《甲寅》月刊的创办为《青年杂志》的诞生准备了作者队伍,又阐述两刊物的"发刊宗旨"在思想上脉络贯通,还有版面的惊人相似之处,"通讯"栏的承续,以及文学革命在思想理论上都有联系。闵锐武《〈甲寅〉杂志与〈青年杂志〉的渊源关系》③,从《甲寅》月刊的作者和主旨进行分析,认为《青年杂志》只是拓宽了《甲寅》月刊开创的"政治精神"的探索,尽管陈独秀改造社会的方式与章士钊不同,但动机却很相似。认为《甲寅》月刊与新文化运动在思想上和人员上都有渊源关系。杨琥《〈新青年〉与〈甲寅〉月刊之历史渊源——〈新青年〉创刊史研究之一》④,在关于主编人、撰稿人队伍及在两刊物发表的文章数量对比,发刊宗旨、栏目设置等方面论述两刊物之间的渊源关系,同时也分析了两刊物的差异。

　　李怡的两篇文章。《〈甲寅〉月刊:五四新文学运动的思想先声》⑤,从"期刊与出版研究"的出版学角度对《甲寅》月刊进行研究,文章阐述了清末民初的社会背景,章士钊及其同人在《甲寅》

---

① 《清华大学学报》(哲学社会科学版),1989 年第 1 期。
② 《百年潮》,2000 年第 10 期。
③ 《河北师范大学学报》(哲学社会科学版),2001 年第 3 期。
④ 《北京大学学报》(哲学社会科学版),2002 年第 6 期。
⑤ 《中国现代文学研究丛刊》,2003 年第 4 期。

月刊时期完成了从早年倡导国权到倡导民权的重要转变。对卢梭的"天赋人权说"的捍卫,体现了新一代知识分子已经从自己的现实体验出发划开了与前一代思想家的距离,中国近现代思想文化进入到一个新的层面。作为"五四"前夕中国知识分子在日本的这一言论空间,通过对个人与国家、民族发展的新的考察和论战,使得完善了以个人独立自由为核心的现代性的思想方案,成为了"五四"新文化运动与新文学的基本思想资源。同时,分析了《甲寅》月刊的文学动向,也是新思想逻辑演绎的结果,是现实人生的经验小结。《国家主义的批判与个人主义的倡导——从〈甲寅〉到〈新青年〉的思想流变》,论述了"五四"思想的开拓应该追溯到《甲寅》月刊,《甲寅》月刊在民初最先完成了从国家主义向个人主义思想的转变,认为"从某种意义上说,《青年杂志》的创办就是陈独秀对《甲寅》杂志业已形成的思想资源与作者资源的再组织与再优化。"①《新青年》同人努力建构以"个体"、"自我"为出发点的"新文化"思想系统。但是在个体与个体之间,在不同的"自我"之间,绝对地存在着差异性,也带来了"五四"新文学的多种可能性,由思想的变迁形成了"五四"新文学的"立场"和"格局",这是不容质疑的。李怡的博士学位论文《日本体验与中国现代文学的发生》②,其中最后一章题目是:"立场与格局的嬗变:从《甲寅》杂志到《新青年》的思想经验",其基本思路与前面的两篇期刊论文相通,这里暂不赘述。

陈平原在《思想史视野中的文学——〈新青年〉研究》(上)一文中谈到:"《新青年》的作者群即编辑思路与《清议报》、《新民丛

---

① 《江汉论坛》,2006 年第 1 期,第 105 页。
② 北京师范大学,2003 年。

报》、《民报》、《甲寅》等清末民初著名报刊,有着千丝万缕的联系。"①庄森《〈青年杂志〉相承〈甲寅〉论》②,从办刊思想、编辑思路、作者延续思想等方面,分析了《青年杂志》对《甲寅》月刊的承继。

（四）尚需解决的问题

第一,对《甲寅》月刊本身、《甲寅》月刊与中国新文学的关系研究作完整的学术性梳理。以往关于《甲寅》月刊的学术研究,多是对于章士钊与《甲寅》月刊时期政治思想理论方面的研究,以及章士钊新闻理论与实践方面的研究等,到目前为止,还未发现有与《〈甲寅〉月刊与中国新文学的发生》相同的研究课题,也没有研究此课题的专门论著。本书试图对《甲寅》月刊自身,对《甲寅》月刊与《新青年》的渊源关系,以及与中国新文学的渊源关系,从各个方面作全方位的完整的学术梳理。

第二,为新文学发生期的研究拓展空间。以往关于新文学发生期的研究,主要从新文学与辛亥革命、与晚清、与明末清初、与晚明、与魏晋南北朝的关系上来梳理。关于《甲寅》月刊对于《新青年》与新文学的产生具有最直接的渊源关系研究却微乎其微,本论文把清末民初至"五四"时期思想与文学的演变作为一个整体看待,用宏观的视角,对《甲寅》月刊与《新青年》渊源关系进行梳理、考察,《甲寅》月刊对之后诞生的《新青年》及新文学有过哪些影响,后者又如何对前者进行了承继和超越。在新文学发生期研究的原有基础上,进一步对二次革命后《甲寅》月刊与"五四"新文学直接渊源关系进行研究。

---

① 《中国现代文学研究丛刊》,2002 年第 3 期,第 3 页。
② 《学术研究》,2005 年第 5 期。

第三，从文学方面对《甲寅》月刊进行全面系统的梳理研究。《甲寅》月刊同人与作者包括对文学栏目及分类，文学主题、题材、类型、叙事模式、叙事结构等方面进行了多样化的探索与尝试，创作了大量诗歌、散文和为数不多的几篇小说，虽然文学活动不是《甲寅》月刊的办刊重点，但从所登载的文学作品中，尤其是小说，确实能体现文学变革的新因素呈现，并为新文学的诞生输送了新的一定能量。没有这过渡时期的探索，想完全改变文学旧有的面貌必不可能。对《新青年》与新文学的发生都有着不可忽视的影响，使得探讨新文学发生根源的论域更全面、更宽阔、更有新意。

第四，对于《甲寅》月刊和《新青年》所登载的广告进行研究。两刊物所登载的广告内容广泛，学术与学理性强，为开拓民众阅读视野，提高国民自身素质，寻找中国文化的定位等方面，发挥了广告所应起的作用。《甲寅》月刊的广告体现了与刊物自由主义思想相一致的原则。《新青年》的广告承载着《甲寅》月刊的精英风格，又比《甲寅》月刊的广告具有更为注重自身宣传、新文学性的传播、采用新颖独特的广告形式和容量大等特点。它们真正实现了作为精英刊物的广告所具有的附着刊物文化宗旨和品格定位的价值。对这方面的挖掘，也是彰显《甲寅》月刊与"五四"新文学关系的一个方面。

第五，对《甲寅》月刊与《新青年》共同设置"通信"栏的影响研究。"通信"栏的设置，属于刊物的版面设计，体现作为公共舆论机关平等自由的开放姿态。两刊物"通信"栏的活跃，使得编读之间、同人之间对于相关问题展开讨论，并呈现各自的思想和主张，是对杂志创刊宗旨和功用的实践与发挥。对两刊物"通信"栏的考察，既能理清《新青年》与《甲寅》月刊的渊源关系，也能使人充分认识和感受两刊物的活生生色彩和历史的现实感受。

三、论文研究的基本框架与方法

论文大致分为:前言、正文四章、结语、参考文献、附录五大部分。

对《甲寅》月刊与《新青年》及新文学关系的探讨,首先从本源上对启蒙思潮进行挖掘、梳理,了解和掌握清末民初的中国社会思潮和知识分子对救国救民之路的探寻。从严复、梁启超等人的"开民智"运动,对西方民主、科学、自由、人权的译介与宣传,维新与革命,重国家富强,各种组织、学会先后成立,各种报刊、杂志陆续创刊,向国人灌输西方的文化思想及价值观。随着翻译领域的不断拓展,西学东渐成为不可逆转的历史趋势。严复翻译的内容涉猎了近代西方许多领域。戊戌变法时期,翻译外国小说开始兴盛。林纾是近代翻译文学开风气之先的重要人物。新词语、术语的翻译和运用,使固有的语言文字受到了不同程度的冲击。"三界革命"等一系列的文学革新配合着救亡启蒙运动的发展,中国文学开始了它的现代化进程。在《甲寅》月刊周围,聚集着当时众多精英知识分子,他们探索国家民族出路,倡导人权、民主、自由,倡导个人主义,对民初风行的"国权论"进行了批判,为《新青年》与新文学运动的发生和开展,在政治思想理论上做了切实准备,从政治、思想到文学观念,章士钊及同人不断进行探索,为确立五四新文学的个人主体立场和"人的文学观",从现实政治思想的意义上疏浚了通道。《甲寅》月刊是对清末的启蒙思潮的承继和扬弃,而《新青年》又在此基础上有所超越。

章士钊由激进革命到理性平和创办《甲寅》月刊,对民初社会现实作出深刻清醒判断的陈独秀,参与《甲寅》月刊编辑,创办《新青年》。从办刊宗旨、编辑思路、编纂队伍、刊物栏目以及所登载注重学理的广告中,都可看出《甲寅》月刊是《新青年》的先声。两刊物不仅在"发刊宗旨"上思想脉络贯通,在刊物版面设计上,两刊物也都有着惊人的相似之处,并且都设置了"通信"栏。两刊物"通信"栏的活跃与对创刊宗旨的实践,杂志同人之间对于相关问题展开讨论,都呈现出各自的思想和主张。对"通信"栏的考察,既能理清《新青年》与《甲寅》月刊的传承,也使人充分认识和感受两刊物的活生生色彩和历史的现实感受。《甲寅》月刊的广告体现了与刊物自由主义思想相一致的原则。《新青年》的广告既承载着《甲寅》月刊的精英风格,又比《甲寅》月刊的广告具有更为注重自身宣传、新文学性的传播、采用新颖独特的广告形式和容量大等特点。它们真正实现了作为精英刊物的广告所具有的附着刊物文化宗旨和品格定位的价值。

在文学方面,《甲寅》月刊同人与作者包括对栏目及分类,文学主题、题材、类型、叙事模式等方面进行了多样化的尝试,创作了大量诗歌、散文和为数不多的几篇小说。对章士钊、老谈、程演生、苏曼殊的小说,胡适的翻译小说,作以个案剖析与阐释,彰显了《甲寅》月刊在新旧交替时代所做的文学现代性的探索。小说叙事模式、视角、结构已经发生变化,尝试使用第一人称与第三人称限制叙事,运用倒叙的写法,这固然与域外文学创作模式的影响,也与文学形式自身根据时代的演变和创作者的情感投入有关。虽然探讨中国文学的新路并非《甲寅》月刊的主旨,然而由思想的更新附带而来的文学趣味的变迁又变得自然而然。政治观念与文学观念的互动,《甲寅》月刊开放的文学姿态,无意识中对新文学的呼唤,影响着《新青年》,进而催生了新文学,确立了

"人的文学观"，文学作为载体，具有注重学理的精英倾向。民初以后的知识精英肩负着启蒙与革命的双重使命，拓展了文学视域。从章士钊和陈独秀的文学片论中，可看出他们的文学观念已经与辛亥革命之前有着很大的变化。章士钊是真正具有明确逻辑文体意识而进行逻辑文创作的作家，《新青年》"随感录"中的杂文便是它的分支。《甲寅》月刊中登载的文学翻译作品不多，《新青年》中译介的西学著作与近代文学作品译介相比，拓展了译介的范围。翻译的理论与文本为新秩序的建构提供了可靠的依据。胡适、陈独秀、周作人、李大钊等人对白话和新文学创作目标的讨论和主张，建构了文学理论体系并形成了文学批评观。由政治、思想到文学观念的变革，新文化人不断地探索和实践，使得传统观念中的小道文学获得了正宗的地位。

实事求是是治学的根本方法。本着尊重历史，注重文本，在历史的语境下，以史的脉络和原点为准绳，通过对个案的逐一剖析，进行梳理、考证和论证。任何事物的存在都不能脱离所处时代的总体特征，在对《甲寅》月刊与新文学关系的研究过程中，不能离开当时的社会背景、社会思潮等因素的影响。不但要注重其自身的本质表象，而且要注重外部环境对它的影响，遵循历时性与共时性相结合的研究思路，以时间为序考察历史现象的产生、发展、变化的过程。

本论文在对中国新文学的缘起进行梳理、考证时，采取平行研究和影响研究比较诗学的研究方法。包括对《甲寅》月刊中同一作家的不同作品的研究，同一作家在《甲寅》月刊、《新青年》上登载的不同作品的研究，同时期的作家创作研究，作家对后来文学创作的影响研究，《甲寅》月刊时期的社会、文学思潮研究，对《新青年》的影响研究等。运用叙事学理论对《甲寅》月刊与《新青年》早期文学作品中的叙事主题、模式、角度、结构、人物、艺术建构等方面进行探讨,同时也对文学作品的"体裁"、"式样"等文学作品类型进行研究,进而阐明本论文所要研究的主旨。通过对《甲寅》月刊文学作品的文类进行研究,可以看出《甲寅》月刊与《新青年》文学创作的前后不同变化,从文言到白话,文体意识的形成,进一步论证了文体革命的重要性与新文学发生的本源,文学的现代性转型成为历史的必然。

第一章 《甲寅》月刊与《新青年》：
对清末民初启蒙思潮的承继与超越

  谈到启蒙，与"五四"启蒙最为相近并且对其影响也最大的应是清末和民初的知识分子所作的政治探求和思想文化上的革新。有人把"五四"思想启蒙仅仅归结为晚清思想启蒙的直接影响，而忽略了二次革命后知识精英们经过反思辛亥革命所形成社会思潮的影响。欧风美雨的浇灌，民主、科学、宪政、经济、文化、哲学、文学等新因素犹如春草一般，丛生于古老大国的残垣断壁之间。清末民初的思想启蒙对《甲寅》月刊的政治、思想、文学观念的发展有着直接的影响，以至于对后来的《新青年》及新文学的诞生，从政治思想领域里为打开文化与文学新的空间首先疏通了通道。在诸多学者研究基础上，笔者对晚清启蒙思潮的兴起试作客观描述，进而理清《甲寅》月刊对其政治思想理论上的承续和创新的脉络，对之后的《新青年》及新文学运动的发生，在源流上作以清晰的探寻，进而从整体上对于新文学的发生发展有一个全面、完整、准确的把握。从晚清开始，到民初，再到"五四"，无论在政治上、思想上还是在文学观念上都体现了一种历时性的现代化演变。随着西学东渐的影响和时代的发展，不断地融入更多新的质素和生机活力。

第一节 清末知识分子的政治探求与思想文化革新

一、清末的维新与革命 重国家民族的自强

鸦片战争的炮声,轰开了中国封闭锈蚀的大门,泱泱大国唯我独尊的中国人从此惊醒,西方列强对中国进一步地瓜分,使中国固有的文明与文化在强势的西方文化面前,呈现得极端落后。空前严重的民族危机感使那些不愿彻底沉迷的进步知识分子经历了一个从学习西方科学技术,到模仿其社会制度,进而输入其文化观念的西化过程。从洋务运动到戊戌变法,从戊戌变法到辛亥革命,通过一系列从物质层面到制度层面再到文化层面的不断革命,终于将一个拥有几千年历史的封建帝国逐渐推向了现代化的边缘。思想启蒙、救亡图存成为了近代知识分子忧患与觉醒、思考与探索意识的核心内容。

虽然"启蒙"一词,在中国古代就有"启发屯蒙"、"蒙学"、"蒙馆"之说,但在清末的政治思潮中,西方的各种思想,如宪政、共和、民主、自由、人权等已传入我国,并且在社会上有了一定的影响,这就是思想启蒙,如彭明在《五四运动史》一书中谈到的:"'启蒙'二字,也就是启封建之蒙的意思。"①这显然是指法国18世纪的思想启蒙运动。欧洲思想启蒙运动开始于文艺复兴时期的启蒙思潮,即冲破中世纪神学的束缚,继承古希腊和罗马文化对"人的尊严"的重视,注重人的解放和承认个人的自然权利。17、18世纪的法国思想启蒙运动则继承文艺复兴时期的思想传统,用卢梭的"天赋人权"对抗君主专制、贵族特权及宗教压迫,

---

① 彭明:《五四运动史》,北京:人民文学出版社,1984年版,第124页。

进一步高扬人的解放旗帜,最终建立一种保障人权不受伤害和民主、自由、平等的社会秩序和国度。

甲午战争失败之后,洋务派受到致命打击,保守势力一时成为过街老鼠。严重的危机使这些先锋知识分子们思索使中国现代化的"新路"。严复于1895年明确提出"鼓民力"、"开民智"、"新民德"的"三民"思想,并在天津《直报》所发表的一组文章中介绍了天赋人权论,"人之自由,天之所界"。这是严复运用典雅的古汉语来表达天赋人权的思想。严复、康有为、梁启超等人的"开民智"运动,成为思想启蒙的中心,各种组织、学会先后成立,各种报刊、杂志陆续创刊,开始向国人大力灌输西方的文化、思想及价值观。

首先是对西方民主学说的翻译介绍。早在晚清时,林则徐、魏源、郑观应等人就翻译介绍了西方的立宪、共和、议会、民主政体的书籍,但都只是停留于表层的介绍。到1900年以后,知识界反思戊戌失败,开始普遍关注西方民主制度和民主思想。留学英国归来的严复,翻译了《天演论》、《原富》、《法意》、《名学》、《名学浅说》、《群学肄言》、《群己权界论》、《社会通诠》等涉及到许多领域的近代西方著作。同时,日本变法的成功,也吸引了知识分子将注意力转向西方。这个时期留日学生和出国考察人员的增加,也都壮大了宣传民主的队伍。严复认为西方所以富强的基本原因之一在于民众的自由和独立得到了尊重:"夫所谓富强者,质而言之,不外利民出尔。然政欲利民,必自民各能自利始;民各能自利,又必自皆自由始;欲听其皆得自由,尤必自其各能自治

29

始。"①严复自觉地把近代西方哲学和社会科学理论作为改造中国的理论参照,强调西方强盛的根本原因在于"于学术则黜伪而崇真,与刑政则屈私以为公。"②严复此时已经从注重西方器物层面的介绍转移到对制度和文化层面的介绍,充分认识到民主政治、科学方法、发展经济等对改变国家落后面貌的重要性。卢梭的"天赋人权说"是严复宣传西学的重要内容之一。当时知识界翻译介绍的西方政治学著作有:卢梭的《社会契约论》,孟德斯鸠的《论法的精神》,穆勒的《论自由》,斯宾塞的《代议政治论》、伯伦知理的《国家论》等,其中最重要的是前三种。这三本书在西方思想史、政治史、民主史上发生了极大的影响,是关于西方民主的经典文献。这些书籍的翻译介绍,使得中国知识界除了继续宣传西方政治制度以外,更深入到了西方民主制度的理论层面,这些经典著作,深刻地影响着戊戌至五四年间的中国民主思想,无论是梁启超、孙中山,还是章士钊、陈独秀等人无不受其影响。

其次,对西方的自然科学即格致之学的介绍,引起了国人的浓厚兴趣,并引发了对传统文化的反思与批判。"自格致之学一出,包罗一切,举古人学问之芜杂一扫而空,直足合中外而一贯。盖格致学者,事事求其实际,滴滴归其本源。…自有此学而凡兵农礼乐政刑教化,皆以格致为基,是以国无不富而兵无不强,利无不兴而弊无不剔。"③"中西相合者系偶然之迹,中西不合者乃趋

---

① 严复:《原强》(修订稿),王栻主编,《严复集》(第1册),北京:中华书局,1986年版,第27页。

② 严复:《论世变之亟》,王栻主编,《严复集》(第1册),北京:中华书局,1986年版,第2页。

③ 王佐才答卷:《格致书院课艺》第4册,转引自熊月之:《西学东渐与晚清社会》,上海人民出版社,1994年版,第368页。

向之歧。此其故，由于中国每尊古而薄今，视古人为万不可及，往往墨守成法而不知变通；西人喜新而厌故，视学问为后来居上，往往求胜于前人而务求实际。此中西格致所由分也。"①在介绍西方科学方面，作出巨大贡献的是严复。他在论文和译著中，大量介绍西方的科学思想、科学方法和自然科学。同时，在维新运动前后大力介绍和提倡西方的"民主"和"科学"，在当时为维新启蒙提供了比康梁更为先进的理论武器，也是民初以后《甲寅》月刊和《新青年》张扬民主与科学的先声。

梁启超也曾撰写了大量介绍西方民主革命家、思想家的文章。如：《卢梭学案》(1901 年)、《民约论与卢梭之学说》(1902 年)、《法理学大家孟德斯鸿学说》(1902 年)、《霍布斯学案》(1901 年)、《斯片娜莎学案》(1901 年)、《政治学大家伯伦知理之学说》(1902 年)。除此之外，还有一批译自日文的介绍外国思想家、革命家生平的著作，如《泰西政治学者列传》、《华盛顿》、《拿破仑》、《日本维新慷慨史》、《日本维新百杰传》。

先进知识分子认识到要救中国，首先要起来进行排满革命，推翻清政府，于是排满的革命派与尊皇变法的改良派划清了界限。《苏报》、《国民日报》的大力宣传，章炳麟的《驳康有为论革命书》，邹容的《革命军》，陈天华的《猛回头》、《警世钟》，革命态度决绝。留日学生也创办了《湖北学生界》、《浙江潮》、《江苏》、《直说》等革命书刊。同盟会的"驱除鞑虏，恢复中华，创立民国，平均地权"纲领和"民族"、"民权"、"民生"三民主义的提出，拒法、拒俄运动激发着人民的爱国热情，各地学潮的相互呼应，都有

---

① 王佐才答卷：《格致书院课艺》第 4 册，转引自熊月之：《西学东渐与晚清社会》，上海人民出版社，1994 年版，第 372 页。

效地推动了新思潮迅速发展。以孙中山为首的资产阶级革命派，以《民报》为主要阵地，以三民主义为理论武器，开始与康有为、梁启超为代表，以《新民丛报》为阵地的改良派在日本展开了论战。1906 年 4 月，《民报》第 3 号号外刊登了《〈民报〉与〈新民丛报〉辩驳之纲领》十二条，它揭示了两派的主要分歧。论争主要从要不要排满革命；是君主专制，还是民权共和；是用武装暴力推翻清政府的统治，还是只是"劝告"、"要求"；革命会不会招致瓜分和内乱；要不要实行"社会革命"、"平均地权"等方面进行。

然而，民主与科学观念，在维新派和革命党人那里都偏离了原样。维新派主张通过自上而下的和平改革，建立资本主义制度。它们从民权和议院入手来设计君主立宪制度，以此救国御侮。梁启超认为中国有几千年的君主专制社会，国民已经习惯于这种专制制度而没有行使民主权利的能力，国民不可讲自由，只可以受专制统治，"自由云，立宪云，共和云，如冬之葛，如夏之裘，美非不美，其如与我不适何！……一言以蔽之，则今日中国国民，只可以受专制，不可以享自由。"①因此，他的新民思想是从国家本位出发的，而不是从个体本位出发的。他所谓的民主和自由，是把民主看作强化国家的手段，是民族国家的自由。革命派则主张以武力争取民主共和。孙中山把人群自治作为政治最高目标，坚持共和主义。他以民族主义来讲他的民权，不注重个人的自由，并认为中国人自古以来都有很充分的自由，所以成为一盘散沙，正因为自由太多，所以要革命，他说自由要用到国家上去，民族主义遮蔽了民权主义的政治宣传，忽视了民主启蒙的工作。因

---

① 梁启超：《新大陆游记节录》，《饮冰室合集》（专集第五册），上海：中华书局，1989 年影印本，第 124 页。

此,无论是维新派还是革命派,他们都有一个共同目标,就是注重国家民族的富强,国家主义成为他们的共同追求。

二、输入与传播西方政治、文化与文学的共识与影响

自鸦片战争以来,西学东渐成为不可逆转的历史大趋势。随着翻译领域的不断拓展,西方的政治、思想、文化、文学等在中国有了广泛的传播和巨大的影响,使中国人对于西方文化和自身文化的认识,都经历了一个艰难的历程,经过学习、借鉴,在思想领域达到了共识与认知。首先是外国传教士在中国的译书、办报、办学校活动,影响着国人,中国知识分子也办起了自己的报刊,建立起了中国的新闻事业,译书活动也达到了前所未有的热潮。各地都纷纷创办学校、学堂,并采用新学,西方的自然科学、哲学、文化等都出现在中国学校的讲堂上,新的质素已经逐渐融入到国人的思想观念和各个领域当中。

严复翻译的内容涉猎了近代西方自然科学、社会科学等许多领域,中国的现实需要和个人留学国外的深刻体悟,使他的翻译独具特色,在译著中写下了大量极富见地的按语。他用文言文作为翻译的语言媒介,有着自己的翻译准则,认为翻译要做到"信、达、雅",追求深奥古雅的译文风格。在二十世纪初,知识界开始系统地翻译、介绍西方民主政体的书籍。卢梭《社会契约论》(又名《民约论》,1762 年)的主要内容是人民主权的思想,认为只有体现人民主权的民主制度才是惟一合理的。1903 年,由杨廷栋全译的《民约论》,是最早的中文完整译本。孟德斯鸠的《论法的精神》(1748 年),严复英译本为《法意》,第一部完整中译本是1903 年张相文据日译本转译的,书名为《万法精神》。《论法的精神》体现三权分立的思想,立法权、行政权、司法权必须分开,它与君主专制政体根本对立。约翰·穆勒的《论自由》由严复翻译名

为《群己权界论》，马君武翻译的名为《自由原理》。《论自由》是欧洲十九世纪非常重要的一部文献，为自由、个体主义、个性主义辩护，颂赞人类每个个体的创造精神，认为人的自由神圣不可侵犯。瑞士法学家、政治家伯伦知理的《国家论》（1874 年），反对卢梭的社会契约论，主张国家是一个有机整体，国家主权在民，治权在官，认为君主立宪政体是所有政体中最好的一种。梁启超1903 年受康有为委派游美返回后的政治思想变化，崇尚君主立宪，他自己说就是受了伯伦知理国家有机体的影响。此外，还有关于资产阶级民主政治方面的重要文献，如美国《独立宣言》和《法国人权宣言》。《独立宣言》以《独立檄文》载于 1901 年的《国民报》第 1 期。1766 年的美国《独立宣言》和 1789 年法国的《人权宣言》，是资产阶级民主政治史上两个十分重要的文献，它们对各国追求民主政治的人士发生过深刻的影响。这两个文献将洛克、卢梭等民主思想家的主张确立为人类政治生活的基本准则。同时，一批日本人写的关于政治学、国家学、法律等方面的书籍，也被翻译过来。如《政治原论》、《国法学》、《万国宪法比较》、《宪法要议》、《英国宪法论》等。

外国传教士在传教、办报之外，也开办学校，传播近代科学知识，受此启发，当时中国官方出自培养"洋务"人才的考虑，也陆续创办了一些"洋学堂"，著名的如京师同文馆（1862 年，北京）、福建船政学堂（即求是堂艺局，1866 年，马尾）和天津水师学堂（1880 年，天津）等。此外，当时官方也开始派遣留学生，从同治十年（1871 年）开始，人数呈递增之势。中国知识分子自己也开始创办报刊，模仿传教士办的报刊出现"文艺副刊"的雏形，开始为文学创作提供了发表的园地。中国近代报刊的出现，为近代文学的诞生打下坚实的基础。

在文学领域，直到戊戌变法时期，才有人开始翻译西方文学，却没有人把学习西方文学和改革中国文学联系起来。从 1890 年到 1919 年，这三十年，是迄今为止介绍外国文学最旺盛的时期。首先是大量外国小说的涌入，晚清文学自此开始以小说为大宗。当时除了林纾外，著名的外国小说译者还有十余家，使得翻译小说在数量上超过了同期的创作小说。如《小说林》第 7 期所载的《丁未年(1907)小说界发行书目调查表》中列出创作小说共 40 种，翻译小说则有 80 种。1911 年，《涵芬楼新书分类目录》著录创作小说 120 种，翻译小说竟达 400 种。"处今日之天下，则必以译书为强国第一义，昭昭然也。"①"近代翻译的历程大体先是自然科学翻译，继而出现社会科学翻译，最后才出现了文学翻译。"②严复、林纾可以作为不同领域的代表人物。林纾是近代著名的古文家，又是近代翻译文学开风气之先的重要人物。"欧人志在维新，非新不学，即区区小说之微，亦必从新世界中着想，斥去陈旧不言。若吾辈酸腐，嗜古如命，终身又安知有新理耶？"③1899 年，他与王寿昌合译的《巴黎茶花女遗事》正式出版，在近代翻译文学中具有里程碑的意义。正是"可怜一卷茶花女，断尽支那游子肠"，④影响和感动了很多人，开近代言情小说的先河，并催生了现代情爱意识，他与人合作共译了一百六十多种外国小

---

① 梁启超：《论译书》，罗炳良主编，何光宇评注，《变法通议》，北京：华夏出版社，2002 年版，第 141 页。

② 郭延礼：《中国近代翻译文学概论》，武汉：湖北教育出版社，1998 年版，第 7 页。

③ 林纾：《斐洲烟水愁城录·序》，林薇选注，《林纾选集·文诗词卷》，成都：四川人民出版社，1988 年版，第 225 页。

④ 严复：《甲辰出都呈同里诸公》，王栻主编，《严复集》（第二册），北京：中华书局，1986 年版，第 365 页。

说。人们纷纷效仿,从事小说翻译介绍的越来越多,于是,政治小说、虚无党小说、社会小说、教育小说、历史小说、爱国小说、侦探小说、科幻小说,都被译介到中国,形成了翻译文学的繁荣兴盛局面。郑振铎曾经这样评价林纾译著的意义:"中国文人,对于小说向来是以'小道'目之的,对于小说作者,也向来是看不起的;所以许多有盛名的作家绝不肯动手去做什么小说;所有做小说的人也都写着假名,不欲以真姓名示读者。林先生则完全打破了这个传统的见解。他以一个'古文家'动手去译欧洲的小说,且称他们的小说家为可以与太史公比肩,这确是很勇敢的很大胆的举动。自他之后,中国文人,才有以小说家自命的;自他之后才开始了翻译世界的文学作品的风气。"①林纾用"雅洁"的文言转译近代西洋小说,给晚清的小说创作提供了某种师范作用。1909 年,鲁迅、周作人兄弟合译的《域外小说集》(上下册),标志着中国"直译"小说的开始,对当时盛行的"意译"和"乱译"之风起到了遏制和纠正的作用,"实为译界开辟一个新时代的纪念碑。"②因仍用文言翻译,文字古奥艰涩,不太适合读者的口味。自 1909 年出版后,十年间只售出了 21 本。因此,清末的进步知识分子通过对西方新的词语、新的术语的翻译和运用,使得中国固有的语言文字受到了不同程度的冲击,同时,对西方科学、文化与文学的译介,使得以"新"为核心范畴的现代性变革开始兴起,近代翻译运动是促使中国文化的近代转型的内在动因,随着文学翻译从文言向白话的过渡,新质素的引入也就更为自然而然地易被人接受

---

① 郑振铎:《林琴南先生》,《小说月报》第 15 卷第 11 号,上海商务印书馆发行,1924 年 11 月 10 日,第 12 页。

② 许寿裳:《亡友鲁迅印象记》,北京:人民文学出版社,1981 年版,第 54 页。

了。

三、"新学诗"、"新文体"到"新小说"

晚清文学与那个时代的文化一样,"维新"成为不可遏止的历史洪流。从"新学诗"到"新文体"、"新小说",在晚清的最后十年,一场以"新"为核心范畴的文学现代性变革蓬勃兴起。① 梁启超在《饮冰室诗话》中说:"盖当时所谓新诗者,颇喜捃撦新名词以自表异。丙申(1896)、丁酉(1897)间,吾党数子皆好作此体。"② 在此期间,梁启超和他的好友夏曾佑、谭嗣同一起尝试写异于传统的诗歌,用诗歌的形式来表达他们接触西学的惊喜和感受。他们当时运用了译书中的新术语入诗,这些新术语还没有在中国语言中固定下来,也没有形成一套大家认同的在诗中的使用法则,因此诗歌被称为"新学诗"。1899 年冬,梁启超以他主办的《清议报》、《新民丛报》为主要阵地,提出"诗界革命"的口号,进而开始对诗歌进行改革。梁启超说他所处的时代是"过渡时代",这样的时代是"希望之涌泉"、"人间世所最难遇而可贵者也",也是应该进行革命的时代,他说:"有进步则有过渡,无过渡亦无进步。其在过渡以前,止于此岸,动机未发,其永静性何时始改,所难料也。其在过渡以后,达于彼岸,踌躇满志,其有余勇可贾与否,亦难料也。惟当过渡时代,则如鲲鹏图南,九万里而一息;江汉赴海,百千折以朝宗。大风泱泱,前途堂堂;生气郁苍,雄心蔼黄。其现在之势力圈,矢贯七札,气吞万牛,谁能御之? 其将

---

① 杨联芬:《晚清至五四:中国文学现代性的发生》,北京:北京大学出版社,2003 年版,第 54 页。

② 梁启超:《饮冰室诗话》,北京:人民文学出版社,1959 年版,第 49 页。

来之目的地,黄金世界,荼锦生涯,谁能限之?"①梁启超认为要过渡,就应该有革命,包括文学领域里的革命:"过渡时代,必有革命。然革命者,当革其精神,非革其形式。吾党近好言诗界革命,虽然,若以堆积满纸新名词为革命,是又满洲政府变法维新之类也。能以旧风格含新意境,斯可以举革命之实矣。苟能尔尔,则虽间杂一二新名词,亦不为病。"②对于诗界革命,并非只堆满新名词的革命,应该用旧风格含新意境,尽管用一二个新名词也不算什么毛病,点明了诗界革命的实质。

真正实践诗界革命的是黄遵宪,同时第一个认识到文言弊害的也是黄遵宪。早在 1867 年,他在诗中写道:"我手写吾口,古岂能拘牵"。1895 年,他在《日本国志·文学志》中提出了言文合一的主张:"盖语言与文字离,则通文者少;语言与文字合,则通文者多,其势然也。……余又乌知夫他日者不更变一文体,为适用于今、通行于俗者乎? 嗟乎! 欲令天下之农工商贾妇女幼稚皆能通文字之用,其不得不于此求一简易之法哉!"③他认为中国文字最大的病根是言文不一致,是指书面语和口语的严重脱离。黄遵宪在他的诗歌创作中实践了这一主张。但他和梁启超的诗歌改革,尽管提倡使用俗语、俚语,但没有提出废弃文言。真正提出废弃文言而用白话的是裴廷梁。他在《论白话为维新之本》中说道:"有文字为智国,无文字为愚国;识字为智民,不识字为愚民;地球万国之所同也。独吾中国有文字而不得为智国,民识字而不得为

---

① 梁启超:《过渡时代论》,《饮冰室合集》(三),文集之六,北京:中华书局,1989 年版,第 27 页。
② 梁启超:《饮冰室诗话》,北京:人民文学出版社,1959 年版,第 51 页。
③ 蕳成文:《清末白话文运动资料》,中国科学院近代史研究所近代史资料编辑组编辑,《近代史资料》,1963 年第 2 期,第 115、116 页。

智民,何哉? 裘廷梁曰:此文言之危害矣。"①1898 年 5 月,裘廷梁创办了中国最早的白话文报纸《无锡白话报》(后改为《中国官音白话报》),他指出:"欲民智大开启,必自广兴学校始;不得已而求其次,必自阅报始。报安能人人而阅之,必自白话报始。"②从创办白话报开始,使得人人都能读懂,废弃文言而使用白话,以此开启民智。此外,革命派人士也有对白话文和白话报进行积极倡导的,如以"白话道人"自命的林獬,还有秋瑾及刘师培等。正因为这些人的大力倡导,使得当时全国上下都掀起了创办白话报的浪潮。一时间不仅"报章文体"风行天下,而且白话文体也成为小说创作和鼓动民众的有力武器。近代白话文运动以开启民智为目的,以言文合一为手段进行,尽管白话在现实生活中大大增强了实用性,但最终仍没有打破文言占统治地位的局面。因此说晚清的白话文不可能直接转变为现代白话文,只有经过梁启超提倡把大量文言词汇、新名词通俗化的"新文体",现代白话文才能逐步实现。

"新文体",是一种报章文体,也叫"新民体",是梁启超在西学的影响下,于报刊中所使用的一种新的写作体式。它是作为"桐城派"的对立面出现的。从冯桂芬、薛福成、王韬、郑观应、马建忠等人形成的"报章文",到康有为、梁启超、徐勤、麦孟华等人在《时务报》上发表的"时务文",在此基础上,梁启超于戊戌政变后流亡日本,学得日语,又受日本文化影响,在横滨先后创办《清议报》(1898 年)和《新民丛报》(1902 年)。他以当时的处境和社会责任感,感到应该使用一种更为自由解放的文章形式来宣传自

---

① 裘廷梁:《论白话为维新之本》,《无锡白话报》(第 5、6 期后改为《中国官音白话报》),第 19、20 期合刊,1898 年 8 月。

② 裘廷梁:《无锡白话报·序》,《无锡白话报》,1898 年 5 月 21 日。

己的政治主张,这样就形成了在以后文坛风行近二十年的一种政论性散文风格"新文体"。它是晚清政论性散文的一个重要发展阶段。梁启超在《清代学术概论》中,曾对自己所创的"新文体"作了总结:"启超夙不喜桐城派古文,幼年为文,学晚汉魏晋,颇尚矜炼。至是(1902 年)自解放,务为平易畅达,时杂以俚语韵语及外国语法,纵笔所至不检束,学者竞效之,号新文体。老辈则痛恨,诋为野狐。然其文条理明析,笔锋常带情感,对于读者,别有一种魔力焉。"①关于"新文体"的深远影响和历史作用,陈子展从中国文学史的角度考察"新文体"的历史作用,也得出了相似的结论:"这种文体正从桐城派八股文以及其他古体文解放而来,比桐城派古文更为有用,更为合适于时代的需要。而且,这种解放是'文学革命'的第一步,是近代文学发展上必经的途径。"②"新文体"从日本输入许多新名词,使用半文半白的语言,适应了过渡时代的时代要求,对现代语文也作出了一定的贡献,

关于"新小说"的倡导也是由梁启超提出来的。1902 年 10 月,梁启超在他主编的《新小说》创刊号上发表了《论小说与群治之关系》,文章开篇便指出:"欲新一国之民,不可不先新一国之小说。故欲新道德,必新小说;欲新宗教,必新小说;欲新政治,必新小说;欲新风俗,必新小说;欲新学艺,必新小说;乃至欲新人心,欲新人格,必新小说。何以故? 小说有不可思议之力支配人道故。"③梁启超把小说抬高到"文学之最上乘"的地位,就是看中了小说的这种社会力量。他在提出"小说界革命"之前,除了与

①　梁启超:《清代学术概论》,朱维铮导读,上海:上海古籍出版社,2004 年版,第 86 页。
②　陈子展:《中国近代文学之变迁》,上海:中华书局,1931 年版,第 122 页。
③　梁启超:《论小说与群治之关系》,《新小说》创刊号,1902 年 10 月。

黄遵宪、裘廷梁等人提倡白话文、进行"诗界革命"外，还受到西方和日本政治小说的影响，针对国内受西化小说影响的现实状况，进而提出对小说界进行锐意改革的口号，并付诸于实践。

1895 年 6 月，傅兰雅在《万国公报》上登载了《求著时新小说》的启示，可见他已经认识到小说的重要性。文中首先提到："窃以感动人心，变易风俗，莫如小说，推行广速，传之不久，辄能家传户晓，气习不难为之一变。"①1897 年 10 月，天津《国闻报》上登载了几道、别士的文章《本馆附印说部缘起》，几道即严几道，严复，文章末尾这样写道："本馆同志，知其若此，且闻欧、美、东瀛，其开化之时，往往得小说之助。是以不惮辛勤，广为采辑，附纸分送。或译诸大瀛之外，或扶其孤本之微。文章事实，万有不同，不能预拟；而本原之地，宗旨所存，则在乎使民开化。自以为亦愚公之一畚、精卫之一石也。"②可见，严复等人也早就认识到小说的使民开化之功用，并加以提倡和宣传，梁启超不能不受其影响。

梁启超在戊戌政变失败后去日本途中，读到一本日本作家柴四郎的小说《佳人奇遇》，他一边看一边动手翻译，后来在横滨创刊的《清议报》(1898 年 12 月 23 日)上连载。《佳人奇遇》(1885 年开始连载)在明治时代的日本是很有名气的并广受欢迎的"政治小说"。柴四郎写这本书时正任职于农商相的私人秘书，后来当过国会议员、大阪《每日新闻》董事、农商副相。19 世纪 70 年代以后，英国政治小说家李顿和迪斯累里的作品被日本翻译过

---

① 傅兰雅：《求著时新小说》，《万国公报》第 77 册，1895 年 6 月。

② 几道、别士：《本馆付印说部缘起》，《国闻报》，1897 年 10 月 16 日至 11 月 18 日。另见陈平原、夏晓虹编：《二十世纪中国小说理论资料》第一卷，北京：北京大学出版社，1989 年版，第 12 页。

来,柴四郎受他们的影响很深。他们都以小说的形式来寄寓自己的政治理想,而且又都是英国政坛的活跃分子。小说家在西方可以成为受尊重的社会名流,有身份的政治家也乐于接受小说家的桂冠。政治家写小说,很是让人敬仰和好奇,这也是他们在日本受欢迎的主要原因。①梁启超在《清议报》第一册登载的《译印政治小说序》(《政治小说佳人奇遇序》)中写道:"政治小说之体,自泰西人始也。……在昔欧洲各国变革之始,其魁儒硕学,仁人志士,往往以其身之所经历,及胸中所怀,政治之议论,一寄之于小说。于是彼中缀学之子,黉塾之暇,手之口之,下而兵丁、而市侩、而农氓、而工匠、而车夫马卒、而妇女、而童孺,靡不手之口之。往往每一书出,而全国之议论为之一变。彼美、英、德、法、奥、意、日本各国政界之日进,则政治小说,为功最高焉。"②这里,梁启超给国人竖起了欧美和日本政治小说的榜样,进而在中国倡导这样的小说,认为这样能启民智,使民开化,才能创造出为民众所喜闻乐见的新小说。1902年11月开始在《新小说》上连载的《新中国未来记》,就是梁启超在西方和日本小说的影响下写成的政治预言小说。小说在人物塑造和叙事结构等方面,对中国的新小说进行了有别于古人的创新。

梁启超在《论小说与群治之关系》中援引日本译西方的文学术语,把小说分为"理想派"和"写实派"两大派,具有划时代的创举。同时试图以近代西洋小说观念推进小说的变革,不只是登载

---

① 夏志清:《新小说的提倡者:严复与梁启超》,林明德编,《晚清小说研究》,台北:联经出版事业公司,1988年版,第68、69页。可见夏晓虹:《觉世与传世——梁启超的文学道路》,上海:上海人民出版社,1991年版,第214页。

② 陈平原、夏晓虹编:《二十世纪中国小说理论资料》第一卷,北京:北京大学出版社,1989年版,第21、22页。

小说,也在探讨小说的理论与建设。梁启超的"新小说"理论也影响着以后的小说批评和小说创作。"新小说"的改革主张,虽然与纯文学的观念还有很大的距离,但是把小说这种"小道"文学提高到了至高无上的地位。在《新小说》上倡导"新小说"之后,小说杂志更是层出不穷。杂志中登载的创作小说,与所翻译的小说一起,把小说分成政治小说、历史小说、哲理科学小说、侦探小说、军事小说、语怪小说、剳记小说、传奇体小说、世界名人逸事等。从文学和文体观念等方面,为民初的言情、消遣、侦探、科学等小说,以至于五四时期的白话小说创作,都做了很好的铺垫。

第二节 《甲寅》月刊与《新青年》:公共话语空间

一、《甲寅》月刊与《青年杂志》(第二卷改为《新青年》)创刊

《甲寅》月刊于 1914 年 5 月 10 日在日本东京创刊,每月 1 期,共出版了 10 期,章士钊是此刊的创办人。这里称为"《甲寅》月刊",是为了区别章士钊后来创办的"《甲寅》日刊"和"《甲寅》周刊"。事实上,《甲寅》月刊是在欧事研究会(1914 年 8 月)成立之前,在黄兴的发动和支持下创办的。欧事研究会是二次革命失败后流亡日本的多数同盟会成员,因第一次世界大战爆发,假借研究欧战问题,实际上是在孙中山再次成立中华革命党对入党人员必须打上手印的规定反对情况下而成立的,主张不分党界,对国内取"渐进主义"。本来黄兴预计让章士钊主持中华革命党党报,章士钊不想参与,于是创办《甲寅》月刊。"强吾主持杂志,倡议者为胡汉民,可见孙派自审势孤,谋党内外大团结,克强实为当时作合柱石。孙派中却有如夏重民者一类激烈分子。吾另办

《甲寅》后,夏重民曾捣毁吾林町社址一次。倘真共营一报,后患宁复可言?"①章士钊早年积极参加革命,并与黄兴相交默契,二次革命后流亡日本,继续探求改变国家前途命运的道路,开始苦学救国,不参加任何组织,之后留学英国等经历以及对西方政法的学习,加之在国内创办《苏报》、《国民日日报》、《民立报》、《独立周报》的经历,使得他再次通过办报来宣传自己和同人的政治主张。大胆引介西方政制体系,融合成自己新的政治思想,进而带动了一大批流亡和留日的有着共同追求的知识分子,成为《甲寅》月刊的同人和撰稿人。刊物封面在一类似青铜器并镶有古雅文饰的木铎上竖写着大大的"甲寅"二字,文字上面是英语"The Tiger",下面则画着一只奔跑的老虎。关于刊物命名,章士钊曾回忆当时与黄兴等人一起商议过的情景:"愚违难东京,初为杂志时,与克强议名,连不得当。愚倡以其岁牒之,即曰《甲寅》。当时莫不骇诧,以愚实主此志,名终得立。"②1914 年是农历"甲寅"年,又因"寅"年属虎,所以章士钊就给刊物取名为《甲寅》。

《甲寅》月刊共 10 期,从 1914 年 5 月 10 日到 1915 年 10 月 10 日,因袁世凯政府禁止而停刊。期间,1914 年 8 月到 10 月,1914 年 12 月到 1915 年 4 月曾两次停刊。从第 1 期封底可以看出,刊物发行人是渐生,编辑人是章士钊,发行所:日本东京小石川区林町七十二番地,印刷所:日本东京小石川区久坚町百〇八番地,博文馆印刷所。从"不许翻印"字样中,可见当时就有出版权不能侵犯的规定。有上海代派处和各埠代派处。第 5 期开始

---

① 章士钊:《与黄克强相交始末》,《章士钊全集》第八卷,上海:文汇出版社,2000 年版,第 320 页。

② 章士钊:《甲寅》周刊第 1 卷第 10 号,第 15 页。

由上海亚东图书馆印刷出版发行,第 10 期又改为由"甲寅杂志社"出版发行。从下表中可以看出杂志社的出版发行变更概况:

刊号	编辑者	发行者	印刷兼发行者	发行所	印刷所	出版者	代派处
第 1 期	秋桐	渐生		甲寅杂志发行所(东京)	博文馆印刷所(东京)		上海代派处、各埠代派处
第 2 期	秋桐	渐生		甲寅杂志发行所(东京)代发行所(上海)北京代发行所	博文馆印刷所(东京)		东京代派处、上海代派处、各埠代派处
第 3 期	秋桐	渐生		甲寅杂志发行所(东京)代发行所(上海)北京代发行所	博文馆印刷所(东京)		东京代派处、上海代派处、各埠代派处
第 4 期	秋桐	渐生		甲寅杂志发行所(东京)甲寅杂志发行所(上海)北京代发行所	博文馆印刷所(东京)		东京代派处、上海代派处、各埠代派处

刊号	编辑者	发行者	印刷兼发行者	发行所	印刷所	出版者	代派处
第5期	秋桐		亚东图书馆(上海)	亚东图书馆总发行(上海)		甲寅杂志社(东京)	本埠分售处外埠分售处
第6期	秋桐		亚东图书馆(上海)	亚东图书馆总发行(上海)		甲寅杂志社(东京)	本埠分售处外埠分售处
第7期	秋桐		亚东图书馆(上海)	亚东图书馆总发行(上海)		甲寅杂志社(东京)	本埠分售处外埠分售处
第8期	秋桐		亚东图书馆(上海)	上海亚东图书馆总发行		甲寅杂志社(东京)	本埠分售处外埠分售处
第9期	秋桐		亚东图书馆(上海)	亚东图书馆总发行(上海)		甲寅杂志社(东京)	本埠分售处外埠分售处
第10期	秋桐		甲寅杂志社(东京)	甲寅杂志社(上海)总发行所			分售处:国内外各大书局

注:

(1)第4期上海《甲寅》杂志社发行所地址:上海四马路经车福华里《甲寅》杂志发行所。

(2)第10期《甲寅》杂志总发行所地址:上海江西路五十六号《甲寅》杂志社。

46

　　《甲寅》月刊虽然出版时间不长，期数不多，但是影响却非常大。它除了在封底标出编辑、发行、代售处外，还有定报价目和广告价目等，可见刊物同时具有一定的商业性质，但所登载的广告基本上都是书籍广告，也与刊物本身的风格密切相关。"清末民初迅速崛起的报刊，已经大致形成商业报刊、机关刊物、同人杂志三足鼎立的局面。"①《甲寅》月刊不属于某一机关或者团体、党派刊物，在第 1 期开篇的《本志宣告》中明确说明："与日主张，宁言商榷，既乏架空之论，尤无偏党之怀，惟以己之心，证天下人之心，确见心同理同，即本以立说。""本志非私人所能左右，亦非一派之议论所得垄断，所列论文，一体待遇，无社员与投稿者之分。若无本志主旨，皆得发表。"②《甲寅》月刊也不同于完全注重商业利益的《申报》、《东方杂志》等刊物，虽然也是按照市场规律进行着商业运作，但不是以揣摩读者心理、迎合读者趣味，以营利为目的的商业刊物。如果只从刊物封底所登的刊物价目和广告价目来计算，这些钱并不能支持刊物完整的稿酬、印刷、出版、发行的费用。好在"本志现在由有志者担任财务，文字除声明不索报酬者外，另有酬率，多寡因稿而定，拟登即行付款。"③同时，也体现了刊物的稿酬体系极为完备，给人耳目一新、令人信服的感觉，这不能不说是编辑者使刊物招揽人才或投稿者的一个有效办法。

　　《甲寅》月刊属同人刊物，"不以同人为不肖，交相质证，俱一律款待，尽先登录。若夫问题过大，持理过精，非同人之力所及，

① 陈平原：《思想史视野中的文学》（上），《中国现代文学研究丛刊》，2002 年第 3 期，第 3 页。

② 《本志宣告》，《甲寅》月刊第一卷第 1 期，1914 年 5 月 10 日。

③ 《本志宣告》，《甲寅》月刊第一卷第 1 期，1914 年 5 月 10 日。

同人当设法代请于东西洋学者,以解答之。"①如陈独秀、李大钊、高一涵、易白沙、杨昌济等,有的是同乡、好友、同学,有的则是读过章士钊主笔的《民立报》《独立周报》而投稿的,有的是留日学生通过投稿而成为编辑同人的。陈独秀、谢无量、易白沙、高一涵等都应邀参加编辑工作。这样,在本来就卓有声望的章士钊、陈独秀周围,汇集了一大批思想者,他们或者是流亡的知识分子,或者就是留日或曾经留日的学生与学者。任何一份刊物,作为主编人的文章在刊物中占有比重比较大,章士钊也不例外。他在《甲寅》月刊共 10 期当中,单单是撰写的头条文章就占了总体的大半部分,可见作为主编人确实应该站在主撰的位置上。下面的表格是对章士钊发表文章的数量和比例作以归纳:

刊号	1 期	2 期	3 期	4 期	5 期	6 期	7 期	8 期	9 期	10 期
数量	2	1	2	1	3	2	2	3	2	2
比例	2/3	1/5	2/5	1/4	3/6	2/7	2/6	3/10	2/6	2/8

由以上对杂志的统计中可以看出,章士钊在《甲寅》月刊各期中发表文章的数量,以及在每期中所占头条文章数量的比例,是别人无法超越和比拟的。

当然,这里不包括他在"评论之评论"、"时评"、"论坛"、"通信"中作为记者的答复(以及小说)等栏目上发表的文章。从同人作者群所具有的特点上也能看出杂志所具有的开放的空间和宽容的姿态。

《甲寅》的凝聚力量来自于反袁的共同政治立场与主编章士

---

① 《本志宣告》,《甲寅》月刊第一卷第 1 期,1914 年 5 月 10 日。

钊"有容"、"尚异"的调和主张。准确地说，《甲寅》是一个过渡的平台，在1914～1915年间为知识精英的重新整合和边缘知识分子的崛起提供了适合的空间。

《甲寅》作者群具备三个特点：一是包容性，作者中既有同盟会系的陈独秀、吴稚晖、张继，也有进步党系统的张东荪、黄远庸，青年作者中也既有北洋法政系的李大钊、郁嶷、白坚武，也有研究系的李剑农、周鲠生，还有无党派的胡适、皮宗石等；二是精英性，这部分知识分子接受过完整的新式教育，多数有留学经历，并与民初舆论界有密切的关系；三是边缘性，作者群中虽不乏吴稚晖、蒋智由、张继等党派知名人士，但主要还是由在民初政坛处于边缘地位或崭露头角的独立知识分子构成。①

随着杂志影响力的增大，新的作者不断加入，使《甲寅》月刊转变成一份知识界的公共刊物。不断有读者来信，称赞《甲寅》月刊是唯一不受政府或某一政党控制的论坛。同人队伍的不断壮大，体现着刊物作为公共舆论机关的性质："本志既为公共舆论机关，通讯一门，最所置重，务使全国之意见，皆得如其量以发表之，其文或指陈一事，或阐发一理，或于政治学术，有所怀疑。"使刊物成为以"条陈时弊，朴实说理"②为宗旨的公共话语平台，向世人传达编者和刊物的平等、开放、自由之风。《甲寅》月刊拥有广泛的受众和众多的撰稿者，并争取社会各界力量都参与进来。杂志既是以政治思想理论为主，同时又登载文艺作品，并且"本社募集小说，或为自撰，或为欧文译本，均可，名手为之，酬格从

① 杨早：《〈甲寅〉：过渡者》，《中华读书报》，2006年2月15日。
② 《本志宣言》，《甲寅》月刊第一卷第1期，1914年5月10日。

渥"①的综合性刊物。以理性分析,借鉴西方科学严谨的态度和精神,在思想文化领域里试图对辛亥革命进行反思,对封建专制主义进行批判,更大程度上对民主主义进行阐发,进而推动中国民主法制的进程。在文学上凸显个人本位和独立人格意识等,是一份以章士钊为核心具有西方资产阶级政治思想的精英性质的刊物。《甲寅》月刊成为民初流亡和留日知识分子的思想阵地。

陈独秀主编的《青年杂志》,于1915年9月15日创刊,每月发行1号,6号辑成一卷,由上海群益书社印刷出版发行。第二卷改为《新青年》,到1922年7月,共发行54号,辑成9卷。1923年到1926年间成为党报的不定期出版的《新青年》,不是本书讨论的范围。本书中只对《新青年》前期的情况进行梳理。

1915年是风云际会的一年,也是辛亥革命后最为黑暗的一年。从1月18日日本向袁世凯政府提出二十一条开始,到12月12日袁世凯当皇帝。同时,一批有影响的知识分子和辛亥革命的功臣骁将进行了政治转向,成为袁世凯称帝的奠基石。在这举国无望的情况下,《青年杂志》的创刊,把希望寄托在青年身上,呼吁青年早日觉醒,成为有自主权之人。《新青年》继承了《甲寅》月刊开启的注重政治根本精神的做法,并进一步发展到将其启蒙的重点放在青年身上,向青年学生宣传民主与科学理念,培养新一代的新生力量。《青年杂志》创刊伊始就在《社告》中明确宣布:"国势凌夷,道衰学弊,后来责任,端在青年",并声称自己的宗旨是"欲与青年诸君商榷将来所以修身救国之道。"②《青年杂志》第一卷的出版发行,标志着新文化运动的启动。如果说,

---

① 《本志宣言》,《甲寅》月刊第一卷第1期,1914年5月10日。
② 《社告》,《青年杂志》第一卷第1号,1915年9月15日。

《社告》中只是笼统地寄希望于青年,那么陈独秀在 1 号开篇发表的《敬告青年》,已经被作为准宣言看待,他从生物学的新陈代谢到人身的新陈代谢又转入社会学意义上的新陈代谢,论证了进步与进化、青年乃国家希望之理。

窃以少年老成,中国称人之语也;年长而勿衰(Keep young while growing old),英美人相勖之辞也。此亦东西民族涉想不同现象趋异之一端欤?青年如初春,如朝日,如百卉之萌动,如利刃之新发于硎。人生最可宝贵之时期也。青年之于社会犹新鲜活泼细胞之在人身新陈代谢,陈腐朽败者无时不在天然淘汰之途;与新鲜活泼者以空间之位置及时间之生命,人身遵新陈代谢之道则健康,陈腐朽败之充塞细胞人身则人身死;社会遵新陈代谢之道则隆盛,陈腐朽败之分子充塞社会则社会亡。①

面对内忧外患,复辟和反复辟的时势,陈独秀希望青年追求西方人的价值取向,以西方青年观来勉励中国青年,并提出六项人生倡议:自主的而非奴隶的,进步的而非保守的,进取的而非退隐的,世界的而非锁国的,实利的而非虚文的,科学的而非想象的。这六项囊括了《青年杂志》的办刊指向,并竖起了科学和民主的大旗。

从第一卷的内容看,主要是对西方文化的翻译、介绍,主张以西方自由主义为价值取向的思想革命,是以青年为对象的人格重塑运动,就是反对传统文化,培养青年人的民主和科学精神。可见,对于《新青年》来说,西方文化就是新文化,代表进步,而中国儒家文化就是旧文化,代表落后。《新青年》是把中国儒家文化传统看作一个单一整体而与西方近代文明对立起来的。在第一

---

① 陈独秀:《敬告青年》,《青年杂志》第一卷第 1 号,1915 年 9 月 15 日。

卷创刊号中就有这样的说法,"所谓新者无他,即外来之西洋文化也;所谓旧者无他,即中国固有文化也。……二者根本相违,绝无调和折冲之余地。"①《青年杂志》初期就是用这种方式来解决传统与现代的紧张关系的。杂志于 1916 年 2 月 15 日出版第一卷第 6 号后停刊,于同年 9 月 1 日复刊。因陈独秀应蔡元培邀请,赴北大任文科学长,杂志也由上海迁往北京。第二卷以后杂志内容有很大改观,面貌日渐清晰。复刊后的《新青年》第二卷开始更多讨论儒家与孔教问题。到第二卷第 6 号出版的时候,即1917 年 2 月,陈独秀发表了《文学革命论》后,已经被蔡元培聘请为北京大学文科学长,开展了声势浩大的新文学运动。第三卷因此改在北京编辑,出版发行仍然由上海群益书社负责。1920 年春,陈独秀因为从事实际政治活动的需要而南下,《新青年》也随之迁回上海,之后又迁到广州,1922 年 7 月出满九卷后休刊。1923 年至 1926 年间出现的季刊或不定期出版物《新青年》,是中共中央的理论刊物,不再是新文化人的同人杂志,所以,作为五四新文化的重要经典文献的《新青年》,只能是前九卷。第三卷开始,尽管已经在北京编辑,但封面上仍然标明是由"陈独秀先生主撰",第四卷非常明显,已经加入了北京大学的教授和学生,而且编辑也由原来陈独秀一人主编,到几个人轮流主编。新一代的加入,使《新青年》增添了新的血液和活力,新文学的倡导和革新力量的融合,使《新青年》进入了一个新的发展阶段,表明该杂志已经在实践着初期的创刊宗旨,即唤醒青年,推动社会改革和文学变革。

---

① 汪叔潜:《新旧问题》,《青年杂志》第一卷第 1 号,1915 年 9 月 15 日。

二、由激进革命到理性平和的章士钊

在 20 年代，章士钊曾经自我评价说："章士钊者，一笃于个性，不存机心，情理交战，迭为胜负之人也。惟笃于个性也，故其行动，不肯受党派之羁绊，而一生无党。惟不存机心也，视天下之事，无不可为。胜负之数，蓄然不知。有时为人暗算，肝胆胡越，彼乃不信，一旦势异，负尽天下之谤而亦无悔。不论何事，是非荣辱，均自当之，生平未尝发言尤人，此考之二十年来之言论而可知也。情与理者，如车两轮，皆为钊所讬命，不可得兼。迷惑立生，轻重相权，恒见乖牾。大抵三十五岁以前，理恒胜情，三十五岁以后，情恒胜理。说者谓于血气之盛衰有关，事或然也。"[1]

早期激进革命的时代。章士钊（1881—1973），字行严，号孤桐，湖南长沙人。笔名黄中黄、烂柯山人、孤桐、青桐、秋桐等，湖南善化（今长沙）人。16 岁为童子师。1901 年 20 岁在武昌寄读西湖书院，认识了黄兴。1902 年入读南京陆师学堂，在那里认识了陈独秀、赵声、汪孟邹等人。1903 年他成为学潮领头人，带领30 多位同学退学，到上海加入了蔡元培、吴稚晖等组织的革命团体——爱国学社，任体操教员。1903 年 5 月 27 日，受聘为《苏报》主笔。没多久，《苏报》的面貌大为改观，邹容的《革命军》，章太炎的《康有为与觉罗君之关系》（即《驳康有为论革命书》的摘录），章士钊的《驳〈革命驳义〉》等，都相继在《苏报》上登载出来，把该报本就具有的自由、民主、革命倾向更充分地发挥出来，为此使清政府与上海租界联合，逮捕了章太炎、邹容等人。在查办大员余明震的庇护下，章士钊得以逃脱。《苏报》被查封。这就是历史上有名的"《苏报》案"。

----

[1] 章士钊：《答稚晖先生》，《甲寅》周刊第一卷第 22 号，1925 年 12 月，第 6 页。

关于"《苏报》案"的当时情景与反思,章士钊多年后回顾并记下了发案始末,开篇写道:"前清末造,士夫提倡革命,其言词之间,略无忌讳,斥载湉为小丑,比亲贵于贼徒者,惟香港、东京之刊物能为之,在内地则不敢,抑亦不肯。洵如是者,词锋朝发,缇骑夕至,行见朋徒骇散,机关捣毁,所期者必不达,而目前动乱之局亦难于收摄也。此其机缄启闭,当时明智之士固熟思而审处之。然若言论长此奄奄无生气,将见人心无从振发,凡一运动之所为高潮无从企及。于是少数激烈奋迅者流,审时度势,谋定后动,往往不惜以身家性命与其所得发踪指示之传达机构,併为爆炸性之一击,期于挽狂澜而东之,合心力于一向,从而收得风起云涌,促成革命之效。《苏报》案之所由出现,正此物此志也。"①《苏报》作为一个规模和影响都比较大的报刊,在办刊方针上本应沟通各方,揭露事实,耐心说理,以冀长期图存,但章士钊却明知故犯,使刊物以谩骂代替说理,并且辱骂皇帝为小丑的字眼都一一见诸报端,逞快于一时。同时,他把排满视为理所当然的事。他说:"吾以为满洲之在吾中国,不可一日不去;吾同种之对满洲,不可一日不排。排满之天性,是固人人之所同,不可一人不有此目的,而其手段之如何,非所问也。"②他曾热情赞颂邹容的《革命军》:"卓哉,邹氏之《革命军》也!以国民主义为干,以仇满为用,掉撂往事,根极公理,驱以犀利之笔,达以浅直之词。虽顽懦之夫,目睹其字,耳闻其语,则罔不面赤耳热心跳肺张,作拔剑砍地奋身入海

---

① 章士钊:《苏报案始末记叙》,《章士钊全集》第八卷,上海:文汇出版社,2000年版,第150页。
② 章士钊(支那汉族黄中黄):《沈荩》(1903年9月),《章士钊全集》第一卷,上海:文汇出版社,2000年版,第152页。

之状。呜呼，此诚今日国民教育之第一教科书也！"①这实际也是他的追求。简单地说，革命、排满、社会主义，就是青年章士钊的思想取向，这在当时应该是最前卫和最极端，也是最激进的。

《苏报》案后的章士钊并没有气馁，又与从日本返沪的陈独秀、何梅士、苏曼殊等人创办《国民日日报》，该报于1903年8月7日正式创刊。章士钊写的一篇《箴奴隶》在当时影响很大，连载了7天。他认为奴隶并非生而有之，而今我民族之地位的形成，是我国三千年奴隶史演变而成的，此报被时人赞评为《苏报》第二。接着，清廷又制造一起惨无人道的"沈荩案"，下令将一名革命志士沈荩（与谭嗣同、唐才常有往来）杖死于北京狱中。章士钊在《国民日日报》上作了系列报道，并写了一个小册子《沈荩》，"至于章士钊所撰写之《沈荩》，其指导思想，与章太炎反对清政府，主张革命的思想是一致的。"②在忙于编辑《国民日日报》时，章士钊还创设了一个东大陆图书译印局，出版了许多革命书籍。如：他的《沈荩》、《大革命家孙逸仙》、陈天华的《猛回头》、刘师培的《攘书》等。"吾既创立《国民日日报》，复别设东大陆图书译印局。除邹容《革命军》先期印发外，他如《皇帝魂》、《孙逸仙》、《沈荩》、《攘书》等小册子，以及《保国歌》等单张，充类布达。吾又租赁招待所四处：一在余庆里；一在梅福里；两所在昌寿里，此一为日日报编辑所，以为克强与吾徒秘密计事处。"③章士钊后来在《甲寅》周刊上回忆说："《保国歌》文词肫至，读者莫不感泣，愚

① 章士钊：《读〈革命军〉》(1903年6月9日)，《章士钊全集》第一卷，上海：文汇出版社，2000年版，第28页。
② 白吉庵：《章士钊传》，北京：作家出版社，2004年9月版，第28页。
③ 章士钊：《与黄克强相交始末》，《章士钊全集》第八卷，上海：文汇出版社，2000年版，第313页。

为印布数十万份,湖北曹工丞且为麻鞋负橐走数千里散之。一时长江上下游之兵若匪,人手一纸习其词若流。"①上面印着排满之论。

接着,1904 年 2 月 15 日与黄兴、刘揆一等创办华兴会。设以暗杀为主的外围组织"爱国协会",杨笃生任会长,章任副会长。蔡元培、陈独秀曾加入该组织。后因万福华刺杀王之春的活动失败,章士钊被捕 40 天,由于蔡锷、龙璋的援救,被保释出狱,于是章士钊和黄兴等人被迫流亡日本。华兴会再举义旗的计划又付水东流。

由"废学救国"到"苦学救国"。1905 年,章士钊到日本东京,思想上发生了急剧的变化,直到武昌首义为止,这一阶段他不参加任何革命活动,而是入正则英语学校学习英语。当 1905 年 8 月 20 日,中国同盟会在东京正式成立时,孙中山、黄兴邀他加入,而他拒绝入盟。章太炎和孙少侯两人"要吾莅盟,吾不署诺,则见诱禁闭一室,两日不放。"②接着,章太炎和张继商量,决定让同盟会女会员吴弱男说服,一定能成功,因为两人关系很好。没想到却促成了两人的婚事,这真是"赔了夫人又折兵"。后来章太炎回忆时还谈到:"与沧张继,巴邹容,及余歃血而盟,行严与余本同祖,而因弟畜之矣。其后马福益起湘东,善化黄克强与行严为主谋,事败,鼠日本。中国同盟会起,余主民报,欲行严有所发舒,行严以修业明法为辞,余甚恨之。"③到了日本的章士钊,耳目为之

①　章士钊:《赵伯先事略》,《甲寅》周刊第一卷第 25 号,1926 年,第 8 页。

②　章士钊:《与黄克强相交始末》,《章士钊全集》第八卷,上海:文汇出版社,2000 年版,第 315 页。

③　章太炎:《重刊甲寅杂志题词》,《甲寅》周刊第一卷第 2 号,1925 年 7 月,第 6 页。

一新,对日本自强之道获得了直接的了解,进一步认识到教育的振兴才是国力强盛的根本,因而很想学习英语、日本文化,乃至欧洲文化,以达到"教育救国"、"科学救国"的目的。学习期间,对自己从前的革命行为进行了反思。他冷静地看到自己的不足,并且认为读书,了解世界文明的成就,也是为了挽救祖国,仅仅是分工不同,并非脱离革命。同时,他还认为自己的特长只适合做文字鼓吹工作,"实行非己所长",①特别不适合也不想做联络会党的工作。他后来给杨昌济的信中提到:"弟自癸卯败后,审交接长江哥弟,非己所长,因绝口不论政事。窃不自量,欲邂而治文学以自见。"②

1907 年,章士钊从日转赴英国阿伯丁大学(University of Aberdeen)研习法律,后又"在苏格兰大学,修硕士学位,距结业不足一学期,而武昌事发。"③对于一个 25 岁的青年来说,这是一个非常艰难和有远见的选择。与此同时,他也为同盟会做了很多工作,写过不少介绍西方政治学说兼评国内政治的论文寄回国内,交北京《帝国日报》发表。宋教仁将这些论文按期剪裁,汇集成册。章士钊离开英国之前,认为外国舆论对国内革命影响很大,"即择其议之袒己者,通电《民立报》,以安吾军心,主旨即在证明革命不足召瓜分之理,自后一日一电或一日数电,于是者月余。"④

1912 年初,章士钊受孙中山之召,毅然回国。受黄兴、于右

---

① 章士钊(孤桐):《慨言》,《甲寅》周刊第一卷第 16 号,第 7 页。
② 章士钊(孤桐):《与杨怀中书》,《甲寅》周刊第一卷第 33 号,第 9 页。
③ 章士钊:《与黄克强相交始末》,《章士钊全集》第八卷,上海:文汇出版社,2000 年版,第 315 页。
④ 章士钊:《慨言》,《甲寅》周刊第一卷第 16 号,第 7 页。

任之邀主持《民立报》。此时缺少了一个不畏艰险的战士,却多了一位比较成熟理性的思想家,发挥了别人无法替代的作用。《民立报》是公认的同盟会总机关报,章士钊没有介入南京临时政府内阁,而是选择了《民立报》,任该报主笔。他得以运用在西方学习的政治理论,以社论的形式表明己见,发表于报端,同时对临时政府有些措施毫不客气地批评,并挺身而出捍卫言论自由。他的做法自然引起了同盟会党人的强烈不满,声称党报不能由非党人士主持,章士钊愤然离去。1912 年 9 月与王无生创《独立周报》于上海,后因王无生暗中接受袁世凯津贴被人举发而停刊。此时袁世凯利用与章士钊岳父家的世交关系,把章士钊骗到北京,当 1913 年宋案发生,章士钊亲眼所见袁世凯把杀宋教仁的罪名算在黄兴身上,愤然离去。章士钊如果愿为袁氏效劳,欲得一个高位,易如反掌,但是由他的文人节操所致,他始终坚持反袁,不为利禄所诱。难怪章太炎这样夸赞他:“武昌兵起,而行严自伦敦归,其妻党与袁氏有连,夫妇相誓不受暴人羁縻,余以为难能也。”①这种看法是颇中肯綮的。明知无望,章士钊却决然地与黄兴参加南京的反袁行列,任讨袁军秘书长。二次革命失败后,再度亡命日本。“吾徒革命党也,共和昙花一现,重履亡命之途,混沌穷奇,亦何所谓!”②

理性平和与倡导“有容”、“尚异”思想。“当《甲寅》的创办人章士钊 1912 年自英伦归国时,他的最大理想,就是在中国办一份类似英国《旁观者》(《Spectator》)那样的以政论为主的综合杂

---

① 章太炎:《重刊〈甲寅〉杂志题词》,《甲寅》周刊第一卷第 2 号,1925 年 7 月,第 6 页。

② 章士钊:《与黄克强相交始末》,《章士钊全集》第八卷,上海:文汇出版社,2000 年版,第 319 页。

志,其理想读者,当然也是仿效英法'高级报纸'的销售对象:知识分子、议员和商业界人士。"[1]此时,袁世凯仍然十分注意他的行踪,还想继续拉拢他。但章士钊不为所动,仍然坚持反袁,并于1914年5月10日在东京创办《甲寅》月刊。《甲寅》旨在讨袁,朴实说理,持论严正,很为时论所重。杨昌济读了《甲寅》月刊,认为章士钊"大有所见",[2]著名记者黄远庸读过《甲寅》月刊后,赞誉章士钊"不愧为一大改革家"。[3]　在《甲寅》月刊时期,章士钊吸取了以前的经验教训,使得《甲寅》月刊独立于机关、党派之外,成为同人刊物,也使之成为自由、开放的公共话语空间,"毅然翘联邦二字以示天下,自愚始也。"[4]对辛亥革命进行了深入的理论思考和冷静的反思,态度已由激进转向理性、平和。《甲寅》月刊成为《青年杂志》问世以前西方文化思想在中国的一个主要传播阵地。同时,由于章士钊对辛亥革命的反思,也相应提出和阐释了各种问题,与随之而发生的"五四"新文化运动息息相关。在1910—1919年间,民主政治是章士钊这一时期探讨的基本内容,调和立国论则是他思想成熟的标志,是对辛亥革命的重要思想总结。陈子展对章士钊的看法是:"他行文主洁,故言期有物,而不支蔓。他立论调和,故理尚执中,而不偏激。他'移用远西词令,隐为控纵',故他的文章精密、繁复,有点欧化的倾向。"[5]陈独秀、李大钊、高一涵等后来的新文化运动领袖都是这个刊物的重要作

---

① 杨早:《〈甲寅〉:过渡者》,《中华读书报》,2006年2月15日。
② 杨昌济:《达化斋日记》,长沙:湖南人民出版社,1978年版,第18页。
③ 黄远庸:《释言・其一》,《甲寅》月刊第一卷第10期,1915年10月。
④ 章士钊:《太炎题词记》,《甲寅》周刊第一卷第2号,1925年7月,第7页。
⑤ 陈子展:《最近三十年中国文学史》,上海:上海太平洋书店,1930年版,第116页。

者和编辑,胡适也有投稿,并和章士钊有信件往来。早有人注意
到《甲寅》月刊和《青年杂志》的内在关联,如胡适、钱基博、常乃
德等人。尤其是李大钊和高一涵,从思想到文风都深受章士钊的
影响。他在《甲寅》月刊上发表了大量的政论文章,所追求和宣
扬的是在中国实现政党政治。他是一个杰出的政论家和思想家。
他所创造的"逻辑文体",对当时和以后的文体演变都有着重要
的影响。章士钊第一次提出了将西方"Logic"直接音译为"逻辑"
的倡议。《甲寅》月刊时期,章士钊完成了从曾经倡导国权到倡
导民权的重要转变。1917 年创办《甲寅》日刊,李大钊、高一涵协
助主编。稍后,任北京大学文科教授兼图书馆主任。现在看来,
如果能让章士钊这样才华横溢的政治活动家加入同盟会,或许他
对辛亥革命的贡献将会更大。几十年后,他在追忆这段历史时还
在责怪自己"深愧死友!"①孙中山虽曾对章士钊给予了很高的评
价,但对他未能入盟与之共事深感惋惜:"行严矫矫如云中之鹤,
苍苍如山上之松,他日学问事业,必有大贡献于国家民族。惜未
能与予共生命艰难之事,只能领上乘号召之功耳,革命得此人,可
谓万山皆响。"②二次革命中,孙中山甚至曾经对章士钊风趣地说
过:"吾革命无成,因君不肯相助!"③这句话确实值得人回味。

　　这里需要提及的是,如果说章士钊早期是一个激进革命者的
话,那么从 1914—1927 年的时间里,他却是一个"有容、尚异"的
"调和立国论"者。这期间,他共办过三个以《甲寅》命名的刊物,

----

① 章士钊:《赵伯先事略》,《甲寅》周刊第一卷第 25 号,1926 年,第 8 页。

② 刘成禺:《先总理旧德录》,《国史馆馆刊》第一卷第 1 期,1947 年 12 月,第 52 页。

③ 章士钊:《与黄克强相交始末》,《章士钊全集》第八卷,上海:文汇出版社,2000 年版,第 320 页。

即《甲寅》月刊、《甲寅》日刊、《甲寅》周刊,创刊和终刊时间分别为:1914年5月10日创刊,1915年10月10日终刊,共出版10期;1917年1月13日创刊,同年6月19日终刊,共出版150期;1925年7月18日创刊,1927年4月2日终刊,共出版45期。因三个刊物创办的时间先后不同,政治和文化背景也不同,主编者本人的思想在不同时期所处的状况也不同,所以,这三个刊物的性质也各有不同。办《甲寅》的这十多年,是章士钊在中国思想界最为活跃也最有影响的时期,而这一时期他最有影响的思想就是调和论。他曾在《甲寅》月刊和《甲寅》日刊上大力提倡调和立国论,后来又在《甲寅》周刊倡导"新旧杂糅调和论"(也称"文化调和论")。这两个调和论当时在思想界非常引人注目。月刊、日刊和周刊的创办,也标志着章士钊由早期激进的革命者到《甲寅》月刊和《甲寅》日刊时期提倡"有容"、"调和立国论",到《甲寅》周刊时文化上的保守主义,进而回归传统文化的思想历程。从传播欧洲思想到回归传统文化,是章士钊整个《甲寅》时期的思想发展脉络。

三、对民初社会现实作出深刻清晰判断的陈独秀

章士钊曾经这样评价陈独秀:陈独秀者,原名乾生,一名仲甫,字仲甫,怀宁旧家子。早岁读书有声,愚因皖中贤士汪铸希颜,葛裹温仲识之。言语峻利,好为断制,性狷急,不能容人,亦辄不见容于人。东游不得意,返于沪,与愚及沧州张博泉、南康谢晓石,共立国民日日报。吾两人蛰居昌寿里之偏楼,对掌辞笔,足不出户。兴居无节,头面不洗,衣敝无以易,并亦不澣。一日晨起,愚见其黑色裕衣,白物星星,密不可计。愚骇然曰:"仲甫,是为何耶?"独秀徐徐自视,平然答曰:"虱耳。"其苦行类如此。然考之于言,则空无所有。时与香山苏子縠,其译罨俄小说,极写人类困

顿流离诸状,颜曰《惨社会》。所怀政想,尽于此同。盖消极冲决之意九,而积极将作之计,则不得一也。①

陈独秀(1879—1942年),原名乾生,后改名由己,字仲甫,安徽怀宁(今安庆市)人。出身于书香门第、官宦之家。父亲、叔父(嗣父)分别考中秀才和举人,都曾作官,在地方上有名声。陈独秀从小受教于祖父和长兄,熟读四书五经,后曾受教于做过清政府知县的汤寿潜和著名国学家、音韵学家汪仲沂,他的旧学根底非常扎实。1896年17岁中秀才,但他对经书、八股不感兴趣。意外地读到康有为和梁启超在《时务报》上的言论,开始接受了维新思想。他后来回忆说:"读康先生及其徒梁任公之文章,始恍然于域外之政教学术粲然可见,茅塞顿开,觉昨非而今是。"②同时著有《扬子江形势略论》一书,被誉为皖城名士。1898年19岁,入读清末南京著名新式书院"求是学堂",习法文和新学。因有反清言论,被逐离南京。期间,认识章士钊、刘三、赵声、卢仲农、汪孟邹等人,都是日后亲密共事革命的同志和终生不渝的朋友。"先生记忆力甚强,昔寄居杭州萧寺时,能背诵杜诗全集,一字不遗。"③

1901年10月,陈独秀首次东渡日本,先进修日语,后就读东京高等师范学校,并加入留东学生最早团体"励志会",后来会中成员因思想不同而分化,陈独秀与张继等退会,于1902年回国,

---

① 章士钊:《吴敬恒——梁启超——陈独秀》,《甲寅》周刊第一卷第30号,1927年1月,第5、6页。

② 陈独秀:《驳康有为致总理书》,《陈独秀文章选编》(上),北京:三联书店,1984年版,第137页。

③ 王森然:《陈独秀先生评传》,《近代二十家评传》,北京:书目文献出版社,1987年1月版,第221页。

在安庆与潘赞化、柏文蔚、郑赞丞等组织青年励志学社,借藏书楼开辟阅览室,陈列革命书刊,并发起演说会,发表反清演讲。因遭到清廷通缉,再次东渡日本。不久,在日本与张继、冯自由、苏曼殊、潘赞化、程家柽、蒋百里等组织留日学生最早革命团体"青年会"。其间,为新学制小学编写了《小学万国地理新编》。1903年因与张继、邹容等人强剪留学监督蔡钧辫发遭逃归国。在上海识吴稚晖等人。在安庆与潘赞化、郑赞丞、柏文蔚等集会拒俄,并组织了"爱国会",鼓吹革命。因此陈独秀再次被追捕逃抵上海,正值《苏报》案发生,8月,参加编辑章士钊创办的《国民日日报》,共事的有谢无量、何梅士和苏曼殊等人,继续进行革命宣传,后因经费等内部问题,于12月停刊。1904年初,陈独秀由上海潜回安庆,与房秩五、吴守一等创办了《安徽俗话报》(1904年到1905年8月,半月刊)。11月应章士钊之邀,到上海加入杨笃生、章士钊等组织的暗杀团,共事还有蔡元培、钟宪鬯、蔡锷等人。1905年2月,陈独秀任教于安徽芜湖公学,注意从学生中物色革命人士。1905年,又与柏文蔚、常藩侯、倪映典等秘密组织革命团体"岳王会",陈独秀任会长。同年,与赵声等策划吴樾炸五位出洋大臣之事。1905年8月同盟会成立后,岳王会成员都加入了同盟会,但陈独秀因为对同盟会的纲领"反对兴汉灭清的狭隘民族主义"[1]有保留而未入会。1906年暑期,与苏曼殊第三次东渡日本,回国后,陈独秀仍然参加革命党的活动被人告发,遭到安徽巡抚恩铭下书通缉,1907年,因徐锡麟事件而去日本,入东京正则英语学校,后转入早稻田大学。这一时期,陈独秀较少参加政治活动,而是苦学英语,潜心学术,并常去《民报》馆与章太炎、钱玄同讨论

---

① 郭湛波:《近五十年中国思想史》,北京:北京人文书店,1935年版,第100页。

汉学问题。他与章太炎、苏曼殊、张继及日人幸德秋水等组织了"亚洲和亲会",反对帝国主义侵略。1908 年末归国,任教浙江陆军小学历史地理课,与刘三、沈尹默等同游。

武昌首义,陈独秀积极参与,1912 年 1 月和 5 月以及 1913 年 7 月先后三次在安徽都督孙毓筠和柏文蔚手下任秘书长,帮助出谋划策,作出了很多贡献。1914 年因二次革命失败后,陈独秀逃往上海,之后第四次去日本,协助章士钊编辑《甲寅》月刊,此时已退出具体的直接的政治革命行动。其后,又与王正廷、褚辅成、胡汉民等组织了"政余俱乐部",参加"欧事研究会"。1915 年 8 月,陈独秀回到上海,不久出刊了《青年杂志》,开始从事启蒙思想运动的间接行动,从而揭开了"五四"新文化运动的序幕。从 1913 年起,陈独秀就想要办一个杂志,只是苦于找不到出版机构,据汪原放回忆说,当时亚东图书馆无力担此重任,直到 1915 年,由汪孟邹引荐,陈独秀得与群益书社的老板陈氏签约同意出版《青年杂志》,因刊名与《上海青年》杂志相重,所以从第二卷起改名为《新青年》。以陈独秀为主接连发表了反孔文章,胡适、陈独秀进而高举文学改良和革命的大旗,新文化运动开始启动,因而引起了舆论界的重视并产生了强烈的反响。从三、四卷由于北大革新派的加入,使得一校一刊作为基地。《新青年》最初由陈独秀个人主撰,变成自第六卷起由陈独秀、胡适、钱玄同、高一涵、沈尹默、李大钊六人轮流主编,具体表现了核心势力开始形成。

在全部 10 期《甲寅》月刊中,仅仅第 4 期有一篇文章署名"独秀"。根据广告中登载的陈独秀撰写的英文教科书可知"CC生"是他的笔名。在《甲寅》月刊第 2 期"通信"栏中,有署名"CC生"的致章士钊之"私函",第 3、第 5、第 7 期有署名"陈仲"的十几首诗,第 4 期有署名"独秀山民"的《双栖记·叙一》,第 7 期有同样署名的《绛纱记·序》,陈独秀在《甲寅》月刊上的文字就只有这些。从那封私函中得知他决不是发起"同人"之一,第4期以前并没有撰稿,第4期以后撰稿也不可能使用其他笔名。因此,全部《甲寅》月刊中陈独秀只发表过一篇正式论文,即在第4期上登载的《爱国心与自觉心》,震动了当时的文坛。他以违反《甲寅》月刊的论调,去同它发生密切的关系。《甲寅》月刊在陈独秀思想发展上是一个重要的环,他开始从政治的改革走向深刻的文化的社会的改革了,从中体现了陈独秀有别于他人,对民初社会现实有着清晰的认识并作出了深刻的判断。

陈独秀曾以两刊编辑的身份,向友人约稿,说明他既编辑《甲寅》月刊,同时又主编《新青年》的事实。《新青年》的编辑模式,几乎就是《甲寅》月刊的翻版,当时不少读者都把《新青年》视为《甲寅》月刊的延续与替代。只从陈独秀在《甲寅》月刊发表的文章中即可看出他深邃的思想和果决的判断。在给章士钊的私函中,即《甲寅》月刊第2期"通信"栏中登载的《生机》中,陈独秀就已经对当下黑暗的社会现实有着极为清醒的认识:"自国会解散以来,百政俱废,失业者盈天下。又复繁刑苛税,惠及农商。此时全国人民,除官吏、兵匪、侦探之外,无不重足而立,生机断绝,不独党人为然也。国人唯一之希望,外人之分割耳。"①在《爱国心与自觉心》中,首先勘破国人的心态及国家情势,国人如果没有爱国心和自觉心,国家该当如何:"今之中国,人心散乱,感情智识,两无可言。惟其无情,故视公共之安危,不关己身之喜戚,是谓之无爱国心;惟其无智,既不知彼,复不知此,是谓之无自觉心。国人无爱国心者,其国恒亡,国人无自觉心者,其国亦殆。二者俱

---

① 陈独秀:《生机》,《甲寅》月刊第一卷第2期,"通信"栏,1914年6月10日。

无,国必不国。呜呼,国人其已陷此境界否耶?"①接着,陈独秀对爱国心和自觉心分别作了论述,指出中国人与欧美人对待国家有着两种不同的认识和态度:"何以云然,吾华未尝有共谋福利之团体,若近世欧美人之所谓国家也。土地人民主权者,成立国家之形式耳。人民何故必建设国家。其目的在保障权利,共谋幸福。斯为成立国家之精神。""吾国伊古以来,号为建设国家者,凡数十次,皆未尝为吾人谋福利。且为戕害吾人福利之蟊贼。吾人数千年以来所积贮之财产,所造作之事物,悉为此数十次建设国家者破坏无余。凡百施政,皆以谋一姓之兴亡,非计及国民之忧乐。即有圣君贤相,发政施仁,亦为其福祚攸长之计,决非以国民之幸福与权利为准的也。若而国家,实无立国之必要,更无爱国之可言。过昵感情,侈言爱国,而其智识首不足理解国家为何物者,其爱之也愈殷,其愚也益甚。由斯以谭,爱国心虽为立国之要素,而用适其度,智识尚焉,其智维何? 自觉心是也。"②

陈独秀在文章中阐述了"爱国心"不是高于一切,它是由"自觉心"来对抗的,至少"自觉心"是与"爱国心"相对抗的。"自觉心"出于"智","爱国心"出于"情",二者不可偏废。"爱国心,情之属也;自觉心,智之属也。爱国者何? 爱其为保障吾人权利谋益吾人幸福之团体也。自觉者何? 觉其国家之目的与情势也。是故不知国家之目的而爱之则罔,不知国家之情势而爱之则殆。罔与殆其蔽一也。"③不知国家的目的而爱的,如在世界大战中的德国人、日本人,他们的爱国主义就是为侵略他国之自由而战的。这不是爱国主义,而是帝国主义,是侵略主义。不知道国家情势

---

① 陈独秀:《爱国心与自觉心》,《甲寅》月刊第一卷第4期,1914年11月10日。
② 陈独秀:《爱国心与自觉心》,《甲寅》月刊第一卷第4期,1914年11月10日。
③ 陈独秀:《爱国心与自觉心》,《甲寅》月刊第一卷第4期,1914年11月10日。

而爱的，如朝鲜人、中国人。陈独秀谈到中国闭关已久，人民不问政事，内外情势，都不知晓。又谈到中国的外债，每年收入不多，但外债却不少，每年去了还外债，所剩无几。国力、军备、国人生活更无从谈起，这不是国人所希望的。中国根本没有名副其实的国家，根本未尝有共谋福利之团体，没有像欧美人所谓的那样国家。口头上高喊"爱国"的是袁世凯政府以及拥护袁世凯的一部分舆论，他们以此为武器攻击那些失败亡命的革命党人。当时国内论坛正在大谈特谈法理和政治制度等问题，如君主制和民主制，总统制和内阁制，统一制和联邦制，一党制和多党制等，好像中国只要采取和实行良好的政治制度，就能够抑制专制长治久安了。

陈独秀对国人缺乏民主觉悟的严重性认识，要高于当时其他人。此文发表以后，编辑部收到了十多封读者斥责的来信，当时国人还都不曾理解陈独秀文章的意图，以为他消极、厌世，对爱国不屑一顾。事实上，仅从这篇文章中，就可看出陈独秀对民初社会现实和国人心理有着清醒的体认，怀着忧国忧民之心与激进的民主主义精神，并非消极以致于寄希望于外人瓜分、侵略，而是认为民主、人权的价值高于一切。陈独秀的思想里蕴藏着他人所不具备的超前和深邃的意识，是他经历了十二年辛苦革命后思考的结果。《青年杂志》的诞生，就是为了彻底改变"国势陵夷，道衰学变"的现状，把希望寄托在青年身上，倡导"民主"和"科学"，真正建立一个保护国民权利和国民拥有爱国心和自觉心的国家。

第三节 《甲寅》月刊与《新青年》政治
思想理论的流变

**一、从《甲寅》月刊到《新青年》：在个人与国家关系上
的变迁**

辛亥革命以前，影响中国学界革新意识政治理念的是维新派
和革命派，尽管他们在救亡和启蒙等诸多方面都有所不同，在对
待国家建设的问题上却有着一个共同的立场，那就是从族群的社
会的国家的角度来思考现实。然而在辛亥革命之后，知识分子们
所希望的一个自由平等、保障人权的新国家并没有出现，占据民
初思想界的主流意识形态，则是"民权"与"国权"思想。同盟会
在民初号称"民权党"，所谓的"民权"，实际是人民的公权，即人
民的参政权，并且将参政权简化为议会的权力，而人民的私权，并
不在他们的考虑范畴之内。"民权党"将国家、政府和国民看成
一体，"共和之国，国即政府，政府即国民，绝无冲突之虞。"①把国
权与政权、民权混为一谈，"民主立宪之国，主权在民，民权与国权
一而二，二而一也……巩固国权，即所以扩张民权；而欲张民权，
尤不可不先巩固国权。"②"国权党"更是国权的维护者，"国家为
重，人民为轻。苟人民之利益与国家之利益相冲突时，只能牺牲
人民之利益以殉国家，而不能牺牲国家之利益以殉人民。"③对于
卢梭"天赋人权"，"自由平等"之类的学说，他们认为"只能有效

---

① 海鸣：《治内篇》，《民权报》，1912 年 10 月 8 日。
② 空海：《中华民国制定宪法之先决问题》，《民立报》1912 年 2 月 8 日。
③ 吴贯因：《宪法问题之商榷》，《庸言》第一卷第 10 号，1913 年 4 月 16 日。

于强国之人民,吾侪焉得而享受之。故欲谋人民之自由,须先谋国家之自由;欲谋个人之平等,须先某国家之平等。国权为拥护人权之保障。"①国为重,民为轻,将国家凌驾于个人之上,个人只是实现国家目的的一个手段而已。无论是"民权党",还是"国权党",都有着共同的基本认识,就是国家利益高于个人利益。然而,袁世凯倒行逆施的专制统治和对许多进步因素的镇压,使得遭遇变乱又敏于思索的知识分子将个人幸福寄托于国家政治整体追求的启蒙理想被彻底摧毁。在民国初年又出现了一批因为政治失败而流亡日本的知识分子。他们因政治理想的不同而成为新专制主义的反对派,又因国内专制统治的残酷而亡命日本,暂借日本的自由空间来反思过去和构想未来。"他们已经不再如康有为、梁启超一样将个人的命运简单交付给空洞的国家主义理想,现实的深刻教训迫使他们必须对个人与国家的关系作重新的思考和定义,这批知识分子中最引人注目的就是民国初年的政治流亡者章士钊与陈独秀。"②流亡日本的章士钊于1915年9月创办了《甲寅》月刊,首先开始了从近代国家主义的启蒙思想到对于国家主义立场本身的质疑和批判。《新青年》所开辟的为新文学发展所需要的思想空间,其思想渊源可追溯到《甲寅》月刊,从《甲寅》月刊到《新青年》的思想流变,应该说首先是从对国家主义批判到对个人主义倡导的转变。

在《甲寅》月刊中的章士钊、陈独秀周围,聚集一大批流亡或留日及曾经留日的知识分子。他们同章士钊、陈独秀一起在《甲

---

① 蔡锷:《在统一共和党云南支部成立会上的演讲》,毛注青、李鳌、陈新宪编:《蔡锷集》,长沙:湖南人民出版社,1983年版,第237页。

② 李怡:《〈甲寅〉月刊:五四新文学运动的思想先声》,《中国现代文学研究丛刊》,2003年第4期,第93页。

寅》月刊上首先开始这种思想的演变。二次革命后,面对"行私者每得托为公名以相号召,抹杀民意以行己奸,毁弃民益以崇己利,动假微言大义以行,事过帝王专制之实,法律上无可抗,舆论上亦毫无能为。"①章士钊的基本观点则是:"对于国家主张人民之自由权利,对于社会主张个人之自由权利。"②他更认识到:"中国之大患在不识国家为何物,以为国家神圣而不可渎。"③他们主张国家应该从人民权利出发,国家的目的在于保护人民权利。高一涵认为:"国家者建筑于人民权利之上","国家者何,自由人民以协意结为政治团体,借分功通力舞群论,使充其本然之能,收欲祈之果,及以自智自力谋充各得其所之境者也。"④章士钊说,国家的建立是由于人们"自认其固有之利,而谋所以保之,同时又认保之之法,莫如结为一体,立为规约而共守之。"⑤国家是人民为保护自己权利所建立的,所以国家应以人民权利为基础。在《国家与责任》中,章士钊说:"国家之基础,权利也。欲求一合乎公道之国家,非于权利之精髓见之绝莹,殆不可能。"⑥章士钊和高一涵又常常引用英国自由主义政治学者霍布豪斯⑦的观点认为国家应该建立在权利之上。章士钊还翻译了霍布豪斯《民主与反动》一书的第五章,在《甲寅》月刊第一卷第 2 期以《哈蒲浩权利

---

① 章士钊:《自觉》,《甲寅》月刊第一卷第 3 号,1914 年 7 月 10 日。

② 陈独秀(独秀山民):《双枰记·叙一》,《甲寅》月刊第一卷第 4 期,1914 年 11 月 10 日。

③ 章士钊:《国家与我》,《甲寅》月刊第一卷第 8 期,1915 年 8 月 10 日。

④ 高一涵:《民福》,《甲寅》月刊第一卷第 4 期,1914 年 11 月 10 日。

⑤ 章士钊:《自觉》,《甲寅》月刊第一卷第 3 期,1914 年 7 月 10 日。

⑥ 章士钊:《国家与责任》,《甲寅》月刊第一卷第 2 期,1914 年 6 月 10 日。

⑦ 霍布豪斯 L. T. Hobhouse(1864—1929),是英国著名的自由主义哲学家和社会学家,英国伦敦大学教授。

说》为名刊出,宣传人权说,强调人权对于国家的重要性。张东荪认为近世国家之道,"即在国民有确立之自由,为国家所不能侵,故得而自然发展耳。"①人民独立自强才是第一重要的。陈独秀在《爱国心与自觉心》一文中更是激进地高举个人权利的旗帜,与曾经盛行一时的国家主义思想形成尖锐的对抗:"人民何故必建设国家,其目的在保障权利,共谋幸福,斯为成立国家之精神。""爱国者何?爱其为保障吾人权利谋益吾人幸福之团体也。"而且,他更清醒地认识到:"国家者,保障人民之权利,谋益人民之幸福也。不此之务,其国也存之无所荣,亡之无所惜。"②关于国家与个人的关系,章士钊等人从人权说的角度,从理论上以人民权利为基础解决了两者的对立,使二者结合为一体,这样就为《新青年》开展的强调以个人主义为基础,追求自由平等人权和个性解放的新文化运动扫除了国家观念上的障碍。正如陈独秀在《新青年》上强调:"国家利益,社会利益,名与个人主义相冲突,实以巩固个人利益为本因也。"③在这方面,《新青年》与《甲寅》月刊的观点是一致的。

《甲寅》月刊和《新青年》同人,像西方自由主义者一样,希望把国家作用限制在一个狭小的范围之内,即不能超出保护人民权利的范围,并主张对国家政权应加以限制。高一涵认为"国家于人民权利,亦如私人对于私人,逾限妄侵,皆干惩罚。"国家对于人民"除国防公安而外,均立于调护维持之地位",使人民"兴其自

---

① 张东荪:《制治根本论》,《甲寅》月刊第一卷第 5 期,1915 年 5 月 10 日。
② 陈独秀:《爱国心与自觉心》,《甲寅》月刊第一卷第 4 期,1914 年 11 月 10 日。
③ 陈独秀:《东西民族根本思想之差异》,《青年杂志》第一卷第 4 号,1915 年 12 月 15 日。

觉自励之情,以求夫自利自安之果。"①他们把国家权力的限制看做是保护人民自由所不可少的条件,认为"国民之自由者,其反面即为国家之限制。""政权之有限制,乃近世国家之精髓,近世文明之根本也。"②高一涵后来在《新青年》上表达了同样的意思:"立宪国家之第一要义,即在限制其政权,而范围之于法律之中。""国家权力,仅能监护人民之举动,防其互相侵害,无间于物质精神,国家均不能以自力为之。"③同时,他们坚持反对国家对于个人自由的干涉,是来源于西方的自由主义思想。"自由主义总是以怀疑的眼光看待国家,并且将它的活动限制在狭窄的范围之内。无论是通过一长串宪法保证或认为立法大抵是不受欢迎的'干涉'自由来加以限制。"④《甲寅》月刊的自由主义思想与普遍存在着的"国家主义"⑤思想倾向相矛盾。国家主义是中国近代思想中的重要问题,因为自甲午战争以来,民族危机日趋严重,救亡图存始终占据着非常重要的地位,这就使国家主义的宣传应运而生。因此,《甲寅》月刊时期的知识分子开始倡导对国权的限制。

针对限制国家权利这方面,李剑农在文章中写道:"欲图国民个体之发育","首当慎国家干涉之度"⑥认为我国国民的个体发育之所以远不及欧美,是由于国家干涉的结果。张东荪引用英国

---

① 高一涵:《民福》,《甲寅》月刊第一卷第 4 期,1914 年 11 月 10 日。

② 张东荪:《制治根本论》,《甲寅》月刊第一卷第 5 期,1915 年 5 月 10 日。

③ 高一涵:《近世国家观念与古相异之概略》,《青年杂志》第一卷第 2 号,1915 年 10 月 15 日。

④ [美]乔治·霍兰·萨拜因:《政治学说史》(下册),盛葵阳、崔妙因译,北京:商务印书馆,1986 年版,第 805 页。

⑤ 即 Nationalism,亦可译为民族主义。

⑥ 李剑农(剑农):《猎官与政治》,《甲寅》月刊第一卷第 10 期,1915 年 10 月 10 日。

法学家布赖斯的观点："当民力未充之际……无论其干涉之为正
当与否，总之干涉愈多，民愈委退。""故蒲来士①谓放任主义之理
由，即自社会现象观之，国家干涉害多而利少是也，亦即谓人之希
望动作，若听其自然，则可以自然竞争与自然协力，由此则群己皆
得善果，其较国家之有意导御为得。此区区数言，英美之立国之
基，即于是乎在，国人奈何背道而驰哉？"②这种限制国家权力，反
对国家干涉个人自由的思想，也正是《甲寅》月刊同人们反对袁
世凯专制主义的需要，被他们所普遍接受。与此同时，他们又赋
予了"国家主义"以新的含义。高一涵在《民福》中说："夫吾人所
贵乎国家主义者，峙有国力，辅翼吾人身家于安全之域，致吾人性
能于适宜之地耳。"③在《新青年》上，陈独秀也以同样的观点来解
释近世国家主义："欧美政治学者释近世国家之通义曰：国家者，
乃人民集合之团体，辑内御外，以拥护全体人民福利，非执政之私
产也。易词言之，近世国家主义，乃民主的国家，非民奴的国
家。"④此外，以章士钊为代表的《甲寅》月刊同人，对他们所批判
的主张侵夺个人权利的国家主义，对一切要求人民牺牲个人所应
享有的权利来救国、强国的主张，斥之为"伪国家主义"，并针对
现实揭露其实质。"凡言毁民而崇国者，皆伪国家主义也，无论倡
之者动因何似，吾人一例辞而辟之。""今之政局……凡当路之所
提挈，举国之所风从，皆不出伪国家主义之一图。"⑤在他们看来，

---

① 蒲来士即布赖斯（J. V. Bryce1838—1922），英国法学家、历史学家、自由党政
治家，著有《神圣罗马帝国》、《美利坚共和国》、《现代民主国家》等书。
② 张东荪：《制治根本论》，《甲寅》月刊第一卷第 5 期，1915 年 5 月 10 日。
③ 高一涵：《民福》，《甲寅》月刊第一卷第 4 期，1914 年 11 月 10 日。
④ 陈独秀：《今日之教育方针》，《青年杂志》第一卷第 1 号，1915 年 9 月 15 日。
⑤ 章士钊：《自觉》，《甲寅》月刊第一卷第 3 期，1914 年 7 月 10 日。

袁世凯所提倡的那一套维护专制统治的理论,全都是"伪国家主义"的谬说。它使得"举世习焉而不敢以为非。既不敢以为非,而又无法以通其欲,公私不得其平,驰张一无所当,而国家根本问题,坐是无由了处。而真正之和平幸福,举冥冥堕坏于名分经制、诗书礼仪之中"①以自由平等人权为基础的国家观念同旧伦理观念发生尖锐冲突,必须冲破旧伦理的束缚,新的国家观念才能确立,陈独秀在《敬告青年》中指出:"忠孝节义,奴隶之道德也。"②忠孝是宗法社会封建时代的道德,是半开化东洋民族一贯的精神,是数千年来中国政治伦理学说对人的真实心理和要求的忽视。它剥夺了个人的权利,不允许个人有独立自尊的人格。新文化运动在这方面是高举反对旧伦理、旧礼教的旗帜来进行的。

因此,《新青年》的国家观与《甲寅》月刊的国家观有着密切的联系。他们既借鉴了卢梭社会契约论的思想,也吸收了西方自由主义的理论。在维护人权的基础上,他们主张限制国家或政府的权力,反对"伪国家主义"和国家对个人自由权利的过份干涉。强调只有人民享有自由权利,国家的存在才有意义,国家才有昌盛的希望。章士钊和《甲寅》月刊同人实际上重新调整了个人与国家的基本关系架构,他们主张以自由平等人权为本位,反对以家族、国家为本位,从而为新文化运动的兴起由国家主义向个人主义的转变从国家的政治的领域中做了充分的准备,而"五四"新文化运动在此基础上又前进了一步,把个人从旧的伦理道德中解放出来,在社会生活领域里确立了个人对于国家的主体观和独立地位。

---

① 章士钊:《自觉》,《甲寅》月刊第一卷第 3 期,1914 年 7 月 10 日。
② 陈独秀:《敬告青年》,《青年杂志》第一卷第 1 号,1915 年 9 月 15 日。

二、从"天赋人权"说的捍卫到"人权"、"民主"、"科学"的倡导

"天赋人权说"(也称自然权利说)是由法国 18 世纪的启蒙思想家卢梭提出来。自戊戌变法失败后传到中国,当时无论是革命派还是维新派,都纷纷介绍和宣传卢梭的"天赋人权说",成为人们反封建统治的重要思想武器。但是当民族救亡任务摆在面前时,使得民主运动的直接目标主要在救亡而不在人权,于是人们由对于自由权利的热衷,不得不转移到救亡问题上来。革命派中的民主主义者们也不得不让位于对"国家"、"民族"的关心。梁启超曾一度宣传卢梭的学说,后来也转向"国家主义",开始提倡"开明专制"。民国成立之后,人们普遍重视的仍然是国家,"国权"论压倒了"人权论"和"天赋人权说","天赋人权说"此时已经几乎无人提及。《甲寅》月刊对"天赋人权说"的捍卫,重新倡导人权,打破了这一局面,从理论上对袁世凯专制主义进行批判,启迪人们的思想,维护民主政治,他们把这种学说同 19 世纪以来西方自由主义的权利说结合起来,体现了对"天赋人权说"的坚持和捍卫。

1914 年 2 月,严复在《庸言》杂志上发表了《民约平议》,将卢梭的民约论和"天赋人权说""比诸洪水猛兽",[1]反对卢梭的"天赋人权说"。他在致熊纯的信中说:"自卢梭《民约》风行,社会被其影响不少,不惜喋血捐生以从其法,然实无济于治。盖其本源谬也。刻拟草《民约平议》一通,以药社会之迷信。"[2]他在文章中

---

① CWM:《民约》,《甲寅》月刊第一卷第 1 期,1914 年 5 月 10 日。
② 严复:《严复集·诗文(下)》(第二册),北京:中华书局,1986 年版,第 333 页。

公言地反对人民的自由平等权利,并提出:"自不佞言,今之所急者,非自由也,而在人人减损自由,而以利国善群为职志。"①在二次革命失败后,严复发表了这篇文章,显然是针对人们的反袁斗争而发的。为驳斥严复对"天赋人权说"的否定与要求减损自由的言论,章士钊在《甲寅》月刊第一卷第1期上发表了《读严几道民约平议》一文,带领《甲寅》月刊同人站出来捍卫卢梭的"民约论"和"天赋人权说"。二次革命前,章士钊坚持边沁的法定民权说,而《甲寅》月刊时期,他又吸收19世纪英国自由主义思想家中仍然坚持天赋人权的斯宾塞的观点。认为法律本身不能创造权利,只能承认与规范人民既有的权利。人民的权利在初民的习俗中因遵循自然法则而形成并得到承认。当严复公开批评"天赋人权说"时,章士钊就对严复的观点进行批驳。

严复对于卢梭提出的"人生而自由、平等"的观点,以新生的婴儿不具有自由为由加以反驳,他认为,新生的婴儿连维持自己生命的能力都没有,哪里还说得上什么自由和平等,以此来反对人具有"天赋"权利的观点。章士钊则反驳他的观点,认为卢梭在此所说的"生",绝不是"生育"之"生",而是指"天生"的意思。他认为的平等,是用道德的法律的平等取代体质上的不平等,是指人们在法律面前享有同等的权利。此外,严复在文章中否定卢梭关于"强力不构成权利"的观点,宣称"战胜攻取"所得的也是权利。章士钊同样援引卢梭的话进行反驳,征服者的"权利"是以"力"维持着的,认为"以力服人者一旦失其所以为力者,即失

---

① 严复(严几道):《民约平议》,《庸言》第二卷第1、2期合刊,1914年2月15日。

其所以为权利者。"①他指出用强力夺取权利包含两方面意思,一是指"篡夺侵掠"之类的行为,二是指背弃原有契约违背民意的行为。认为靠这两种行为夺取的权利,都应以强力夺回来。"天赋人权,无待于与也,丧失之,收归焉尔,蹂躏之,报复焉尔。"②以章士钊为代表的《甲寅》月刊同人们,赞同"天赋人权说",即人生而具有自由、平等的权利,他们从卢梭社会契约论出发,主张凡是以强力夺取的权利,不是真正的权利,人民有权再以强力夺回来。在这里,对于"天赋人权"的捍卫,是与维护共和反对专制相联系的。

章士钊在《读严几道民约平议》中还介绍了边沁的功利主义学说,按照边沁的观点,幸福就是避苦趋乐,把"天赋人权说"与边沁的功利主义学说结合起来,"国民者,宜享权利者也,何也,无权利不足以自行避苦趋乐也。"③认为国民应该享有人权和自由,才能得到幸福。高一涵针对人民幸福与人民权利的关系,认为人民幸福"必合一国全体人民享有权利者之总数计之,乃为有当。"④《甲寅》月刊的作者们从理论上说明个人与国家的关系,认为国家必须以人民权利为基础,并且只能保护而不能干涉。章士钊在《甲寅》月刊创刊号上的这一公开的辩驳表明:二次革命后的知识精英们已经从自己的现实体验出发与前一代思想家划开了距离,在思想认识上又前进了一大步。《甲寅》月刊的人权说与当时"国权"论者的论调形成鲜明对照,突出了个人的自由权

---

① 章士钊:《读严几道民约平议》,《甲寅》月刊第一卷第 1 期,1914 年 5 月 10 日。

② 渐生:《爱兰国民党》,《甲寅》月刊第一卷第 3 期,1914 年 7 月 10 日。

③ 章士钊:《国家与责任》,《甲寅》月刊第一卷第 2 期,1914 年 6 月 10 日。

④ 高一涵:《民福》,《甲寅》月刊第一卷第 4 期,1914 年 11 月 10 日。

利的重要性，表明了《甲寅》月刊的态度。

作为新文化运动领导者的陈独秀在编辑《甲寅》月刊时期，就已经接受了《甲寅》月刊在人权问题上的观点。他同意章士钊对于人权的主张，"烂柯山人素恶专横政治与习惯，对国家主张人民之自由权利，对社会主张个人之自由权利，此亦所极表同情者也。团体之成立，乃以维持及发达各体之权利耳，各体之权利不存在，则团体遂无存在之必要。"①在《爱国心与自觉心》一文中，陈独秀又反复强调了人民权利对于国家的重要性。他的这些认识，成为他在《新青年》上提出人权说的思想基础。陈独秀在《青年杂志》创刊号上发表的《敬告青年》，提出的六项人生倡议，表明《青年杂志》的发展方向。其中第一义"自主的而非奴隶的"，便含有突破专制奴役，追求民主的意味。陈独秀在文章中说，"人权"和"科学""若舟车之有两轮焉"，②共同构成近代欧洲文明要件，"国人而欲脱蒙昧时代，羞为浅化之民也，则急起直追，当以科学与人权并重"。③ 在《甲寅》月刊的基础上，进一步提出了对人权、民主和科学的倡导。陈独秀认为，西洋民族"举一切伦理道德、政治、法律、社会之所向往，国家之所祈求，拥护个人之自由权利与幸福而已。"④汪叔潜在《新旧问题》中谈到："欧美现今一切之文化，无不根据于人权平等之说"，"乃自法兰西革命已还，人权说大唱，于是对于人生之观念，为之大变。人生之观念既变，于是对于国家之观念，亦不得不变。人生之观念变，于是乎尊重自

---

① 陈独秀：《双枰记·叙一》，《甲寅》月刊第一卷第 4 期，1914 年 11 月 10 日。
② 陈独秀：《敬告青年》，《青年杂志》第一卷第 1 号，1915 年 9 月 15 日。
③ 陈独秀：《敬告青年》，《青年杂志》第一卷第 1 号，1915 年 9 月 15 日。
④ 陈独秀：《东西民族根本思想之差异》，《青年杂志》第一卷第 4 号，1915 年 12 月 15 日。

由,而人类尅之理性,始得完全发展。……于是乎铲除专制,而宪政之精神,始得圆满表见。"①他们认为这样的西洋文化是与中国的旧文化截然对立的,主张用这种新文化来代替旧文化。

《新青年》的编者们与《甲寅》月刊一样,由人权说出发,反对奴隶性,要求人格独立,谋求个性解放,鼓吹个人主义,尊重科学。"人权者,成人以往,自非奴隶悉享此权,无有差别,此纯粹个人主义之大精神也。"②在个人与国家的关系上,也强调人民权利的重要性,认为国家的目的在于保障人民权利,并进而提出人生归宿问题,认为人生归宿不在国家而在人生本身。高一涵说:"国家权利,即以人民权利为根基。自由人格,全为薪求权利之梯阶,而权利又为谋达人生归宿之凭借。人生归宿还在人生,非一有国家,便为归宿之所。"③以资产阶级人性论为基础的人权说,与封建纲常伦理处于尖锐对立之中,《甲寅》月刊中已经有所体现。以人权说为依据对封建纲常伦理进行批判的任务是由新文化运动承担起来的,"在他们看来,不摧毁封建纲常伦理,人性就不能发展,自由平等人权就不能实现。民主立宪的国家就不能建立,新文化就不能代替旧文化。"④因此,《甲寅》月刊重新倡导的"天赋人权说"对于新文化运动的兴起具有十分重要的理论意义,成为新文化运动兴起的理论契机。

关于《新青年》宣传和呼唤的"民主",是中西文化相碰撞、相

---

① 汪叔潜:《新旧问题》,《青年杂志》第一卷第1号,1915年9月15日。
② 陈独秀:《东西民族根本思想之差异》,《青年杂志》第一卷第4号,1915年12月15日。
③ 高一涵:《国家非人生之归宿》,《青年杂志》第一卷第3号,1915年11月15日。
④ 岳升阳:《〈甲寅〉月刊与〈新青年〉的理论准备》,《清华大学学报(哲学社会科学版)》,1989年第1期,第28页。

消长,又有所选择的产物,是中国社会现代转型处在艰难困顿关口应运而兴的,是对欧美林林总总的民主理念、纷繁多歧的民主制度有所选择和阐释。高一涵作为《新青年》作者群中最懂西方民主制度的人,他倾力介绍的"民主"主要是西方的"社会契约论"。在《青年杂志》第一卷发表的《民约与邦本》中,他详细介绍了霍布斯、洛克至卢梭的"社会契约论"。他认为前二人的理论,都没有将人民主权置于不可侵犯的地位,只有到了卢梭,"人民主权,乃克健极"。他赞成卢梭把包括立法权在内的国家权利交给人民的做法,因为"主权既在人民,断无自挟主权以胁迫人民自身之事。于是,凡为政府,即为奉行人民总意之仆。选仆易仆,无容动其声色"。①

《新青年》在宣传"民主"的同时,也宣传"科学"。从鸦片战争之后到清末民初,科学的观念已经深入人心,科学的权威地位已经十分牢固。1923 年胡适在《科学与人生观·序》中对此作过具体的描述:"这三十年来,有一个名词在国内几乎做到了无上尊严的地位:无论懂与不懂的人,无论守旧与维新的人,都不敢公然对他表示轻视或戏侮的态度。那个名词就是'科学'。这样几乎全国一致的崇信,究竟有无价值,那是另一问题。我们至少可以说,自从中国讲变法维新以来,没有一个自命为新人物的人敢公然毁谤'科学'的。"②《新青年》对"民主"与"科学"的提倡,与《甲寅》月刊有着相同的理念,都基本贯穿着一种求真务实的科学精神和反对专制独裁的民主诉求的。关于"科学",鲁迅已经认识

---

① 高一涵:《民约与邦本》,《青年杂志》第一卷第 3 号,1915 年 11 月 15 日。

② 胡适:《科学与人生观·序》,《科学与人生观》,济南:山东人民出版社,1997年版,第 10 页。

得相当深刻:"盖科学者,以其知识,历探自然见象之深微,久而得教,改革随及于社会,继复流衍,来溅远东,浸及震旦,而洪流所向,则尚浩荡而未有止也。"①《新青年》作者群中也有真正的科学家,如王星拱、任鸿隽等,他们在文章中对西方科学的发展及科学家的社会角色进行了较为专业化的介绍,使《新青年》在登载讨论"民主"与"科学"的文章时,同时出现了真正本色的科学文章。《新青年》对科学的兴趣,来自于新文化人对社会、政治、经济及文化的关怀。"'科学'概念作为一种对客观真理的理解,为新文化运动提供了社会历史变革的'必然性',从而我们无法认定这种客观真理是事实的真理还是价值的真理,正是这样的氛围中,'科学'概念成为以'反传统'为特征的文化运动的意识形态支柱之一。"②因此,《新青年》被复古势力冠以"覆孔孟,铲伦常"等罪名。陈独秀于1919年初在《本志罪案之答辩书》中说:"本志同人本来无罪,只因为拥护那德谟克拉西(Democracy)和赛因斯(Science)两位先生,才犯了这几条滔天的大罪。要拥护那德先生,便不得不反对孔教,礼法,贞节,旧伦理,旧政治。要拥护那赛先生,便不得不反对旧艺术,旧宗教。要拥护德先生,又要拥护赛先生,便不得不反对国粹和旧文学。"③这番气势宏伟的文字,显示了新文化人对于民主和科学的万分景仰,并将民主和科学视作近代文明的精髓,满怀信心地向论敌挑战,表明了新知识界对民主和科学拥护的决绝态度:"西洋人因为拥护德赛两先生,闹了多少事,流了多少血,德赛两先生才渐渐从黑暗中把他们救出,引到

---

① 鲁迅:《科学史教篇》,《鲁迅全集》第一卷,北京:人民文学出版社,第25页。
② 汪晖:《死火重温》,北京:人民文学出版社,2000年版,第96页。
③ 陈独秀:《本志罪案之答辩书》,《新青年》第六卷第1号,1919年1月15日。

光明世界。我们现在认定只有这两位先生,可以救治中国政治上
道德上学术上思想上一切的黑暗。若因为拥护这两位先生,一切
政府的迫压,社会的攻击笑骂,就是断头流血,都不推辞。"①

《甲寅》月刊的人权说对新文化运动的兴起和《新青年》的人
权说都产生了直接的影响。陈独秀和他的同人们对民主和科学
的积极宣传和勇敢的捍卫,在"五四"新文化运动中,沉重打击了
统治中国长达几千年的封建思想文化,为促进人们的思想解放作
出了巨大贡献。《新青年》把"民主"和"科学"看作是一种政治文
化,是从民族精神、民族政治心理和人们的基本价值观念来认识
的。认为民主即是"自主的而非奴隶的"人格,是个性自由,是国
民自觉参与政治。认为科学则是一种思想方法与生活方式,是根
治想象、武断、迷信的思想方法和愚昧的生活方式的最基本途径。
在缺乏民主传统的中国作民主观念的进一步启蒙,打破传统的新
观念,培养科学的实事求是精神,这对于现代中国民主的进展,对
新文学从政治到思想再到文化现代性的提高,可谓功劳卓著。

三、《甲寅》月刊与《新青年》:从自我意识到独立人格观念的强调

在辛亥革命失败后,随着以章士钊为代表的《甲寅》月刊对
"天赋人权说"的倡导和捍卫,国内许多人开始主张独立人格,强
调自我意识。当然,此时提倡的"自我意识"、"独立人格"等说法
都是从西方输入进来,因为中国传统文化中没有作为"个人"、
"自我"的存在。在中国古代文献中,"个人"一词只是指某个特
定的个体,而不具有"作为权利主体的个人"及"社会组织的基本
单位"之类的含义,而"我"、"吾"之类词语的含义首先也是与自

---

① 陈独秀:《本志罪案之答辩书》,《新青年》第六卷第1号,1919年1月15日。

己归属的族群相联系的。① 到了近代，梁启超、严复是最早从日本引入这些词语的人。梁启超在翻译中有"个人主义"的概括，产生了具有西方思想的"个人"含义。严复在译述中也注意到了日文中的"个人"，而他却译成了"小己"。可见，他们都还没有理解到西方"个人主义"的精髓。关于西方的"个人主义"的发展脉络，早已有学者进行了考证，尤其到了近代，已经成为西方社会的主导价值观念。"个人主义"即 individualism，源头可追溯到古希腊、罗马的古典哲学以及希腊的城邦政治、贸易经济、法律等因素。到了文艺复兴时期，人文主义者在思想和作品以及个人生活中都表现了明确的个人主义倾向。"西方思想系统中的'个人主义'又可以说是一个庞大的思想集合，其中包含了或者说关涉了诸多的概念与思想，如自由主义、人权、民主、人道主义、个性与自我等等，其中，纯粹哲学意义上的'自我'（Ego, self）概念的探讨具有特别的意义，因为，正是在'自我'（以及相关'自我意识'等）意义的郑重追问中，'个人主义'问题才从政治哲学与社会哲学的层面进入到了对个的内部精神形态的考察，'自我'实际上才是'个人'的内核。"②因为"个人"概念已经涉及到了对人的社会契约关系，所以被人们充分意识到并加以维护。在西方思想史上，启蒙思想家卢梭、洛克、霍布豪斯等人的社会契约论和"天赋人权说"，将个人的独立和自由预设为自己的理论前提，并在此基础上，西方思想家们建立了比较系统的民主政治理论。

民初社会中的进步知识分子对自我意识和独立人格观念的

---

① 廖贞：《论中国传统文化中的自我意识》，《青海民族学院学报》，2005 年第 4 期。

② 李怡：《"个人"的理念与"自我"的意识——留日中国学人的关键词》，《江汉论坛》2007 年第 9 期，第 74、75 页。

强调,是基于对"国家主义"、"国权"论的反对,以及对袁世凯专制主义的反抗,人民要保卫自己的权利,就要有摒弃奴性的独立精神。《甲寅》月刊同人也开始强调自我意识,宣扬人格独立。章士钊在分析了当时社会上的现象时指出:"通国无一独立之人,到处无一敢言之报,人人皆失其我。"他认为国人之所以都"无我",其原因就在于国人生息于数千年专制政体之下,"养成一种奴隶根性,自甘暴弃,莫肯树立,而不知天赋灵性于生民",在于"不知人民在国家上究应负有何之责任",并说:"道在尽其在我也已矣。人人尽其在我斯其的达矣。"①在宣传人的独立性方面,张东荪在《甲寅》月刊上提出了"独立人格"说。他指出,近世文明,"发源于国民之有独立人格,故政治之美恶,犹属第二问题。其一问题,惟在使人民独立自强,自求福祉,而不托庇于大力者之下。国民之进步,不由伟人之率导,如牛之曳车,乃由人民之自动,如水之推磨。"②他这"独立人格"的主张主要来源于格林的"自我实现说"。他认为:"自我实现者,以小己之自觉,而求为合乎世界之发展也。其前提则为有发展之能力,与自觉之活动。于是凡有发展与自觉之能力,得为自我实现者,是为有人格。"③他把这种人格称为自然人的人格,认为自然人的人格出于道德,是文艺复兴以来新人生观发展的结果。在当时,与传统伦理观念全然对立的人格观念的拥有者,是以与黄远庸、张君劢一起因敢于批评时政而被称为"新中国三少年"之一的蓝公武为代表。他认为"有独立之人格,而后有自由之思想,而后有发展文化之能力,

---

① 章士钊:《国家与我》,《甲寅》月刊第一卷第 8 期,1915 年 8 月 10 日。
② 东荪:《行政与政治》,《甲寅》月刊第一卷第 6 期,1915 年 6 月 10 日。
③ 东荪:《行政与政治》,《甲寅》月刊第一卷第 6 期,1915 年 6 月 10 日。

而后有平等受治之制度,此人格之观念,实今世文化之中核。"
"中国之礼教,亘古不重人格,君臣父子夫妇之间主与奴耳。"他
提出:"欲铲除此依赖之奴性,则惟有改革此阶厉之礼教。"①他把
独立人格作为"平等受治之制度"的核心来强调的思想,与《甲
寅》月刊主张的"独立人格"的观点基本相同。"这种从人格观念
上对封建礼教的批判,表明近代人格观念与旧伦理是绝不相容
的。对于近代人格观念的宣传是当时反对封建专制主义的一个
重要方面。"②

　　"独立人格说"像"人权说"一样,对《新青年》产生了很大影
响。而《新青年》对人格独立的宣传继承了《甲寅》月刊的思想。
《新青年》把对于独立人格的提倡与批判封建纲常伦理紧密结合
起来。陈独秀首先在《青年杂志》创刊号上的《社告》中,谈到办
刊宗旨就是要"改造青年之思想,辅导青年之修养","盖欲与青
年诸君商榷将来所以修身治国之道"。③ 其办刊思想就是要把新
的文化观念传播、影响到新一代的中国青年的思想意识当中,《新
青年》同人决心通过对青年一代的思想认同来为中国的未来建立
一种新的思想与文化。陈独秀在《敬告青年》中提出的第一条就
是"自主的而非奴隶的",他向青年人也向中国人宣告:"解放云
者,脱离夫奴隶之羁绊,以完其自主自由之人格之谓也。我有手
足,自谋温饱;我有口舌,自陈好恶;我有心思,自崇所信,绝不认
他人之越俎,亦不应主我而奴他人。盖自认为独立自主之人格以

---

① 蓝公武:《辟近日复古之谬》,《大中华》第一卷第 1 期,1915 年 1 月 20 日,第
6、7 页。
② 岳升阳:《〈甲寅〉月刊与〈新青年〉的理论准备》,《清华大学学报(哲学社会
科学版)》,1989 年第 1 期,第 35 页。
③ 《社告》,《青年杂志》第一卷第 1 号,1915 年 9 月 15 日。

上,一切操行,一切权利,一切信仰,唯有听命各自固有之智能,断无盲从隶属他人之理。"①这其实就是陈独秀《甲寅》月刊时期在《爱国心与自觉心》中所确定的个人立场。高一涵也表达了同样的思想。他在论及"小己主义"的"用才"时说:"所谓用者,又非授人以进退黜陟之柄,自为皂隶牛马之列,使彼颐指气使也。"他认为"今之用才,权在自身。如果怀才于共和国家,而犹待人荐擢,是反主为仆,自侪于皂隶牛马之列,显然自丧其人格。"②易白沙在关于救国时也提到:"非我之不足救国,实国人自丧其我也。"③《新青年》同人们的思想与《甲寅》月刊中所表现的思想一样,强调自我独立性,尽其在我。新文化运动对于人的自我意识的追求,正是在对国家和民族的强烈责任感和使命感下进行的。此外,陈独秀还为青年人指出欧美进化的根本原因:"法律上之平等人权,伦理上之独立人格,学术上之破除迷信,思想自由,此三者为欧美文明进化之根本原因。"④根据中国的现实情况,他指出中国人从古到今缺乏独立人格的原因,在于封建礼教和三纲五常的伦理束缚:"儒者三纲之说,为一切道德政治之大原。君为臣纲,则民于君为附属品,而无独立自主之人格矣;父为子纲,则子于父为附属品,而无独立自主之人格矣;夫为妻纲,则妻于夫为附属品,而无独立自主之人格矣。"⑤这是一种无自主的奴隶道德,这种"奴隶道德"使人丧失了自我这个中心,处于无自我的蒙昧

---

① 陈独秀:《敬告青年》,《青年杂志》第一卷第 1 号,1915 年 9 月 15 日。
② 高一涵:《共和国家与青年之自觉》,《青年杂志》第一卷第 2 号,1915 年 10 月 15 日。
③ 易白沙:《我》,《青年杂志》第一卷第 5 号,1916 年正月号。
④ 陈独秀:《袁世凯复活》,《新青年》第二卷第 4 号,1916 年 12 月 1 日。
⑤ 陈独秀:《一九一六年》,《青年杂志》第一卷第 5 号,1916 年正月号。

状态，于是一切所为都不是出于自己的主见。陈独秀主张要实现独立人格，就要打破这种"奴隶道德"的束缚。所以，他于《新青年》大力宣扬"个人独立主义"，号召青年"皆以自我为中心"，"以恢复独立自主之人格"。① 此外，吴虞抨击传统礼教对于人的损害，李亦民《人生唯一之目的》为"为我主义"正名，李大钊以《青春》、《"今"》、《新的！旧的！》等文章激发新的创造精神。对于独立人格的宣传和要求，也是新文化运动中对国民性改造的主要内容之一。《新青年》的同人们，顺应时代的需要，举起民主和科学的大旗，提出"伦理的觉悟"口号，掀起了新文化运动。

《甲寅》月刊为"五四"新文化运动的兴起作了理论上的准备，在中国近代思想史上作出了不可磨灭的贡献。不仅是作为主编的陈独秀把"个人"的"主义"带入了新的刊物，其他深受《甲寅》月刊"人权"、"个体"、"自由"思想影响的作者也共同阐发着以"个人"为基础的新文化追求。胡适后来曾在《〈中国新文学大系·建设理论集〉导言》中说："《新青年》的一班朋友在当年提倡这种淡薄平实的'个人主义的人间本位'，也颇能引起一班男女向上的热情，造成一个可以称为'个人解放'的时代。"②《新青年》知识分子沿袭民国初年《甲寅》月刊的反国家主义立场又继续前进，它为"五四"新文学所设计的蓝图与前人比已经有了不同，主要体现在他们借助思想的力量打破了过去关于人的社会定位，使得独立个性的价值魅力得以呈现，并确立了中国作家重新解读人生的姿态。

---

① 陈独秀：《一九一六年》，《青年杂志》第一卷第5号，1916年正月号。
② 胡适：《导言》，《中国新文学大系·建设理论集》，上海：良友图书印刷公司，1935年版，第30页。

综上所述,通过《甲寅》月刊对个人与国家关系的重新建构来传达民主政治的新的思想方式,对"天赋人权说"的倡导和捍卫,以及对自我意识和独立人格的强调等方面,《新青年》对其都有着相应的承续甚至超越。"它既体现了清末以来西方思想的影响和中国思想的变化,又反映了辛亥革命后政治、思想变动的结果,蕴含着随时代而演进的思想变动的丰富内容。"①经过《甲寅》月刊的精心探索和有益的过渡,使得《新青年》克服了清末民初以救亡启蒙为主的"救国论"的局限,丰富了思想启蒙的内容,提升了思想理论的高度。由《甲寅》月刊到《新青年》,说明新文化运动的发生并非偶然。对这一过程进行深入研究,将有助于我们对新文化运动的思想特征及其产生渊源的认识,加深对近代中国思想启蒙演变的了解。如果说,严复、梁启超等人的"新民说"展开的主要是近代政治救亡启蒙生长空间的话,《甲寅》月刊则通过对政制改革来实现民主政治,从创新、融合西化的理念上对《新青年》产生了重要的直接影响,那么《新青年》对个人独立自尊,"民主"和"科学"的标举与阐发则打开了文学通达个人人生世界的可能,从政治思想领域里为新文学打开了通道,拓展了空间,从而为"五四"新文化运动中的思想启蒙、文艺复兴、反传统等多元化格局的形成,疏通脉络,理清思路,有着极为重要的价值和意义。

---

① 岳升阳:《〈甲寅〉月刊与〈新青年〉的理论准备》,《清华大学学报(哲学社会科学版)》,1989 年第 1 期,第 36 页。

第二章 《甲寅》月刊是《新青年》的先声

第一节 从《甲寅》月刊到《新青年》

一、办刊宗旨及编辑策略的渊源关系

这里对《甲寅》月刊 10 期和《新青年》前几卷的办刊宗旨进行梳理、分析，来考察两刊物之间的相承关系。辛亥革命成功以后，许多知识分子的精神才力都注重到政治方面，对于思想文化无人注意。接着袁世凯开始了反动压迫的专制时代，全国国民服在专制淫威之下，丝毫不能动转，二次革命的被镇压，使得那些进步知识分子再次流亡日本，并借助日本这个相对自由空间来表达个人的思想和愿望，在思想和文化上探索民族新的出路。常乃德认为"五四"以后新文化运动的种子就埋伏在了这个时代：

培植这个新文化运动的种子的人是谁？陈独秀吗？不是，胡适吗？不是。那么究竟是谁呢？我的答案是章士钊。当民国四五年的时代，中国思想界的闭塞沉郁真是无以复加。梁启超办了一个《庸言报》，不久便停版，后来改办了《大中华》，更没有什么精采。此外只有江苏省教育会一派人在《教育杂志》等刊物上所鼓吹的实利主义稍有点生气，但是只偏于教育一部分，且彼时亦

尚未成熟。此外便再无在思想界发生影响的刊物了。到章士钊在日本办的《甲寅》杂志出版以后，思想界才另有开了一条新路。①

谈到《甲寅》月刊在当时的思想界打开一条新路，这确是事实，并且与其办刊宗旨紧密相关。在《甲寅》月刊第一卷第1期的封页背面上登载着《本志宣告》，共有七项，其中第一项就表明了本刊的办刊宗旨。《本志宣告》具体内容如下：

（一）本志以条陈时弊，朴实说理为主旨，欲下论断，先事考求。与日主张，宁言商榷。既乏架空之论，尤无偏党之怀，惟以己之心，证天下人之心，确见心同理同，即本以立说，故本志一面为社会写实，一面为社会陈情而已。

（二）本志非私人所能左右，亦非一派之议论所得垄断，所列论文，一体待遇，无社员与投稿者之分。任何意见，若无背于本志主旨，皆得发表，惟所主张，作者各自负其责任，真名别号，随意用之。

（三）本志现由有志者担任财务，文字除声明不索报酬者外，另有酬率，多寡因稿而定，拟登即行付款。

（四）本志既为公共舆论机关，通讯一门，最所置重，务使全国之意见，皆得如其量以发表之，其文或指陈一事，或阐发一理，或于政治学术，有所怀疑。不以同人为不肖，交相质证，俱一律款待，尽先登录。若夫问题过大，持理过精，非同人之力所及，同人当设法代请于东西洋学者，以解答之。

（五）本志每页十七行，行三十九字，稿纸能与相合最妙，字

---

① 常乃德：《中国思想小史》，葛兆光导读，上海：上海古籍出版社，2005年版，第136页。

须明了,不可写两面。

（六）稿如不登,悉不退还,声明必还,亦当照办,邮费由本社担任。

（五）本社募集小说,或为自撰,或为欧文译本,均可,名手为之,酬格从渥。①

从以上可以看出,《甲寅》月刊旨在讨袁,持论严正,颇为时论所重,属于一个以政论为主的综合性刊物。在《本志宣告》中,不仅提到办刊宗旨,同时在第六条的后面单列出第五点,即对刊登文学作品方面规定了要求,体现了刊物的综合性办刊风格,或者说是编辑的理想和策略。第四条中提到本志为公共舆论机关,最注重通讯一栏,广开言路,使全国的意见,都能如其量来发表。或者指陈事理,或者阐发道理,或者对于政治学术敢于怀疑,都不存偏见,尽先登录。如果问题过于难解,持理过精,同人力所不及的话,当设法代请东西洋学者来解答。表明刊物以自由主义为基点,注重编者和读者互动的办刊理念,使刊物成为知识者畅所欲言的公共舆论机关。在二次革命失败后人心处于低沉和萎靡之时,章士钊等人能够以此宽宏博大的胸怀气度去办刊宣传,却非一般人所能做到。章士钊在杂志的头条发表了一篇《政本》,提倡"有容"思想,不"好同恶异",这和刊物的宗旨是相一致的。"先生之文,词旨渊雅,思理缜密,凡有述作,咸有典则。所以《甲寅杂志》以出,风行海内,《甲寅》周刊印行,七日中接函二千三百件,大抵读其文而喜与来复者,何其盛也。"②章士钊的文章和《甲

---

① 《甲寅》月刊第一卷第 1 期,1914 年 5 月 10 日。

② 王森然:《章士钊先生评传》,《近代二十家评传》,北京:书目文献出版社,1987 年版,第 264、265 页。

寅》月刊在当时的影响非常大,此刊物引领了时代的思想潮流。

关于《青年杂志》的创刊缘由,是陈独秀通过亚东图书馆的汪孟邹引荐,认识了群益书社老板陈子沛、陈子寿两兄弟,通过商谈,群益书社同意出版《青年杂志》。因陈独秀个人的职业变迁,《新青年》编辑部也几经变迁。这里只对《新青年》前四卷的办刊宗旨进行考察,无论是编辑思路、撰稿人员,还是办刊宗旨等方面,都与《甲寅》月刊有着千丝万缕的联系,从中梳理其渊源关系更为显明。

陈独秀承继了清末民初的办报经验,实际上也吸取了他从前办《安徽白话报》、《国民日日报》等的经验教训,因此,他非常有办刊的策略、方法,难怪他在 1913 年时就说过,他想出一本杂志,只要十年、八年的时间,一定会发生很大的影响。[①] 可见,陈独秀早就有此雄心壮志,在协助章士钊编辑《甲寅》月刊时就开始酝酿此事,还在《甲寅》月刊创办红火之时,他创办了《青年杂志》,并以两刊编辑的身份向同人、朋友约稿。从陈独秀和吴虞的通信中可以看出,1916 年 12 月,吴虞第一次向《青年杂志》投稿,在给编者的信中提到自己过去曾有文章在《甲寅》月刊上发表。陈独秀在回信时说《甲寅》月刊登载吴虞的作品,都是由他所选的,希望"《甲寅》拟即续刊;尊著倘全数寄赐,分载《青年》、《甲寅》,嘉惠后学,诚盛事也。"[②]

《新青年》从第三卷开始,虽然已经在北京编辑,但封面上还标明是由"陈独秀先生主撰",那么第四卷已经加入了北京大学的教授和学生,而且关于第六卷的主编,开始由原来的陈独秀一

---

① 汪原放:《回忆亚东图书馆》,上海:学林出版社,1983 年版,第 32 页。

② 陈独秀:《答吴又陵》,《新青年》第二卷第 5 号,1917 年 1 月 1 日。

人变成几个人轮流主编,以致于稿源也不需要外稿。新一代的加入,使《新青年》增添了新的血液和活力,表示该杂志已经实践了初期的创刊宗旨,就是要唤醒青年,推动社会改革。因为《新青年》迁到北京后,背靠北大,思想资源和学术资源都极为丰富,虽仍属于同人刊物,但已经加入北大的许多教授,在办刊方针上也有些许的变化。只有从前几卷来考察,才能看出两刊物之间的办刊宗旨、编辑策略和《甲寅》月刊直接的承继关系。但不管怎样,两刊物的办刊宗旨一直是贯穿始终。

《青年杂志》的第一卷第1号刊登了《社告》,可认为是刊物的发刊宣言与办刊方向及指针,其具体内容是:

一 国势陵夷,道衰学弊,后来责任,端在青年。本志之作,盖欲与青年诸君商榷将来所以修身治国之道。

二 今后时会,一举一措,皆有世界关系。我国青年,虽处蛰伏研求之时,然不可不放眼以观世界。本志于各国事情,学术,思潮,尽心灌输,可备攻错。

三 本志以平易之文,说高尚之理。凡学术事情足以发扬青年志趣者,竭力阐述。冀青年诸君于研习科学之余,得精神上之援助。

四 本志执笔诸君,皆一时名彦,然不自拘限,社外撰述,尤极欢迎。海内鸿硕,倘有佳作,见惠无任期祷。

五 本志特辟通信一门,以为质析疑难发舒意见之用。凡青年诸君对于物情学理,有所怀疑,或有所阐发,皆可直缄惠示。本志当尽其所知,用以奉答。庶可启发心思,增益神志。①

由《社告》得知,《青年杂志》杂志继承了《甲寅》月刊开启的

---

① 《青年杂志》第一卷第1号,1915年9月15日。

注重政治根本精神的做法,并进一步发展到将其启蒙的重点和希望放在青年身上,针对青年学生宣传民主主义理论,有意识地培养新一代的革命知识分子,并声称刊物及同人的目标是与青年诸君商榷将来所以修身治国之道。沟通世界,注重学理,期待大家,与青年互通有无。如果说《社告》除了表明办刊宗旨,寄希望于青年之外,其他都属于具体编辑策略的话,那么陈独秀在杂志开篇发表的《敬告青年》,常常被人们认为是"准发刊词"。在《敬告青年》中,陈独秀提出六项比较具体的政治理念:"自主的而非奴隶的"、"进步的而非保守的"、"进取的而非退隐的"、"世界的而非锁国的"、"实利的而非虚文的"、"科学的而非想象的",以此来告诫青年,激励他们"自觉"与"奋飞",其中提出的理念更能体现着刊物的办刊精神和编辑理想。

在《甲寅》月刊的 10 期中,其办刊宗旨贯穿始终,每期封面背面上都有《本志宣告》(第 1、2 期内容相同),《特别社告》(第 3、4 期内容相同),《特别社告》(第 5、6 期内容相同),此时因该刊又移到上海,改由亚东图书馆印刷,故有《秋桐启示》和《亚东图书馆启示》,《本社通告》(第 7、8、9 期内容相同),《本社通告》(第 10 期,包括《紧要启事》)。在"宣告"、"通告"、"社告"等栏目中,无论是哪期,都贯穿着"以条陈时弊,朴实说理为主旨"的办刊宗旨。从对这些栏目的考察中,也可看出刊物的编辑理路、编辑策略的变动和印刷地点的变更。

《甲寅》月刊第 3、4 期上登载了《特别社告》,这是在前两期《本志宣告》的基础上,又有所说明:

一、本志三号,理应按期早出,惟以编辑主任秋桐君骤患时症,移居病院,以及蛰居调治,共有三周间之久,未能执笔,故尔出版较迟,当世君子,请曲谅之。

二、同人创为此报社友无多,见闻尤隘,纯仗海内外鸿达,相与扶持,投稿一层,或通信体,或论文体,俱所企望,如有斐然作者,不以同人为不屑与,愿为担任长期著述,尤为感祷,纸笔之赀,从优相奉,聊证同心,非敢云酬也。

三、迄承读者诸君辱寄通信论坛诸件,美不胜收,感荷之余,益深奋勉,其中或有一二碍难登录,然佳作本期未能尽载,请俟后期,谅之为幸。

四、本志每页十七行,行三十九字,稿纸能与相合最妙,字须明了,不可写两面,圈点须从本志格式,请特别注意,本社印有用纸,如或须此,邮所即寄。①

《甲寅》月刊在第5、6期上登载的《特别社告》,只是针对3、4期的《特别社告》稍作一下改动,如由原来的每页十七行,行三十九字,改为每页十六行,行四十字。

一、同人创为此报,社友无多,见闻尤隘,纯仗海内外鸿达,相与扶持,投稿一层,或通信体,或论文体,俱所企望,如有斐然作者,不以同人为不屑与,愿为担任长期著述,尤为感祷,纸笔之资,从优相奉,聊证同心,非敢云酬也。

二、迄承读者诸君辱寄通信论坛诸件,美不胜收,感荷之余,益深奋勉,其中或有一二碍难登录,然鸿篇佳作,本期未能尽载者,必于后期登出,延迟有故,尚乞谅之。

三、自五号起,印刷体裁,稍有更变,每面为十六行,行四十字,稿纸能与相合最妙,字须明了,不可写两面,圈点须从本志格式,请特别注意。②

---

① 《甲寅》月刊第一卷第3期,1914年7月10日。
② 《甲寅》月刊第一卷第5期,1915年5月10日。

与此同时,第5期的《甲寅》月刊因为印刷、销售事宜改由亚东图书馆执行,因此,本页同时刊有《秋桐启示》和《亚东图书馆启示》进行补充说明。

《秋桐启示》:

仆以孱弱之躯旅居海外去岁夏间同志数辈创作甲寅杂志属仆主任其事社务丛脞益以屡病出版愆期至用惭歉今为分工之计以印刷发行两事析与上海亚东图书馆代为理治仆只任编辑一部心一意专庶可期诸久远自后凡属印刷发行事项请向上海接洽其有关于文字者则直函日本东京小石川区林町七十番地甲寅杂志社编辑部交仆收可也。①

《亚东图书馆启示》:

甲寅杂志前此出版已经四号惟秋桐先生兼理数事过于劳剧每不免印刷迟延使读者有盼望之苦今为分任职司期诸久远特将印刷发行事物委属敝馆经理自后凡蒙爱读者诸君　惠购请直向敝馆接洽其一切收款发报等事皆由敝馆完全负责从前在日本上海两总社直接定购报费已经交足者敝馆必当按期续寄不致差误。②

《甲寅》月刊的第7、8、9期刊载了《本社通告》,这三期都是在上海由亚东图书馆印刷发行的。虽然内容上有所变化,但其宗旨与第1、2期登载的相同,可见,杂志的办刊宗旨一直贯穿始终。

　一　本志以条陈时弊朴实说理为主旨。不作架空之论。尤无偏党之怀。海内宏达,皆可发挥意见,印载本志,惟所主张,须无背本志主旨。

---

① 《甲寅》月刊第一卷第5期,1915年5月10日。
② 《甲寅》月刊第一卷第5期,1915年5月10日。

二 本志既为公共舆论机关,通讯一门,最所置重,务使全国之意见,皆得如其量以发表。其文或指陈一事,或阐发一理,或于政治学术,有所怀疑,不以同人为不肖,交相质证,一律款待,尽先登录。

三 本志社友无多,精神闻见,或病狭隘,如有斐然作者,愿为担任长期撰述,尤用感荷,纸笔之资,从优相奉,聊证同心,非敢云酬也。

四 小说为美术文学之一,怡情悦性,感人最深,杂志新闻,无不刊载,本志未能外斯成例,亦置是栏,倘有撰著译本,表情高尚者,本志皆愿收购,名手为之,酬格从渥。

五 本志印刷体裁,每面为十六行,行四十字,稿纸能与相合最妙,字须明了,不可写两面,圈点须从本志格式,请特别注意。

六 本志事物,印刷发行两项,归上海四马路福华里亚东图书馆经理,其有关于文字者,乃章秋桐君任之,须由日本东京小石川区林町七十番地甲寅杂志社直接收发也。

七 本志前由秋桐君一人经理,事物烦冗,不免延期,近顷以来,秋桐君只任编辑,文字如期撰就,自后按期出版,必不延误。①

《甲寅》月刊第10期上的《本社通告》与第5、6期上登载的《特别社告》基本一致,无太大的变更。

一 同人创为此报,社友无多,见闻尤隘,纯仗海内外鸿达,相与扶持,投稿一层,或通信体,或论文体,俱所企望,如有斐然作者,不以同人为不屑与,愿为担任长期著述,尤为感祷,纸笔之资,从优相奉,聊证同心,非敢云酬也。

二 迩承读者诸君辱寄通信论坛诸件,美不胜收,感荷之余,

---

① 《甲寅》月刊第一卷第7期,1915年7月10日。

益深奋勉,其中或有一二碍难登录,然鸿篇佳作,本期未能尽载者,必于后期登出,延迟有故,尚乞谅之。

三 本志印刷体裁,每面为十六行,行四十字,稿纸能与相合最妙,字须明了,不可写两面,圈点须从本志格式,请特别注意。①

在本期中,又登载了《紧要启事》,因为章士钊要在上海设立《甲寅》月刊出版发行事务所,就是由亚东图书馆改为本刊出版印刷发行,编辑部仍在日本东京,原地址没变,投稿仍然可以投编辑部,但购买发行之事则到上海本志总发行所办理。

本志自发行以来谬蒙社会督奖在事同人理合努力进行以慰读者诸君之望前以事烦任重编辑发行分途董理以期专任不使愆期比日以来营业益臻发达上海亚东图书馆力难兼顾发行之事业由本志派人驻沪专理以期久远此后关于编辑事项仍祈直函日本东京小石川区林町七十番地本志编辑部关于发行事项则请向上海江西路五十六号本志总发行所接洽以前亚东图书馆所有代办之事一概移交本志总发行所继续办理完全负责特此声明。②

把这共 10 期的《甲寅》月刊的办刊宗旨,总揽一下,从中既可以看到杂志发展的脉络,同时,可以看出它的编辑策略,也包括投稿事宜。为了杂志能更好地发展下去,可以调整印刷、发行路径,并设许多代派处,但办刊宗旨持续始终。《甲寅》月刊一直坚守着精英主义的倾向,没有投靠某一政府或其他团体,没有成为商业化的报刊,也没有成为机关报,自始至终都是同人性质的刊物。

这方面,《新青年》也走着同样的路子,有群益书社的财政支

① 《甲寅》月刊第一卷第 10 期,1915 年 10 月 10 日。
② 《甲寅》月刊第一卷第 10 期,1915 年 10 月 10 日。

持,有大批第一流知识者的积极参与,前期有《甲寅》月刊人员,后期则有北大同事的参与,使得《新青年》的影响逐步扩大。陈独秀后来在谈到办杂志的经验时也说:"凡是一种杂志,必须是一个人一个团体有一种主张不得不发表,才有发行底必要;若是没有一定的个人或团体负责任,东拉人做文章,西请人投稿,像这种'百衲'杂志,实在是没有办的必要,不如拿这人力财力办别的急着要办的事。"①在陈独秀看来,理想的杂志必须具备两大特征:一是"有一种主张不得不发表",一是"有一定的个人或团体负责任"。第一种体现杂志的精神,第二种则体现了同人杂志的存在方式。《新青年》创办以来,红红火火,轰轰烈烈,吸引了众多人不仅仅是青年人的眼光,关键是"有一种主张不得不发表"。

关于投稿,《甲寅》月刊在《本社通告》中已经说明。而在《新青年》中把投稿事项单独列出来,只在前三卷出现,这也是一种编辑策略使然。因为第四卷开始,就有北大师生的加入,不必担心稿源。《青年杂志》第一卷第 1 号至 6 号,第二卷第 1 号,第三卷第 3、4、5 号的《投稿简章》如下:

一、来稿无论或撰或译,皆所欢迎。一经选登,奉酬现金,每千字自二元至五元。

二、来稿译自东西文者,请将原文一并寄下。

三、本志每面十六行,每行四十字。稿纸能与相合最妙,字以明显为佳。

四、来稿以未经登载各处日报及他杂志者为限。

五、来稿无论登载否,概不退还,声明必还,亦当照办。

六、寄稿最好由邮局挂号掷下,本社即以该局回单盖戳为凭,

① 陈独秀:《随感录七十五·新出版物》,《新青年》第七卷第 2 号,1920 年 1 月。

不另作复。

七、收稿处上海棋盘街群益书社。①

《新青年》从第二卷伊始，就更改了编辑策略，又增加了"读者论坛"栏目，先说明刊物得到当代名流的帮助，又重申关于青年的文字，并强调后面的文字比前面的还要精采。不论其主张、体裁如何，只要所论有研究价值，就可登载，同时，读者都可以自由发表意见，此项措施，除了"通信"一栏与《甲寅》月刊相同外，新增加的这个栏目，显然要比《甲寅》月刊更为活跃些。这可以说是另一种广告语，在继承原有的办刊思想外，又添加新色彩，确能吸引人的眼球。从第二卷第1号，到第三卷第1号都登载了《通告》（一）、（二）：

《通告》一：

本志自出版以来，颇蒙国人称许。第一卷六册已经完竣。自第二卷起，欲益加策励，勉副读者诸君属望，因更名为新青年。且得当代名流之助，如温宗尧、吴敬恒、张继、马君武、胡适、苏曼殊、诸君，允许关于青年文字，皆由本志发表。嗣后内容，当较前尤有精采。此不独本志之私幸，亦读者诸君文字之缘也。

《通告》二：

本志自第二卷第一号起，新辟"读者论坛"一栏，容纳社外文字。不问其"主张""体裁"是否与本志相合。但其所论确有研究之价值者，即皆一体登载。以便读者诸君自由发表意见。②

《新青年》在第四卷中，登载了《本志编辑部启示》和《本志特别通告》，从中能看出编辑理路的变化和更新，开始取消投稿章

---

① 《青年杂志》第一卷第1号，1915年9月15日。
② 《新青年》第二卷第1号，1916年9月1日。

程，并且完全开设外国文学专栏"易卜生专号"，把提倡新文学，翻译介绍欧洲近世文学为第一要位，并说在当时的文学界杂志界为一大创举，体现刊物的魄力所在。

第四卷第 3 号的《本志编辑部启示》：

本志自第四卷一号起，投稿章程，业已取消。所有撰译，悉由编辑部同人，公同担任，不另购稿。其前此寄稿尚未录载者，可否惠赠本志，尚希投稿者诸君，赐函声明，恕不一一奉询。此后有以大作见赐者，概不筹赀。录载与否，原稿恕不奉还，谨布。①

第四卷第 5 号的《本志特别通告》：

本卷现以第四卷第六号为"易卜生专号"，以为介绍欧洲近世第一文豪易卜生（Ibsen）入中国之纪念。内有易卜生之名剧《娜拉》，《国民公敌》，《小爱有夫》三种之译本——及胡适之君之《易卜生主义》长论一篇，——附以"易卜生"之论著。读者不但可由此得知"易卜生"之文学思想，且可于——一册之内——的三种世界名剧——此为中国文学界杂志界——一大创举，想亦海内外有心文学改良思想改良者所欢迎也。定六月十五日出版，特此预告。②

由于第 5 号已经登载了《本志特别通告》，所以本卷第 6 号就登载了《易卜生主义》和《娜拉》等易卜生作品。第 6 号又有了新的举措，登出了《本社特别启示》（一）、（二），继续前面的特色，准备下期登载"萧伯讷号"（实际上后来没有实行）。可见，当时《青年杂志》的编辑人员寻找一切有利于刊物发展的时机和可行手段，使刊物红火有加，供不应求。

---

① 《新青年》第四卷第 3 号，1918 年 3 月 15 日。
② 《新青年》第四卷第 5 号，1918 年 5 月 15 日。

第四卷第 6 号的《本社特别启示》（一）：

英国萧（姓）伯讷（名），G，Bernava　Shaw 为现存剧作家之第一流，著作甚富。

本社拟绍介其杰作于国人，即以十二月份之《新青年》为"萧伯讷号"。拟先译《人及超人》Man and Snpevman《巴伯勒大尉》Myir Barbava 及《华伦夫人之职业》Mrs. Warren's Profession 三剧。海内外学者如有关于萧氏之著述，请迳寄至本杂志编辑部，为祷。

《本社特别启示》（二）：

本社拟于暑假后，印行"易卜生剧丛"，第一集中含《娜拉》，《国民之敌》，及《社会栋梁》三剧。此外并有胡适君之序言，解释易卜生之思想。特此布告。①

经过不断的调整编辑策略，《新青年》的影响越来越大，发行也供不应求。从以上对《甲寅》月刊和《新青年》的《社告》、《通告》、《启示》等办刊举措的梳理中，可以看出两刊物在办刊宗旨和编辑理念，以及办刊理想，注重文化理念的精英倾向等方面，都有着扯不断的渊源关系。尽管《新青年》在某些方面的编辑策略要不同于或者超越《甲寅》月刊，但是《新青年》确实受《甲寅》月刊的影响，才有着初期办刊与《甲寅》月刊基本相一致的一系列举措。

二、编辑人员、编纂队伍、栏目设置及发行的承继与嬗

尽管是章士钊主撰《甲寅》月刊，陈独秀主撰《新青年》前三卷，然而无论是《甲寅》月刊，还是《新青年》创办初期，撰稿人员基本上都是同一支队伍。从人缘和地缘上分析，都有着千丝万缕

① 《新青年》第四卷第 6 号，1918 年 6 月 15 日。

的联系。对这些人员的考察,可窥见一斑。这些撰稿人队伍大多都是围绕在章士钊和陈独秀周围,"圈子杂志"色彩非常明显。既有早年与章士钊一同参加革命组织、共办刊物的人员;也有与章士钊、陈独秀同期加入革命组织和各种团体,共办刊物的人员;再有和陈独秀一起在安徽参加革命组织团体的人员。与《青年杂志》第一卷的作者同时进行考察,可以发现有相当数量的皖籍知识分子,当然还有一些其他籍的知识分子,人缘、地缘关系、同人杂志的特征极为明显。章士钊是湖南长沙人,陈独秀是安徽怀宁人,其他如高一涵、李大钊、胡适、易白沙、刘叔雅、杨昌济、苏曼殊、谢无量、吴虞、吴稚晖、陶履恭等,都在两刊物中出现,对他们之间的关系及创作进行梳理,更有待于进一步认清两刊物之间的渊源关系。

从《甲寅》月刊和《青年杂志》首卷作者相重合的人当中,只有少数人不是安徽籍,但互相间都有共事革命的背景。谢无量虽是四川籍,但父亲历任安徽诸县县长,自己在安徽公学任教,与安徽知识分子熟稔。易白沙虽本籍湖南,却长期居皖从事教育和革命工作,与皖政界和文化界关系极密,在《青年杂志》创刊前,早与陈独秀熟稔,交谊很深。高一涵和刘叔雅是安徽公学或安徽高等学堂的学生,与陈独秀曾有师生之谊,1914 年两人一同协助章士钊和陈独秀在东京编辑《甲寅》月刊。陈独秀与苏曼殊关系更为密切,自 1902 年相识以来,往来不断。从表面上看,陈独秀性情勇猛、精进、激烈,苏曼殊则敏感、多情、浪漫、亦僧亦俗,大不相同。而事实上两人却意气相投,性情相合,曾经一起翻译嚣俄(雨果)的《惨世界》(《悲惨世界》),陈独秀也曾经为苏曼殊讲解诗歌作法并替他修改诗文,并且为苏曼殊的小说写序。这些人际上的因缘,使得《新青年》首几卷作者大都是《甲寅》月刊的编辑或作者,尽管有的是通过"通信"栏而成名。这一切都说明《新青年》与《甲寅》月刊,在人事和思想言论等方面有着不可忽视的渊源。下面简介一下这些人在两刊物发表文章的时间(其中未标记出生地均为安徽人)。

高一涵于1913年留学日本明治大学。1914年7月在《甲寅》月刊第3期上登稿,之后协助章士钊办《甲寅》月刊,并在上面发表了诸多政论文章。后在《青年杂志》第一卷第1期上开始发表文章。1919年进北京大学任编译员。

李大钊是河北乐亭人,于1914年冬东渡日本留学,入早稻田大学政治经济科。1914年7月在《甲寅》月刊第3期上登稿。因向《甲寅》月刊投稿而结识了章士钊、陈独秀等同人,受到章士钊的赏识。1916年9月,开始在《新青年》第二卷第1号上发表文章。1917年冬入北大任图书馆主任。

胡适于1914年11月在《甲寅》月刊第4期上发表翻译小说。1915年开始在《青年杂志》上投稿。1917年1月在《新青年》第二卷第5号上发表《文学改良刍议》,与陈独秀一起成为新文化运动的领军人物。1917年回国任教北京大学。

易白沙在二次革命失败后亡命日本,协助章士钊办《甲寅》月刊,1914年6月开始在《甲寅》月刊第2期上登稿,并发表了多篇文章。1915年10月开始在《青年杂志》第一卷第2号上撰稿。

刘叔雅于1915年9月,在《甲寅》月刊第9期上登稿。1915年11月,在《青年杂志》第一卷第3号上开始发表文章。1917年入北大任教。

杨昌济是湖南长沙人,与章士钊同乡。1914年7月,在《甲寅》月刊第3期上登稿。1916年12月,在《新青年》第二卷第4号上开始发表文章。1917年入北大任教。

苏曼殊是广东中山县人。1907 年开始在东京与陈独秀、章士钊、刘师培等,从事文学活动。1915 年 7、8 月,在《甲寅》月刊上第 7、8 期上发表了小说《绛纱记》和《焚剑记》。1916 年 11 月、12 月在《新青年》第二卷第 3、4 号上发表小说《碎簪记》。

谢无量于 1914 年 5 月在《甲寅》月刊第 1 期上登稿。1915 年 11 月开始在《青年杂志》第一卷第 3 号上登稿。

吴虞是四川成都人,1915 年 7 月,开始在《甲寅》月刊第 7 期上发表诗歌。1917 年 2 月,开始在《新青年》第二卷第 6 号上发表文章。

吴稚晖,字敬恒,江苏常州人。1914 年 5 月,开始在《甲寅》月刊第 1 期上登稿。1916 年 10 月,在《新青年》第二卷第 2 号上开始发表文章。

程演生,字衍生,1915 年 8 月,开始在《甲寅》月刊第 8 期上发表诗歌,第 9、10 期发表小说《西冷异简记》。1917 年 2 月,在《新青年》第二卷第 6 号上发表文章。1918 年任教于北京大学。

陶履恭(孟和),天津人,1915 年 6 月在《甲寅》月刊第 6 期上登稿。1917 年 1 月,开始在《新青年》第二卷第 5 号上发表文章。

李寅恭,李张绍南的丈夫。1914 年 11 月在《甲寅》月刊第 4 期上登稿,1917 年 6 月,开始在《新青年》第三卷第 4 号上发表文章。

通过对《甲寅》月刊和《新青年》作者群发表文章时间的分析,为我们认识新文化运动形成和发展的轨迹,提供了另一视角。此外,有学者对《新青年》的发展阶段做了不同的划分,以此来考证《新青年》的发展变化。陈万雄把《新青年》前九卷大抵分为三个时期:"1915 年 9 月第一卷到 1918 年 6 月的第四卷是第一个时期。这个时期的首二卷,由主编陈独秀结合与他深有渊源的一辈知识分子为主力的时期。……这时期的主要作者几全属章士钊、陈独秀办《甲寅杂志》的作者,所以初期《新青年》之与《甲寅杂志》是有一定人事和思想渊源。……自第二卷起,以陈独秀为主的接连发表了反孔文章和胡适、陈独秀进而提出了文学革命的要求,新文化运动因为有这两个具体内容而引起了舆论的重视,也带来了强烈的反响。自三、四卷由于北大革新派加入《新青年》行列,一校一刊作基地的新文化运动倡导核心势力形成。杂志之由陈独秀个人独自主编,变成自第六卷起之由陈、胡适、钱玄同、高一涵、沈尹默、李大钊六人轮流主编,具体表现了核心势力的形成。"①陈万雄以四、六卷为分界点把《新青年》分为三个时期,认为对这个核心力量的进一步分析,会更清晰显露五四前期新文化运动的一些性质。

陈平原则以"同人杂志"来衡量,在正式出版的 9 卷 54 期《新青年》中,依其基本面貌,约略可分为三个阶段:"分别以主编陈独秀 1917 年春的北上与 1920 年春的南下为界标。因编辑出版的相对滞后,体现在杂志面貌上的变化,稍有延宕。大致而言,在上海编辑的最初两卷,主要从事社会批评,已锋芒毕露,声名远扬。最后两卷着力宣传社会主义,倾向于实际政治活动,与中国共产党的创建颇有关联。中间 5 卷在北京编辑,致力于思想改造与文学革命,更能代表北京大学诸同人的趣味与追求。"②不论如何划分,都不影响本文对《新青年》最初编辑、撰稿人员的性质进行考察,进而梳理与《甲寅》月刊的承继关系。

---

① 陈万雄:《五四新文化的源流》,北京:生活·读书·新知三联书店,1997 年版,第 19、20 页。

② 陈平原:《思想史视野中的文学》(上),《中国现代文学研究丛刊》,2002 年第 3 期,第 9 页。

　　关于章士钊与陈独秀的友谊，无论在《甲寅》月刊，还是在《新青年》的诸多撰稿人当中，二人可谓相识交往很早，吴稚晖对此曾表述过："章陈交谊不是很浅，似乎南京陆师学堂曾做同学？今日章先生视甲寅为彼惟一物产，然别人把人物与甲寅联想，章行严而外，必忘不了高一涵，亦忘不了陈独秀。"①二刊物由于人际上的关联，使得《青年杂志》在创办初期，与《甲寅》月刊有着不可抹杀的渊源关系。

　　在两刊物中，相同的人都发表了不同的文章，对《甲寅》月刊10期和《新青年》前三卷中发表文章的数量进行梳理和统计。这里作为主编人章士钊和陈独秀，他们在各自主编的刊物中发表的文章最多，当然还没有计算他们作为"记者"，在"通信"栏里回答读者提问所写的文章，以及用其他笔名发表的文章。因此，从撰稿人员所发表的文章上来看，两刊物也有着不可忽略的传承关系。《新青年》早期的撰稿人基本上就是《甲寅》月刊时期的原班人马，他们分别是陈独秀、章士钊、李大钊、高一涵、胡适、杨昌济、易白沙、刘叔雅、吴虞、谢无量、吴稚晖、苏曼殊、陶孟和、程演生等。现把他们在《甲寅》月刊(10期)和《新青年》(只取一、二、三卷)(共18期)上发表文章的篇名、刊号及篇数分别列表(见下页)如下：

---

① 吴稚晖《陈独秀·章士钊·梁启超》，《吴稚晖先生文粹》第一册，台北：台北华文书店影印本，第316页。

《甲寅》月刊（10 期）与《新青年》（前三卷）各发表文章篇名与数量统计

作者	《甲寅》月刊		《青年杂志》（《新青年》）	
	篇数	篇名及刊号	篇数	篇名及刊号
陈独秀	14	《生机》(2 期)、《杭州酷暑寄怀刘三》、《咏鹤》、《游韬光》、《游虎跑二首》、《灵隐寺前》、《雪中偕友人登吴山》诗七首（3 期）、《自觉心与爱国心》(4 期)、《述哀》诗一首（5 期)、《远游》、《夜雨狂歌答沈二》诗二首（7 期)、《双枰记·叙》(4 期)、《绛纱记·序》(7 期)	33	《敬告青年》、《法兰西人与近代文明》、《妇人观》、《现代文明史》(1 卷 1 号)、《今日之教育方针》(1 卷 2 号)、《抵抗力》(1 卷 3 号)、《东西民族根本思想之差异》(1 卷 4 号)、《一九一六年》(1 卷 5 号)、《吾人最后之觉悟》(1 卷 6 号)、《我之爱国主义》、《驳康有为致总统总理书》(2 卷 2 号)、《宪法与孔教》(2 卷 3 号)、《孔子之道与现代生活》(2 卷 4 号)、《文学革命论》(2 卷 6 号)、《对德外交》(3 卷 1 号)、《俄罗斯革命与我国民之觉悟》(3 卷 2 号)、《旧思想与国体问题》(3 卷 3 号)、《时局杂感》(3 卷 4 号) 等。(篇数太多，只举例。未计以"记者"署名和其他笔名的文章篇数)

续表

作者	《甲寅》月刊		《青年杂志》(《新青年》)	
	篇数	篇名及刊号	篇数	篇名及刊号
章士钊	37	《政本》、《读严几道民约平议》、《造法机关》、《自由与出廷状》、《白芝浩内阁论》(1 期)、《国家与责任》、《开明专制》、《哈蒲浩权利说》(2 期)、《自觉》、《政力向背论》(3 期)、《调和立国论(上)》、《联邦论》(4 期)、《时局痛言》、《学理上之联邦论》、《复辟平议》(5 期)、《国民心理之反常》、《政治与社会》(6 期)、《共和平议》(7 期)、《国家与我》、《爱国储金》(8 期)、《帝政驳义》(9 期)、《评梁任公之国体论》(10 期) 等。(篇数太多,只举例。未计以"记者"署名和其他笔名的文章篇数)	1	《经济学之总原则》(3 卷 2 号)
李大钊	4	《物价与货币购买力》、《风俗》(3 期)、《国情》(4 期)、《厌世心与自觉心》(8 期)	2	《青春》(2 卷 1 号)、《青年与老人》(3 卷 2 号)

续表

作者	《甲寅》月刊		《青年杂志》(《新青年》)	
	篇数	篇名及刊号	篇数	篇名及刊号
胡适	2	《柏林之围》(译作)(4期)、《非留学》(10期)	16	《决斗》(译文)(2卷1号)、《致陈独秀》(2卷2号)、《藏晖室札记》(2卷4号起连载)、《文学改良刍议》(2卷5号)、《白话诗八首》(2卷6号)、《二渔夫》(3卷1号)、《梅吕哀》(3卷2号)、《历史的文学观念论》(3卷3号)、《白话词》(3卷4号)(《藏晖室札记》从2卷4号起,几乎每期都有,所以只按1篇篇数计算。)
高一涵	4	《民国之祢衡》(3期)、《宗教问题》、《民福》(4期)、《章太炎自性及其与学术人心之关系》(5期)	9	《共和国家与青年之自觉》(1卷1、2、3号)、《近世国家观念与古相异之概略》(1卷2号)、《民约与邦本》(1卷3号)、《国家非人生之归宿论》、《谈梁任公革命相续之原理论》(1卷4号)、《自治与自由》(1卷5号)、《戴雪英国言论自由之权利论》(1卷6号)、《乐利主义与人生》(2卷1号)、《一九一七年预想之革命》(2卷5号)
易白沙	8	《教育与卫西琴》、《转注》(2期)、《广尚同》、《国务卿》、《平和》(3期)、《铁血之文明》(4期)、《游诗》(10期)、《涓蜀梁》(8期)	5	《述墨》(1卷2、5号,2卷1号)、《我》(1卷5号)、《战云中之青年上》(1卷6号)、《孔子平议上》(1卷6号)、《孔子平议下》(2卷1号)

续表

作者	《甲寅》月刊		《青年杂志》(《新青年》)	
	篇数	篇名及刊号	篇数	篇名及刊号
杨昌济	6	《城南携手日》(3 期)、《游利赤蒙公园》(3 期)、《蹈海烈士杨君守仁事略》(4 期)、《宗教论》(6 期)、《改良家庭制度札记》(6 期)、《国之大忧》(8 期)	1	《治生篇》(2 卷 4、5 号)
吴虞	4	《辛亥杂诗》、《谒费此度祠》、《题宁梦兰画》、《寄吴伯揭先生》诗四首(7 期)	6	《致独秀》(2 卷 5 号)、《家族制度为专制主义之根源论》(2 卷 6 号)、《读荀子书后》(3 卷 1 号)、《消极革命之老庄》(3 卷 2 号)、《礼论》(3 卷 3 号)、《儒家主张阶级制度之害》(3 卷 4 号)
谢无量	2	《与马一佛书》三首、《西湖旅兴寄怀伯兄五十韵》诗一首(1 期)	2	《寄会稽山人八十四韵》(1 卷 3 号)、《春日寄怀马一佛》(1 卷 4 号)
陶孟和	1	《学》(6 期)	2	《人类文化之起源》(2 卷 5，6 号，3 卷 1 号)、《社会》(3 卷 2 号)
刘叔雅	1	《唯物唯心得失论》(9 期)	6	《近世思想之科学精神》(1 卷 3 号)、《叔本华自我意志说》(1 卷 4 号)、《佛兰克林自传》(1 卷 5 号)、《美国人之自由精神》(1 卷 6 号)、《欧洲战争与青年之自觉》(2 卷 2 号)、《军国主义》(2 卷 3 号)
吴敬恒	1	《人心》(1 期)	3	《青年与工具》(2 卷 2 号)、《再论工具》(2 卷 3 号)、《读音统一会进行程序》(3 卷 3 号)

作者	《甲寅》月刊		《青年杂志》(《新青年》)	
	篇数	篇名及刊号	篇数	篇名及刊号
苏曼殊	4	《简晦闻》、《无题》诗二首（5 期）、《绛纱记》（7 期）、《焚剑记》（8 期）	1	《碎簪记》（2 卷 3、4 号）
程演生	2	《赠马浮》诗六首（8 期）、《西泠异简记》（9、10 期）	1	《致独秀》（2 卷 6 号）

　　关于《甲寅》月刊与《新青年》在栏目设置及发行情况方面的分析。《甲寅》月刊的栏目有：政论、时评、评论之评论、通信、文录、诗录、丛谈、小说等。尽管"政论"、"丛谈"、"小说"等栏目在目录中没有明确标出，但读者都能够清晰地看出。《新青年》的栏目有：政论、小说、英汉对译、名人传记、国外大事记、国内大事记、通信、世界说苑等。同《甲寅》月刊一样，"政论"、"小说"、"英汉对译"、"名人传记"等都是并行的，也没有明确标出栏目，并且登载翻译的外国小说、戏剧。从第 2 号起，开始关注妇女问题，并且登载翻译的剧本。如果说，《甲寅》月刊从第一卷第 1 期开始，就登载诗录和小说等文学作品，那么，《青年杂志》从第一卷第 4 号开始才登载古体诗歌等文学作品。《青年杂志》则涉及社会问题领域极为广泛，论说文章有英汉对译，第一卷所登载的小说都是译作，直到第二卷第 2 号开始介绍国外诗人，第二卷第 3、4 号开始登载苏曼殊创作的小说《碎簪记》。此外有"国外大事记"（日本内阁改造、葡国政变、倭尔斯特变迁、华沙战役等），"国内大事记"（国体问题、青岛关税问题、宪法起草问题等），"世界说苑"等栏目。很明显地看出，《新青年》比《甲寅》月刊更具开放性，大量输入西方政治、经济、哲学、文化与文学知识。

112

　　《新青年》在第二卷第 1 号开始增设"读者论坛"栏目。第二卷第 6 号增设"女子问题"栏目。第三卷第 2 号增设"书报介绍"栏目。第四卷第 4 号增设"随感录"栏目。第五卷第 4 号增设"什么话?"栏目。第六卷第 4 号增设"讨论"、"附录"栏目。第八卷第 1 号增设"俄罗斯研究"、"社会调查"栏目。第八卷第 4 号增设"编辑室杂记"栏目。第九卷第 5 号增设"选录"栏目。另外,第四卷第 6 号,为"易卜生专号"。第六卷第 5 号,为"马克思专号"。第七卷第 4 号,"人口问题专号"。因此说,《新青年》不同时期所设置的栏目有所不同,但"通信"一栏基本上贯穿始终,这一点与《甲寅》月刊是相同的。那些在二次革命失败后对国事极度失望和悲观郁闷的知识分子,是《甲寅》月刊为他们提供了表达自己思想和愿望的公共话语空间,也提供了前进的希望和方向。这份刊物共发行了 10 期,但是对这些知识分子来说极为重要。到现在为止,已经无法确定《甲寅》月刊和《新青年》每期发行多少册。

　　从《甲寅》月刊的第 1、2 期封底列出的各地发行此刊物的书店名录来看,该杂志流通的范围非常广。不仅有上海代派处和各埠代派处。每一个代派处下面都有各地的书局、山房、图书公司、书庄、会社、图书馆、编译部、学社、书林、艺堂等。仅第 1、2 期上海代派处就分别有 19 家;各埠代派处就分别有 18 家。到了 3、4 期,上海代派处就增加到 21 家;各埠代派处就增加到 26 家。到了第 5 期,杂志由上海亚东图书馆印刷销售后,又有很大幅度的增加。光是本埠分售处就有 10 家。外埠分售处有 46 家之多。从外埠代派处和分售处来看,全国各大城市都有销售,所以,该杂志在全国绝大多数大城市都可以买到。尤其在上海,可以随处买到。亚东图书馆负责人汪孟邹在他的日记里记载了《甲寅》杂志单行本和合刊在上海供不应求的情形。① 曾经在《甲寅》月刊第 8 期上发表诗歌,后来又成为新文化运动中激烈抨击孔孟之道的吴虞,他在日记中写道,在一些偏远的城市,如他所在的成都,《甲寅》月刊单行本在读者中如接力棒一样,一个接一个地传阅。② 据统计,《甲寅》月刊在第 1、2 期,上海代派处就有 19 家,各埠代派处有 18 家。在第 3、4 期,上海代派处增至 21 家,各埠代派处增至 26 家。到第 5 期开始由上海亚东图书馆印刷出版时,本埠分售处有 10 家,外埠分售处就有 46 家,其中含有各省的中华书局和商务印书馆。但是,在北京,由于袁世凯的专制势力,自始至终只有 2 家书店出售此杂志。由以上分析,可以看出,《甲寅》月刊在当时的影响,有许多知识分子都是读着这份杂志而走向《青年杂志》的。

《青年杂志》第一卷第 1 号,总发行所为上海中棋盘街群益书社,分发行所为各埠各大书坊。此外,还登载了《通信购书章程》:"一 凡购本版书籍者概照定价七折计算;二 书价以上海通用银元为准银两小角照市折算;三 寄递款项或由信局兑寄或由邮局汇寄均可其兑费汇费由购书人自理;四 僻远之地信局邮局均不能汇兑者其书价及寄费可用邮票代之其办法如下(甲)邮票以一角二角为限三角五角一元之邮票用处无多概不收用(乙)如有零数可将一二分者合足三角为限(丙)邮票以九五折计算如寄邮票一元仅能购书九角五分(丁)邮票有污损者不收(戊)邮票不能揭开者不收(己)以上不收之邮票当即寄还原主其邮费即由

---

① 汪原放:《回忆亚东图书馆》,上海:学林出版社,1983 年版,第 29 页。
② 吴虞:《吴虞日记》,成都:四川人民出版社,1984 年版,第 149、151、197、206 页。

所寄邮票中取用；五 书籍寄费邮局信局各有不同本社特定一预寄寄费之法如下（甲）由邮局寄费照书价加一成如购书一元应加寄费一角（乙）购书如不满一元者邮局寄费至少须五分（丙）信局寄费至少亦须一角（丁）如欲将书籍挂号寄奉者每件另加挂号费五分；六 凡来信由信局寄下者请先给以力赀免生重复交涉有未给者即 于来款内取付；七 来款中如遇有伪金或金额与信语不符时当即交原人带返其责任由原持信人负之；八 来信务请将地名详细开写庶回件不致误投。"①群益书社在当时是一个大型综合而资金雄厚有资历的出版机构，从对发行购书这方面的细致规定就能看出。但在初期，《青年杂志》的规模较小，每期的发行量不超过千册，只限于上海地区。② 从第 2 号起，除了总发行所外，就登载了共有 76 家各埠代派处。大概初期登载的各埠代派处也是为了宣传，或者也是群益书社原有的售书网点也说不定。

但是，从第六卷第 5 号上登载的《〈新青年〉自一卷至五卷再版预约》中，即可看出其发行量如何之大。"本志出版，前后五年，已经印行三十三号。……从前各号，大半卖缺。要求再版的，或亲来，或通信，每天总有几起。因此敝社发行前五卷再版的预约券。把前三卷先出，供读者的快览。后两卷因印刷来不及，到二次才能兑清。预约的时间，不能过久，若蒙光顾，还请从速。"③可见，《新青年》在后来发行量之大，遍布全国各地。从第一卷第 2 号到第四卷第 4 号为止的各埠分售处可以看出，在北京的销售点也不多，只有 3 家，而成都等地方有 4 家，另外，新加坡有 2 家，

① 《青年杂志》第一卷第 1 号,1915 年 9 月。
② 王光远编:《陈独秀年谱》,重庆:重庆出版社,1987 年版,第 25 页。
③ 《新青年》第六卷第 5 号,1919 年 5 月。

已经远销到国外。因此,《新青年》后来影响越来越大,远远超过
《甲寅》月刊。

第二节 《甲寅》月刊与《新青年》共设"通信"栏

一、作为公共舆论机关的"通信"栏的设置与传承

　　《甲寅》月刊和《新青年》不但在"发刊宗旨"上,思想脉络贯
通,在刊物版面设计上,两刊物都有着惊人的相似之处,刊物栏目
开头也都是"政论"、"社会问题"与"评论之评论"、"时评"与"国
内外大事"、"论坛"或"读者论坛"、"通信"、"文艺作品"等栏。
而且更主要的是《新青年》和《甲寅》月刊一样,都设置了"通信"
栏。在《甲寅》月刊第一卷第 1 期的《本志宣告》中提到"通信"栏
目的设置:"本志既为公共舆论机关,通讯一门,最所置重,务使全
国之意见,皆得如其量以发表之,其文或指陈一事,或阐发一理,
或于政治学术,有所怀疑。不以同人为不肖,交相质证,俱一律款
待,尽先登录。若夫问题过大,持理过精,非同人之力所及,同人
当设法代请于东西洋学者,以解答之。"①态度诚恳,语言朴实,体
现作为公共舆论机关平等自由的开放姿态。同样,《青年杂志》
在第一卷第 1 号《社告》中的第五项也有关于"通信"栏目设置的
说明:"本志特辟通信一门,以为质析疑难发舒意见之用。凡青年
诸君对于物情学理,有所怀疑,或有所阐发,皆可直缄惠示。本志
当尽其所知,用以奉答。庶可启发心思,增益神志。"②

　　章士钊和陈独秀都有着办刊物的诸多经验,章士钊从《苏

---

① 《甲寅》月刊第一卷第 1 期,1914 年 5 月 10 日。
② 《青年杂志》第一卷第 1 号,1915 年 9 月 15 日。

报》、《国民日日报》、《民立报》、《独立周报》到《甲寅》月刊等,陈独秀从《安徽俗话报》、《国民日日报》到《甲寅》月刊、《新青年》等,最重要的是两人曾共事过《国民日日报》和《甲寅》月刊,曾经共同的志向和愿望使两人走到一起。无论在《甲寅》月刊还是在《新青年》的"通信"栏目中,成就了诸多人,或者说不少人最初是以读者的身份在各自的"通信"栏上发表文章,然后编者答复,因此而成名。但在"通信"栏目的设置上,《新青年》确实承继着《甲寅》月刊。原因是"通信"这个栏目在中国近代报刊史上是由章士钊开创的,这方面却很少有人论述。"先生主持《民立报》、《独立周报》时期,就设置'投稿'一栏,专门刊载读者来信。后来,在主办《甲寅》月刊时期,他有感于国人'好同恶异'的习惯甚深,特意在刊物中设立了'通信'一栏,以发表读者来信、社外来稿和不同意见的文章,并有主编亲自作复,对来函来文表明自己的观点,加以评说。"①章士钊留学英国期间,非常推崇英国以政论为主的综合杂志《旁观者》(《The Spectator》)。②这个杂志是由英国著名作家艾狄生所主编,他自然也是该杂志的主要撰稿人。《旁观者》议论题材极为广泛,艾狄生的政论文章涉及到科学、文艺、社会风尚等,其中包括礼仪风俗、历史掌故、文学艺术、奇闻轶事等多方面内容,艾狄生的风格足以代表杂志的风格,章士钊极为欣赏艾狄生的"亲切而不鄙俚,典雅而不炫耀"③的风格。《甲寅》月刊也以政论为主,同时也有诗歌、散文、小说及翻译小说,以及许多的读者来信等等。章士钊留学英国,他的办报风格,应该说是

---

① 刘桂生:《章士钊与〈甲寅〉月刊和〈新青年〉》,《百年潮》,2000 年第 10 期,第 79 页。

② 章士钊译为《司佩铁特》。

③ 王佐良:《英国散文的流变》,北京:商务印书馆,1994 年版,第 59 页。

与西方大报的影响分不开的。

章士钊在《甲寅》月刊上设置了"通信"一栏,与一般的刊发读者来信不同。这里"通信"栏每期都有,可见其重要。而且对来信、来稿,杂志编者每期必答,实际上基本由主编章士钊作答。这种做法就是仿效英国《旁观者》杂志的办刊风格,这在当时或之前的报刊所没有,所以说章士钊在《甲寅》月刊设置"通信"栏目的这种做法是具有开创性的。这样看来,《新青年》设置的"通信"栏,无论从形式还是到许多编辑方法方面,可以说都是沿袭了《甲寅》月刊的编辑方法,实际上也就是陈独秀沿袭了章士钊,并且这一沿袭对新文化运动的形成和发展产生了重大影响。这样,无论对于我们梳理《甲寅》月刊对《新青年》的影响方面,还是从另一方面认识章士钊与新文学运动的关系,以及全面深入地了解新文化运动的形成,都是非常有意义的。

二、两刊物"通信"栏的活跃与对创刊宗旨的实践

从两刊物对"通信"栏目的说明,能从中看到刊物对创刊宗旨的实践情况。《甲寅》月刊一直坚守着第 1 期上《本志宣告》中对"通信"栏的说明。在第 3、4 期上登载的《特别社告》中,对"通信"栏的说明是由于稿件过多,不能尽数按期登载:"迄承读者诸君辱寄通信论坛诸件,美不胜收,感荷之余,益深奋勉,其中或有一二碍难登录,然佳作本期未能尽载,请俟后期,谅之为幸。"①可见此时读者信件非常多,刊物已经收到了编读强烈互动的效果,甚至达到在一期上已经登载不了的盛况,只能排到下一期。在第5、6 期上登载的《特别社告》中,仍然是读者来信供过于求:"迄承读者诸君辱寄通信论坛诸件,美不胜收,感荷之余,益深奋勉,其

---

① 《甲寅》月刊第一卷第 3 期,1914 年 7 月 10 日。

中或有一二碍难登录,然鸿篇佳作,本期未能尽载者,必于后期登出,延迟有故,尚乞谅之。"①并对所写文章未能及时登载的作者致以歉意,由此可见,《甲寅》月刊的"通信"部分越办越红火,吸引了众多关心国家命运、探讨国家政治体制的知识者。第7、8、9期关于"通信"的说明与第1、2期相同,这大概是因为由亚东图书馆印刷,就不必占太大的篇幅,前面第5期已经说明,就不需要再重复。第10期关于"通信"的说明则与第5、6期相同。此外,《甲寅》月刊从第3期上增设了"论坛"一栏,也都不局限于编者或读者的稿件,但没有记者答复或回信。除了第5期外,3期以后每期都有这个栏目,并且每期都登载二至四篇文章。《青年杂志》新增的"读者论坛"不能不说是对此栏目的借鉴和承继。

关于《甲寅》月刊的"通信"栏(有时称为"通讯"栏),在各期的分布情况以及所登载文章的作者和题目进行梳理。第1期称为"通信",共有8篇。分别是:周悟民的《政与学》,郑逸的《世界大势与中国》,李葵的《宪法会议》,吴敬恒的《人心》,曹工丞的《人民与政府》,吴宗毅的《逻辑》,CWM的《民约》,桂念祖的《佛法》。第2期"通信",共有8篇。有李北村的《政本》,周悟民的《人治与法制》,陈遽的《政治与历史》,刘陔的《新闻记者与道德》,CC生的《生机》,吴市的《逻辑》,曹工丞的《通信道德》,黄枯桐的《佛法》。第3期称为"通讯",共有16篇。有何亚心(实际上是储亚心)的《平政院》,詹瘦盦《复旧一》,韩伯思的《复旧二》,朱芰裳《新约法一》,顾一得的《新约法二》,郁嶷的《人口》,张尔田《孔教一、二、三、四》,梁士贤的《孔教五》,陈敏望的《宗教与事业》,李大钊的《物价与货币购买力》,高吾寒《民国之祢衡

<hr>

① 《甲寅》月刊第一卷第5期,1915年5月10日。

一》,高一涵的《民国之祢衡二》,周锐锋的《译书》。第 4 期"通信",共有 14 篇。有孙毓坦的《救国本问》,GPK 的《政本》,罗侯的《内阁制》,张企贤的《总统制与解散权》,戴承志的《出廷状》,张尔田的《民意》,陈乐的《强暴》,王渭西的《米专卖》,刘陜的《社会》,高一涵的《宗教问题》,梁天柱的《孔教》,孙叔谦的《国学》,蓉挺公的《译名》,李寅恭的《白种人之救国热》。第 5 期称为"通讯",共有 9 篇。有韩伯思的《政本》,WKY 的《调和》,朱存粹的《功利》,陈涛的《自觉》,伍子余的《新春秋》,高一涵的《章太炎自性及与学术人心之关系》,张溥的《欧战之影响一、二》,张农的《某氏挽救危局之实际办法》。第 6 期称为"通讯",共有 11 篇。有刘陜的《救贫》,徐天授的《救国之谈》,储亚心《经验一》,张企贤的《经验二》,戴承志的《美总统与康格雷》,张溥的《欧战之影响》,陈蓬的《学一》,陶履恭的《学二》,张振民的《译名》,陈萝的《逻辑一》,徐衡的《逻辑二》。第 7 期称为"通讯",共有 6 篇。有储亚心的《联邦论》,周锐锋的《波哀柯特》,伍子余的《言之者无罪》,谭仁的《武昌之犬》,容孙的《国耻》,李垣的《自治与教育》。第 8 期称为"通讯",共有 9 篇。有蒋智由的《穷居其一、其二》,CZY 生的《国之大忧》,张溥的《中日交涉谈》,李大钊的《厌世心与自觉心》,梁漱溟的《儒术》,吴醒侬的《甲寅何为而作也》,易坤的《涓蜀梁》,刘夷的《七巧板》。第 9 期称为"通讯",共有 8 篇。有伍子余的《息党争》,何震生的《对于筹安会之意见其一》,梁鲲的《对于筹安会之意见其二》,周锐锋的《对于筹安会之意见其三》,CMS 的《对于筹安会之意见其四》,王燧石的《契约》,张效敏的《邦与地方团体》,胡知劲的《不逮犬马》。第 10 期称为"通讯",共有 13 篇。有黄远庸的《释言·其一》、《释言·其二》,张继良的《改造乎因循乎》,燮定的《决心与实力》,鲁相(鲁尚)的

《责任心》,黄懋民的《国家与我》,陈杰的《共和》,王燧石的《呼者》,王九龄的《宗教》,梁漱溟的《佛理》,胡适的《非留学》,韩伯思的《贾充》,王涅的《东祸》。为了论述方便,本文已经将此栏目一律称为"通信"。《甲寅》月刊10期中,共有读者来信102篇,记者或编者复信36篇。如果不是杂志被封,还会有更多的读者来信,从下表的来信和回信数量中就可见每期的"通信"栏的活跃情况:

刊号	1	2	3	4	5	6	7	8	9	10
来信量	8	8	16	14	9	11	6	9	8	13
回信量	3	6	5	7	1	1	2	5	2	4

来信的内容指涉多方面,多领域。主要有几大方面:政治问题。如:《政与学》、《政治与历史》、《人民与政府》、《内阁制》、《平政院》、《共和》、《联邦论》等;时事(包括外交、时弊等)问题。如:《世界大势与中国》、《欧战之影响》、《对于筹安会之意见》、《息党争》、《中日交涉谈》、《非留学》、《复旧》、《国耻》、《武昌之犬》、《不逮犬马》等;宪法与法律问题。如:《宪法》、《人治与法制》、《新约法》、《出廷状》等;社会问题。如:《物价与购买力》、《社会》、《人口》、《米专卖》、《功利》、《国家与我》等;民心与爱国问题。如:《人心》、《生机》、《自觉》、《厌世心与自觉心》、《责任心》、《波哀柯特》、《自治与教育》、《言之者无罪》、《救国本问》、《民意》、《白种人之救国热》等;宗教问题。如:《佛法》、《宗教与事业》(含致留东同学书)、《宗教问题》、《宗教》、《佛理》等;孔教问题。如:《孔教》、《儒术》等;翻译问题。如:《译书》、《译名》等;道德问题。如:《通信道德》、《新闻记者与道德》等;学术问

题。如:《逻辑》、《政与学》、《人口》(含人口过庶问题之研究)、《章太炎自性及与学术人心之关系》、《国学》等;还有一些其他问题,有的一封信中也包含多方面的内容。不论何种内容的信件,多数都体现了作者对袁氏专制的反对且感国事无望的伤感之情。

《新青年》"通信"栏目的设置也和《甲寅》月刊一样,利用这种更贴近读者的方式与读者沟通,在解答疑难和深入讨论的过程中进一步加深读者尤其是青年对杂志各项主张的理解和接受。在创刊号的《社告》中,关于"通信"一栏,陈独秀明确宣布:"本志特辟通信一门,以为质析疑难发舒意见之用。凡青年诸君对于物情学理,有所怀疑,或有所阐发,皆可直缄惠示。本志当尽其所知,用以奉答。庶可启发心思,增益神志。"①第二卷第 1 号刊出的《通告二》称:"本志自第二卷第一号起,新辟'读者论坛'一栏,容纳社外文字,不问其"主张""体裁"是否与本志相合,但其所论确有研究之价值者,即皆一体登载,以便读者诸君只有发表意见。"②这则《通告二》连刊六次,可见此栏目与"通信"栏目相似,不论体裁一律登载,广开言路,允许读者发表意见,成为公共舆论机关。《新青年》与《甲寅》月刊的"通信"栏略有不同之处,就是把读者对象设定为青年人。《新青年》与《甲寅》月刊一样,"通信"栏最初也是读者提问,编辑答疑,真正体现了"启发心思,增益神志"的工作。同时读者也并不满足于此,逐渐呈现了主体性,对一些比较重要的问题开始表明自己的观点。《新青年》二卷 1号"读者论坛"栏目的开辟,让读者可以发表自己的意见。陈独秀等人想尽一切办法,动用一切编辑技巧,目的是想把读者的注

① 《青年杂志》第一卷第 1 号,1915 年 9 月 15 日。
② 《新青年》第二卷第 1 号,1916 年 9 月 1 日。

意力都吸引到本杂志上来。如果说杂志第一卷"通信"栏还比较冷清的话,那么,第二卷经过改版后,随着杂志的名声鹊起,"通信"栏开始活跃起来,来信增多,并且通信的内容也更加丰富和深入。到了五六卷时,信件太多开始积压,在第六卷第2号钱玄同致周时敏的信中说:"半年以来,新青年社中收到的通信非常之多,致将足下此信积压了许久(按:半年),到现在方才登出,抱歉得很。"①越是争论激烈,越是引人注目,就会产生越来越大的影响,特别是关于思想革命和文学革命的讨论,在知识界的影响逐步扩大,"通信"栏目的活跃在很大程度上成为《新青年》反对旧文化,倡导新文化的核心内容。杂志同人之间的"通信",对于相关的问题也展开讨论,从中呈现各自的思想和主张。这样一来,《新青年》就会吸引众多青年关注,形成良好的编读互动和舆论互动,辐射性地多层面地传播自己的宗旨和观点。

《新青年》在六卷5号中,登载了《〈新青年〉自一卷至五卷再版预约》广告,可谓是为自己量身订做的广告:"本志出版,前后五年,已经印行三十三号。提倡新文学,鼓吹新思想,通前到后,一丝不懈,可算近来极有精采的杂志。识见高超的人,都承认本志有改造思想的能力,是中国最有价值的出版物。于是买的一天多一天。从前各号,大半卖缺,要求再版的,或亲来,或通信,每天总有几起。因此,敝社发行前五卷再版的预约券。"②这里体现了杂志发行的盛况和影响,谈到有人通过信件要求杂志再版。接着在七卷1号中登载了《〈新青年〉第一、二、三、四、五卷合装本全五册再版》的广告,谈到"通信"栏:"《新青年》开手就注重'通

① 钱玄同:《新青年》第六卷第2号,"通信",1919年2月15日。
② 《新青年》第六卷第5号,1919年5月。

信'一栏,因为通信可以随便发表意见。所以那通信栏里真有许多好材料现在也还是不能不看的。"①杂志应读者的要求,确实再版发行,可见"通信"的作用非同一般。在第一卷至第三卷中的"通信"栏中,读者的来信没有标题,从四卷 1 号,"通信"栏开始设立文章标题。除一卷 5 号,六卷 5 号,七卷 1、2、4 号,八卷 4、5、6 号,九卷 1 号共有 9 号未设"通信"栏目外,其余各号都有,共计来往信件 371 封(包括复信)。这些来往信件涉及到《新青年》所有主张的方方面面,大到对白话问题、国语文学问题、孔教评价问题、对待传统态度问题的讨论等,小到英文 SHE 的翻译,还有青年应该读哪些书,到哪所学校学习等日常学习生活之类。《新青年》"通信"栏信件中有的针对前一号或本号的主要问题,有的本身也形成了一个前后相继的体系。有的信件是在一封信里谈论了很多问题,有的是主要谈论一个问题时对其他问题也提及。归纳起来大致有以下几个方面:

孔教和旧道德问题。包括:2 卷 4 号陈独秀信;2 卷 5 号吴虞和陈独秀对答信件(以下简称"对答");2 卷 6 号常乃德和陈独秀对答;3 卷 1 号蔡元培和陈独秀对答、傅桂馨与陈独秀对答、淮山逸民致记者信及俞颂华和陈独秀的对答,均认为不应对孔教全盘否定,孔教毕竟还是有许多可取之处;3 卷 2 号常乃德和陈独秀来往信件继续讨论,此次讨论重在对孔教中弊端该如何具体操作;3 卷 2 号 L. T. M 先生和记者对答,记者认为"新道德为真道德";3 卷 3 号刘兢夫和陈独秀的对答,认为废孔教意义重大;3 卷 3 号俞颂华和陈独秀对答;3 卷 3 号毛义和陈独秀对答,李杰和陈独秀对答;3 卷 4 号钱玄同和陈独秀对答;3 卷 5 号一读者信,仍

---

① 《新青年》第七卷第 1 号,1919 年 12 月 1 日。

认为"欲救中国必行孔教"。同期记者一信,再次重申《新青年》对待孔教的态度;3 卷 5 号吴虞和陈独秀对答;4 卷 4 号同致陈独秀名为《中国今后之文学问题》的信以及陈独秀、胡适的回信;5 卷 6 号张寿朋的题为《文学改良与礼教》的信和周作人、刘叔雅、陈独秀回信;6 卷 2 号 S. F. 和钱玄同的对答等等。

　　文学改革问题。包括:2 卷 2 号胡适致陈独秀的信,此信可以算是新文学的重要信件,胡适提出文章八事的主张,得到陈独秀的回信赞扬;2 卷 4 号常乃德信;2 卷 6 号常乃德和陈独秀对答;2 卷 6 号陈开崖和陈独秀对答;2 卷 6 号钱玄同和陈独秀对答,钱是声韵训诂学的专家,他对文学改革的赞同是陈独秀非常赞赏的;3 卷 1 号钱玄同再次致信陈独秀具体阐述自己对胡适《文学改良刍议》的看法,陈独秀回信则重申文学改革的重要意义;3 卷 2 号曾毅和陈独秀对答,主要论述"文以载道"和"言之有物"的关系;3 卷 2 号李涟镗致胡适信,对"文章八事"提出一些不同意见;3 卷 3 号胡适和陈独秀对答,胡适还表示要进行白话诗的具体创作;3 卷 3 号张护兰和陈独秀对答;3 卷 4 号胡适和陈独秀对答;3 卷 5 号钱玄同和陈独秀对答,钱系统阐述自己对文学改良的具体实施办法;4 卷 3 号俞慧殊和钱玄同对答;4 卷 4 号钱玄同致陈独秀名为《中国今后之文学问题》的信,陈独秀、胡适的回信;4 卷 5 号盛兆熊和胡适对答,主要讨论文学改革的进行顺序;4 卷 6 号南丰美与陈、钱对答;5 卷 2 号朱经自致胡适题为《新文学问题之讨论》的信以及胡的回信、任鸿隽致胡适《新文学问题之讨论》的信,胡、钱回信,及朱我农致胡适的信,题为《革新文学及改良文学》,胡、钱的回信;5 卷 3 号胡适《附答黄觉僧君折衷的文学革新论》;5 卷 5 号张月镰和钱玄同来往信件;6 卷 2 号周枯和钱玄同对答,彝铭氏和钱玄同对答;6 卷 3 号张耘致胡适信;

6 卷 6 号潘公展和钱玄同对答等等。

国语和白话问题。包括:2 卷 1 号沈慎乃信和记者的回信;3 卷 6 号钱玄同和陈独秀对答,钱提出应用白话进行创作以及应使用标点符号,行文印刷时应横排等。同一号钱又致信胡适论述文言不合的坏处,并评价胡适的白话诗歌并没有完全脱离文言的"窠臼";4 卷 1 号胡适和钱玄同的对答信件,胡认为钱对自己白话诗创作的批评有道理;4 卷 2 号沈兼士和钱玄同对答;4 卷 2 号李锡余和钱玄同对答;同一号中钱玄同再次致信主张使用标点符号的问题;4 卷 3 号吴稚晖和钱玄同对答,讨论国语采用何种语音问题;4 卷 4 号林玉堂和钱玄同对答;4 卷 6 号张厚载和陈、胡、钱、刘关于中国旧戏的讨论,此外也涉及白话改革和创作问题;5 卷 3 号慕楼《论句读符号》信和胡适答复;5 卷 6 号朱塆和陈独秀对答,刘半农致 Y. Z. 君信;6 卷 1 号陈望道和钱玄同对答,查钊忠和钱玄同对答;6 卷 1 号黄介石和陈独秀对答;6 卷 2 号钱玄同和周作人对答;6 卷 3 号俞平伯与胡适对答;6 卷 6 号陈懋治和胡适、钱玄同对答,郭惜和钱玄同对答,钱玄同和陈大齐对答等等。

世界语问题。包括:2 卷 3 号、2 卷 5 号 T. M. Cheng 和记者的对答;3 卷 3 号叶新民信;3 卷 4 号钱玄同和陈独秀对答;3 卷 6 号陶履恭和陈独秀对答。陶认为世界语具体实施困难太多;4 卷 2 号钱玄同致陶履恭信;4 卷 4 号孙国璋的信和钱玄同、陶履恭、胡适回信;5 卷 2 号区声、陶履恭、钱玄同、陈独秀、孙璋、刘半农、胡适之间的讨论;5 卷 4 号朱有和胡适的对答以及钱玄同致胡适的信;5 卷 5 号唐俟致钱玄同、钱玄同致元期,同号张效敏致钱玄同信以及吴敬恒、钱玄同、胡适回信,姚寄人和钱玄同对答、胡天月和钱玄同对答;6 卷 1 号去声白和钱玄同对答;6 卷 2 号周祜和钱玄同对答,凌霜和钱玄同对答等等。

青年的前途婚姻等问题。包括:2 卷 3 号莫芙卿和陈独秀对答;2 卷 5 号孔昭铭和陈独秀对答;3 卷 1 号莫芙卿信;4 卷 1 号刘延陵和陈独秀对答,刘延陵倡导自由恋爱同时应反对"极端之自由";5 卷 1 号邓萃英和钱玄同对答;6 卷 1 号王禽雪和陈独秀对答等等。

女子问题。包括:2 卷 5 号晔信;7 卷 3 号明慧和陈独秀对答;8 卷 1 号费哲民和陈独秀对答等等。因《新青年》中有"女子问题"专栏,"通信"栏里讨论的就比较少些。

总之,"通信"栏是《甲寅》月刊和《新青年》中最长久的栏目之一,对这个栏目的考察非常重要。同时,《新青年》也印证着五四时期人们思想的发展变化:"这(《新青年》),仿佛可以算得(中国近五年的思想变迁史)了。不独社员的思想变迁还在这里面表现,就是外边人的思想变迁也有一大部分在这里面表现。要研究以后的思想会如何变迁去,就不可不知道现在的思想是如何变迁来的!"①事实证明,《新青年》确实具有思想变迁史的意义。那么,通过对两刊物"通信"栏的梳理和考察,笔者认为《甲寅》月刊则更有了思想前后传承的意义,也是对民初到五四思想变迁的考察,这样,既便于理清《新青年》与《甲寅》月刊的传承关系,也使人充分认识和感受两刊物的"通信"栏目活生生色彩和历史的现实感受,这是"通信"栏所独有的。

三、两刊物"通信"栏的功用发挥,影响非凡

《甲寅》月刊和《新青年》对"通信"栏的设置,不仅持续的时间最长,讨论的问题丰富驳杂,而且受读者欢迎的程度也都非常

---

① 《〈新青年〉第一、二、三、四、五卷合装本全五册再版》,《新青年》第七卷第 1 号,1919 年 12 月 1 日。

高，前面已经阐述，两刊物基本上都出现了信件积压的情况。同时，此栏目的展开，对于开启讨论风气、增强兴致、抒发怀抱、互相策励、互为质证解疑等方面，是一个很好的举措。事实证明，"通信"栏目的开设，很好地完成了这方面的任务。众多读者来信好评，虽然时有夸大，但从中可以看出当时两刊物"通信"栏所辐射的影响度。

《甲寅》月刊的"通信"栏目一经问世，就受到了各方面的广泛关注与极高的赞誉。第一卷第1期上就有读者关于杂志出版来信赞赏、好评，第一封："顷接友人缄，并贵志介绍书""至置重通讯一门，固为博采旁搜集思广益起见，然质证疑难，妙有折衷，则读者之兴味顿增，于国人政治学术上思考力之策进，尤赖有此。贵志之用心良苦矣。""贵志惨淡经营，必皆详博精深之作，有以针导不学而制之国人，而通讯一门，更可征集异闻，合吾国之究心政治学术而无力自为一杂志者，得以略抒其怀抱，其他好学深思之士，又可启发屯蒙，有大叩大鸣小叩小鸣之乐。今后中国政治学术之大放曙光，殆将于此期之乎？"①第二封："记者足下，有友来告，贵志将出世，仆不胜喜，读简章，知有通讯一门，仆颇思奋笔而有所言。"②第三封："读上海时报，见诸君有新志之作。踵独立周报，而以健全稳练之作，知道社会，甚盛甚盛。自大记者主持民立报以来，仆即见其对于通信一门，颇为注意，意在步武欧美诸大周刊日报诸报，以范成舆论之中心，然国人研究讨论之心，不甚发达，虽亦有应者，而究属寂寥，是诚可惜。……论风之开，仆将是

---

① 周悟民：《政与学》，《甲寅》月刊第一卷第1期，1914年5月10日。
② 郑逸：《世界大势与中国》，《甲寅》月刊第一卷第1期，1914年5月10日。

卜之。"①此外，还有国外留学生致信《甲寅》月刊："记者足下，第二期大已到。此间同学争读之，咸以为精言壮论，得未曾有也，甚盛甚盛。"②从第三封读者来信中，看出《甲寅》月刊在出版之前，曾经在《上海时报》上登过出版预告，并且读者对章士钊非常了解和崇敬，知道此杂志是继《独立周报》之后的健全稳练之作。此位读者已经认识到章士钊开设"通信"一栏，是借鉴或效仿欧美诸报的风格，在国内开风气之先，定会调动起国人的讨论之风，成为国人探讨各方面事情的公共话语空间。

在《甲寅》月刊的"通信"栏中最为引人注目的文章，也最不符合刊物宗旨的信件，因为它不是以赞颂、谦逊求教的语气出现的，那就是陈独秀以笔名"CC生"发表的《生机》，在当时的文坛上可谓一石激起千层浪。

记者足下：得手书，知暂缓欧洲之行，从事月刊，此举亦大佳。但不识能否持久耳。国政剧变，视去年今日，不啻相隔五六世纪。政治教育之名词，几耳无闻而目无见。仆本拟闭户读书，以编辑为生，近日书业，销路不及去年十分之一，故已搁笔，静待饿死而已。杂志销行，亦复不佳。人无读书兴趣，且复多所顾忌，故某杂志已有停刊之象。《甲寅杂志》之命运，不知将来何如也？……自国会解散以来，百政俱废，失业者盈天下。又复繁刑苛税，惠及农商。此时全国人民，除官吏、兵匪、侦探之外，无不重足而立，生机断绝，不独党人为然也。国人唯一之希望，外人之分割耳。……仆急欲习世界语，为后日谋生之计。足下能为觅以良教科书否？东京当不乏此种书，用英文解释者益好也。CC生白③

---

① 李葆：《宪法会议》，《甲寅》月刊第一卷第1期，1914年5月10日。
② 李寅恭：《白种人之救国热》，《甲寅》月刊第一卷第4期，1914年11月10日。
③ 陈独秀：《生机》，《甲寅》月刊第一卷第2期，"通信"栏，1914年6月10日。

从信中可以得知,陈独秀此时还没有到日本,但这却是他于二次革命失败后对国事失望以致于绝望,又进行反思后而得出的结论。社会极度黑暗和混乱,国势凋敝,还不如让外人分割,早一点有秩序,经济上有起色,免却民不聊生的状况。虽然他的信让人读了感觉不怎么舒服,有些气话,但却道出了国内的现实情形。章士钊在此信后面附了按语,算是复信,体现了章士钊很推崇这封信的态度:

捧书太息!此足下之私函,本不应公诸读者,然以了了数语,实足写尽今日社会状态。愚执笔终日,竟不能为是言。足下无意言之,故愚宁负不守秘密之罪,而妄以示吾读者。呜呼!使今有贾生而能哭,郑侠而能绘,不审所作较足下为何如?然曰:国人唯一希望在外人之分割,又何言之急激一至于斯也?至甲寅杂志,当与国运同其长短,已身无所谓运命也。有友鲁莽不文,贻愚书曰:"趁国未亡,尔有甚么说,尽管说出来。免得国亡,尔有一肚皮话未说,要又气闷。"如此君言,则国亡时,甲寅杂志将不作矣。换位而言,甲寅杂志不作或有他力使甲寅杂志不能更作,亦必国亡时矣。折東邀愁人,相逢只说愁。以语足下,其信然否?记者①

章士钊与陈独秀有着一样的忧国忧民之心,并说《甲寅》月刊与国运同长短,不考虑自身的命运如何。另外,他不赞成陈独秀那句"国人唯一之希望,外人之分割耳"的愤激之语,认为太过于急激。"折東邀愁人,相逢只说愁",就在写了这封信之后不久,陈独秀到了东京,在《甲寅》月刊第4期上,又以署名"独秀"发表了《爱国心与自觉心》的特异文章,惊世骇俗,引起其他读者

---

① 章士钊:《生机》附言,《甲寅》月刊第一卷第2期,"通信"栏,1914年6月10日。

抗议,然而却能看出陈独秀的前瞻性眼光和正确的举措,这大概也是他得以日后有许多人跟随他并为《新青年》撰稿的魅力之所在。

《青年杂志》第一卷第 1 号中有陈独秀答王庸工的信,声称"改造青年之思想,辅导青年之修养,为本志之天职。"在这样的宗旨指导下,《新青年》刊载了不少为青年读者介绍欧西文化常识及英文辅导之类的文章。由此可见,"通信"栏并不是孤立地存在的,是与其他栏目共同发挥其作用,实现刊物的办刊宗旨的。"'通信'作为一种'思想草稿',既允许提出不太成熟的见解,也可提前引爆潜在的炸弹。除此之外,'通信'还具有穿针引线的作用,将不同栏目、不同文体、不同话题纠合在一起,很好地组织或调配。在某种意义上,《新青年》不是由开篇的'专论'定调子,反而是由末尾的'通信'掌舵。如此琐碎的文章,竟然发挥如此巨大的作用,实在是个奇迹。"①曾经因在《新青年》的"通信"栏里与陈独秀辩论是否应该全盘否定孔孟学说问题而名声大振的常乃德,在 1928 年写下的《中国思想小史》一书中,回顾了陈独秀创办《青年杂志》,以及开设的"《甲寅》式的'通信'"栏,并分析了《青年杂志》出版不久就引起了时人的注意的原因,他当时虽然因讨论孔教问题与陈独秀是站在对立面的,但他在 20 年代末所说的话却在客观上说明了许多问题,同时也肯定了陈独秀和《新青年》所应有的贡献:

　　章士钊的朋友陈独秀归国在上海办了一个杂志名叫《新青年》。最初出版也不过是做些勉励青年的普通文章,并没有什么

---

① 陈平原:《思想史视野中的文学》(下),《中国现代文学研究丛刊》,2003 年第 1 期,第 126 页。

特色,不过因为《新青年》做文章的人有一多半都是《甲寅》上做过文章的人,《甲寅》式的通信又早已引起青年自由讨论的兴趣,因此《新青年》出版未久就得了人的注意。那时候正是国会里为宪法中定孔教为国教的问题闹得厥声沸天的时候,陈独秀抓住了这个题目,在《新青年》上大肆攻击,根本反对孔、孟的学说,认为是专制的护符。孔学在维新以后本已失去了旧日独尊的地位,不过像陈独秀这样明目张胆彻底加以攻击的,却是二千年来所仅见。他的主张虽然引起一时的反对,和他讨论这个问题人也很多,但毕竟因为他的态度勇敢之故,在当时思想界上印下一个极深的印象。单是反对孔教,《新青年》在思想史上还占不了像后来那样高的位置,因为孔教的权威早已丧失,诚心尊重孔学的人已经很少,孔教会派那种荒谬复古的举动,稍有常识者都不肯赞同的,因此陈独秀的反对孔教,只算是打死老虎,没有什么多大的新奇,到胡适的改革文学的主张发表以后,才算另外有了一种更大的新贡献。①

当时为北京高等师范预科生的常乃德在《新青年》的"通信"栏中,开始是关于文学改革问题致信陈独秀。在 1916 年到 1917 年间,不满二十岁的常乃德,就和当时已经成为北京大学文科学长的大名鼎鼎的教授陈独秀发生过一场辩论。年轻的常乃德对于传统文化所持的温和思想,与中年的陈独秀对于传统文化的激烈态度,恰好相映成趣,倒好像他是中年,而陈独秀是青年一样。

从《新青年》的很多信件中可以看出"通信"栏实现了讨论、争论、质疑、探寻等功用的价值。在读者来信中也有很多外部人

---

① 常乃德:《中国思想小史》,葛兆光导读,上海:上海古籍出版社,2005 年 8 月版,第 137 页。

的赞扬和内部人的互相鼓励。如:舒新城"贵志不啻为吾国青年界之晨钟"①程师葛"造福青年"②这样赞扬的言论比比皆是,甚至也有来自于编辑部内部的赞誉。

《青年杂志》一卷 4 号登载一位叫张永言的读者的信,信中对《青年杂志》开设"通信"一栏表示赞赏:"顷由乡里来沪,购得贵杂志三册,展诵之余,无任钦佩。内有通信一门,尤足使仆心动。因仆对于耳目所接触之事物,每多怀疑莫决。师友中亦间有不能答其质问者,今贵杂志居然设此一门,可谓投合人心应时之务。"③第二卷第 4 号,落款为"山东省立第一中学校学生王统照白"。他在信的末尾说:"然统照不敏,窃愿贵志于报余附白,多提倡青年读书之利益,及读书之方法,或介绍东西名人读书之实验与其规程,以期促进青年之好学心,读书性。庶无不小补欤?"④第二卷第 5 号署名为"爱读者褚葆衡"的信中说:"屡读大志,钦佩无似,际兹公理销沉邪说横行之时,贵报乃能独排众议,力挽狂澜,诚足称空谷之足音,暗室之灯光也。"⑤在《新青年》的前几卷中,就有六七封读者来信,谈到《青年杂志》的创刊,是相当于《甲寅》月刊"再世"。由读者的来信也印证出了《甲寅》月刊与《新青年》方方面面的相互传承关系,以下例举三个明显例子来说明。

第一封信:《新青年》第二卷第 1 号登载着一封署名为"贵阳爱读贵志之一青年"的信。信中陈述,自从《甲寅》遭到政府禁止

---

① 《新青年》第二卷第 1 号,"通信"栏,1916 年 9 月 1 日。
② 《新青年》第二卷第 1 号,"通信"栏,1916 年 9 月 1 日。
③ 《青年杂志》第一卷第 4 号,1915 年 12 月 15 日。
④ 《新青年》第二卷第 4 号,"通信"栏,1916 年 12 月 1 日。
⑤ 《新青年》第二卷第 5 号,1917 年 1 月 1 日。

后,在"近年来各种杂志,非全为政府之机关,即纯系党人之喉舌,皆假名舆论以各遂其私,求其有益于吾辈青年者,该不多见。唯《甲寅》多输入政法之常识,阐明正确之学理,青年辈受惠匪细。然近以国体问题,竟被查禁。而一般爱读该志者之脑海中,殆为饷源中绝(边远省分之人久未读该杂志矣),饥饿特甚,良可惜也。今幸大志出版,而前之爱读《甲寅》者,忽有久旱甘霖之快感,谓大志实代《甲寅》而作也。"①

第二封信:《新青年》第三卷第 3 号登载了一封署名为"安徽省立第三中学校学生余元濬"的读者来信。信中写到:"独秀先生足下:前秋桐先生之《甲寅》出版,仆尝购而读之,奉为圭臬,以为中华民国之言论界中首当为屈一指,不谓仅出十册,……仆当时为不欢者累月。然不料继《甲寅》而起者,乃有先生之《新青年》。"②

第三封信:《新青年》第二卷第 6 号登载了署名为"湖北陆军第二预备军官学校叶挺"的来信。信中说:"足下孤意,略见于《甲寅》,渴慕綦岁。呜呼!国之不亡,端在吾人一念之觉悟耳。足下创行《青年》杂志,首以提倡道德为旨,欲障此狂波,拯斯溺世,感甚感甚。……惟道德第一关头,在自身先有觉悟之机,而觉悟又非空言所能为力;若无觉悟之机,虽强聒以忠言善语,求其效十不见一二也。然纵有觉悟之机,不得他人提撕唤醒、力坚其信,亦必旋牵于物欲,而日趋污下",因而,"吾辈青年,坐此沉沉黑狱中,一纸天良,不绝如缕,亟待足下明灯指迷者,当大有人在

---

① 《新青年》第二卷第 1 号,1916 年 9 月 1 日。
② 《新青年》第三卷第 3 号,1917 年 5 月 1 日。

也"。① 信中既反映了他对《甲寅》月刊与《新青年》关系的深刻认识,也反映了他对《新青年》的迫切关注和殷切期望。

前面分析了《新青年》在撰稿人队伍、办刊宗旨、编辑风格和栏目设置等方面都与《甲寅》月刊有着传承和渊源关系,可见,《新青年》不是凭空杜撰出来的,不是无源之水,无本之木,这在当时读者的心目中也都十分清楚。周策纵先生早已注意到了《甲寅》月刊与《新青年》在作者群上一脉相承的地方,认为《新青年》的"许多早期撰稿人,如李大钊、高一涵都曾为前不久停刊的《甲寅》杂志撰写过文章。"②常乃德充分认识到新文化运动前期讨论的许多思想和问题,"都是由《甲寅》引伸其绪而到《新青年》出版以后才发挥光大的,故我们认《甲寅》为新文化运动的鼻祖,并不算过甚之辞。"③总之,章士钊开创了编读互动的"通信"栏,《新青年》的"通信"栏承继了《甲寅》月刊对栏目的设置,并发扬光大。《甲寅》月刊和《新青年》的"通信"栏对读者文章的发表,以记者身份作答的编者,构成了编读互动,实现了栏目的功能,同时也成就了许多人,使得诸如陈独秀、李大钊、高一涵、胡适、吴稚晖、陶履恭、蒋智由、梁漱溟、易白沙、黄远庸、吴虞、刘半农、钱玄同、傅斯年、罗家伦、沈兼士、常乃德、傅桂馨等人,因在"通信"栏上发表文章而成名。这里有在《甲寅》月刊的"通信"栏里发表文章,有在两个刊物中的"通信"栏里发表文章,有在《新青年》的"通信"、"读者论坛"栏目里发表文章,后者多半是北大的学生。两

---

① 《新青年》第二卷第 6 号,1917 年 2 月 1 日。

② 周策纵著,周子平等译,《五四运动:现代中国的思想革命》,江苏人民出版社,1999 年 6 月初版,2005 年 7 月二印,第 46 页。

③ 常乃德:《中国思想小史》,葛兆光导读,上海:上海古籍出版社,2005 年版,第 137 页。

刊物"通信"栏中也有读者来信分别对章士钊和陈独秀的文章给予高度评价,并展示自己的观点,两刊物的"通信"栏,彰显了公共舆论机关的张力和自由度。

第三节 两刊物广告所代表的精英倾向与承继和创新

一、从《甲寅》月刊的广告看其杂志的精英倾向

《甲寅》月刊①从第 1 期到第 10 期都登载了大量的广告,但是所登载的广告不同于同时期其他的刊物,没有刊登那些日常生活中的消费物品如服装、化妆品、烟酒等的宣传广告,而是体现在内容广泛,学术与学理性极强,学习西方,注重翻译,倡导科学,启发民智,开阔视野,爱国警民的特色上。《甲寅》是谈政治的刊物,但又与其他谈政治的刊物不同,"他是有一贯的主张,而且是理想的主张,而且是用严格的理性态度去鼓吹的。这种态度确是当时的一付救时良药。在当时举国人心沉溺于现实问题的时候,举国人心悲观烦闷到无以复加的时候,忽然有人拿出新的理想来号召国民,使人豁然憬悟现实之外尚复别有天地,这就是《甲寅》对于当时的贡献。"②从《甲寅》月刊的注重科学、讲求学理性的广告中也印证了这一点。它为开拓民众阅读视野,增强国民的爱国意识,提高国民自身素质,寻找中国文化的定位等方面,发挥了广告所应起的作用,并且从中亦能看出《甲寅》月刊和《新青年》的承续关系。

---

① 文中引用的广告词皆忠于原文。
② 常乃德:《中国思想小史》,葛兆光导读,上海:上海古籍出版社,2005 年 8 月版,第 136、137 页。

（一）广告内容博大而厚重，学科广泛、学理性强

《甲寅》月刊广告的共同特点是：每期在封面2页都是登载杂志的"本志宣告"、"特别社告"、"……启示"等，封底1页是关于杂志发行情况，封底2页则是广告。由于《甲寅》月刊办刊的特殊性，决定了广告的登载地点和一些内容的变更。从第1期到第4期，杂志在日本由《甲寅》杂志社（日本东京小石川区林町七十番地）编辑、出版及发行，广告在每期杂志内容后面登载，并标有"甲寅（一）、甲寅（二）等"，这4期都是8个标有甲寅第几页的广告。且封底2页的广告是《甲寅》杂志社承揽介绍的广告，都是上海伊文思有限公司关于介绍欧美11家图书公司三千多种图书的广告。所有广告的地点基本上都是上海和日本。

从第5期开始，杂志的出版地移到上海，由亚东图书馆（上海四马路福华里）负责出版发行，但编辑仍由《甲寅》杂志社负责。从第5期开始，广告登载的内容和形式有些变化。形式上分为在封页后的第1页到杂志目录前，以及在杂志内容后面都登载广告，前后加在一起要比前4期多，广告内容上也要比前4期多一些。第10期声明重新由《甲寅》杂志社总发行所（上海江西路五十六号）发行，但广告编排顺序、内容与5—9期几乎没什么大变化。然而封底的广告有些变动，从第5至第7期，封底广告是一样的，都是由群益书社印行的"英文辞典"，包括《英汉双解辞典》、《中学英汉新字典》、《中英会话辞典》、《普通华英新字典》、《新译英汉词典》。第8期封底是关于群益书社出版的"《青年杂志》的出版预告"。第9、10期封底是关于《日本潮》杂志（群益书社出版）的宣传介绍。

广告内容涉及面极广，包括文学、名学、经学、历史、法律、地理、外语、数学、物理、化学、动物学、医学、地学、翻译等学科门类；

教育、政治、经济、军事、外交、科技、财政、农业、工业、商业方面。第8期上还单独发行师范中学"女子用书"各科教科书的广告，说明当时许多地方已经开设女校。此外，还有精刻图章广告等。这些各门各类的广告，涵盖了一切社会生活和科学领域。每一学科又都包含很多相关学科内容，仅伊文思图书有限公司的图书广告就有64种学科、专业及各种语言、工具书、教科书、丛书等，它容纳了欧美西文书籍三千余种，是欧美十一家图书公司之驻中华总经理人。可以说我们现在所拥有的学科门类当时就基本上都已存在和进行应用，而且，每一学科都有详尽的分工。其他广告也是如此，比如：医学方面有医书、牙科、人造自来血、保寿丸等。商业方面书籍有银行论、货币论、商业政策、关税等。法律方面有宪法、民法、商法、刑法、刑事诉讼法、民事诉讼法、国际公法、国际私法、监狱法、行政法、法学通论等。关于数学方面学科分类特别齐全（略）。在第5期上刊登的由上海"科学会"发行的《名学讲义》（连江陈文编），即谈逻辑学的论著，也正与章士钊在《甲寅》月刊中倡导的文体思想是一致的。另外，关于杂志期刊的宣传有：《正谊》、《雅言》（号称中国唯一之大杂志）、《科学》、《日本潮》、《明明编译社》、《夏星大杂志》，还有中华书局出版的《中华教育界》、《中华实业界》、《中国小说界》等，都不同程度不同范围地介绍宣传了中西各种书籍、思想文化、科学理论、时事现状等。不仅具有科学性，又具有开放性，大胆地引进、学习和宣传。

（二）效仿西方、注重翻译、倡导科学、批评时政、启民警民

从以上对《甲寅》月刊的广告内容分析中可以看出，所登载的广告也充分体现了与刊物的自由主义思想相一致的原则。其中，有几个大的图书公司和出版社、杂志社，多数广告都是翻译介绍日本、欧美的科学文化、思想理论等书籍和各小学、中学、大学

的各学科的教科书。广告在启发民智,弘扬爱国主义、民族主义精神,学习西方,注重科学,开阔视野,警醒国民,提升素质,认清时事,条陈时弊等方面,发挥了它应有的广泛传播作用。

《明明编译社》广告中登载了《明明编译社缘起》和《明明编译社章程》(事务所暂设在日本东京牛込区天神町八十八番地),是由黄兴、彭允彝等人创办成立的。其中强调本社以编译图书输入文化为宗旨。在《缘起》中,既分析了中国形势,或勉励世人或批评时政,又充分体现了政治家和学者、爱国者的情怀。"民国肇造。才俊之士。蹈厉奋发。效功政治。然社会事业未发展。日企冀国势之强盛。文化不增。群治不进。徒奢望求备于政府。疲病不振。有由然矣。国运方新。并力建设。斯或事机使然。然一国之聪明才智。竞进于一途。重此或轻彼。倾倚之极。影响及于政治。""今世之才。恒以不接近政权。无可施展。甚者恃服官得禄。为终身之生活。举国成为风气。官多民困。国力颓萎。奔竞贪诈之习。隐中于世道人心。呜呼。此岂朝夕之故哉。夫国家之事业。至繁夥也。位于政府者。尽力于政治。士君子伏而在野。能研精所学。贡献于社会。或介绍有力之学说。及其成法美制。供任事治学者之研求。亦国民天职所有事也。用得其道。既可助长国家之文化。于社会之事业。个人经济。亦两有裨益。心诚求之。"[1]同时"明明编译社"又刊登了关于《英国宪法论》、《中华民律通论》、《政治学指要》等书籍的出版广告,可见涉及学科面之广。

号称中国唯一之大杂志的《雅言》(半月刊,康甯主编),以"条陈时弊昌明文学不徇党私不尚意气为宗旨"。并言"论说以

---

① 《明明编译社》广告〔甲寅(一)〕,《甲寅》月刊第一卷第 3 期第 1 次刊登。

朴实说理不偏不阿引东西学说证以吾国情况下为论断担任者皆
吾国学者靡不精粹绝伦"。① 同时举出七大特色。而《科学》杂志
(月刊,留美学生任鸿隽等主编)中的广告又为研究科学和实业
而救国的人打开了通道:"有志研究科学者,有志讲求实业者,有
志储学救国者,均不可不读。《科学》乃中国科学界唯一之月刊
为留美中国学界热心研究科学者所刊行宗旨纯正眼光远大特色
甚多略举其要:(一)材料新颖包罗宏富每阅一篇兴味洋溢(二)
宗旨抱定输入科学政治空谈概不阑入(三)撰述自出机杼译笔力
求雅洁审定名词惟主一是(四)印刷鲜明图画精细令阅者自生美
术之观感(五)按月出版决不愆期(六)不同营业故取价廉"。②
从广告中可以看出它的办刊宗旨与《甲寅》月刊基本相同。因此
说都是重学理、重信誉、重科学、风格谨严的刊物。

广告中还有表现刊物明确爱国倾向,向国内揭露日本侵华的
险恶用心以警醒国民的代表性刊物《日本潮》(上海棋盘街群益
书社出版发行):"本编内容,读者实益。日本谋我之真相,吾人
警觉之晨钟"。在这几句广告词之外,还分析了中日现实关系情
况及办刊宗旨:"我国与日本,地隔一水,关系最密,自今以后,两
国交涉,必愈趋于纠纷。彼自甲午战后,其在我国之种种设备,种
种调查,日求精详。不遗余力,故每一事起,彼皆预有成算,朗若
列眉,我则茫昧无知,举国失措。此实由吾辈平昔于日本对我事
情漠视太甚绝不研究之故。本社预补斯缺,特印此编,用饷海内。
务使国人可由此纯粹之出版物中,继续考究彼国谋我之情状藉筹
所以防备之法。盖此编乃搜集彼国各种言论事实而成。读之者,

---

① 《雅言》出版广告〔甲寅(二)〕,《甲寅》月刊第一卷第 1 期第 1 次刊登。
② 《科学》杂志广告,《甲寅》月刊第一卷第 8 期第 1 次刊登。

不啻身处彼国谋臣策士之傍。其举措施为,皆可一一得其原委也。"①并且明确地分条提出了解日本借以了解世界局势,以谋国富民强之道。

还有一些介绍军事、兵书和医书、医药的广告。"国家之强弱恃乎军旅之整饬军旅不整何异鞭愚民而卫国家则胜负之数不待智者而后知也。"②不言而喻,这是警醒国民要有强健的体魄,军纪分明,训练有素,并充分地了解和关注医学,中国才能有不再被奴役的希望和可能,才会摘掉"东亚病夫"的头衔。《中华教育界》、《中华实业界》、《中国小说界》则分别以"研究教育促进文化"、"专为振兴吾国实业起见采集各项方法极切实用足以裨益营业增加收入"、"材料丰富文笔雅洁撰译诸君均为近今小说大家每期多采短篇小说以快阅者之目长篇小说按期接登不令间断"③为办刊宗旨和理念。因此说,广告也具有超越现实存在的精神引领作用。

(三)《新青年》对《甲寅》月刊广告风格的承续

关于《甲寅》月刊与《新青年》的关系,不只是编辑和发表文章的人员,从广告中也可以看出人缘关系的作用。单从《甲寅》月刊登载的广告中就可看出群益书社的广告为最多。从第5期开始几乎每期广告中都占有几页篇幅。在这10期杂志的116页(其中第8期有2页是一个广告,第10期中有1页是个人启示,1页是书信。第2期中的甲寅(三)、(四)广告没查到外)的广告中,群益书社的广告共出现34次,可见群益书社与《甲寅》月刊

---

① 《日本潮》广告〔《甲寅》封底〕,《甲寅》月刊第一卷第9期第1次刊登。

② "介绍兵书"广告〔《甲寅》(七)〕,《甲寅》月刊第一卷第1期第1次刊登。

③ "《中华教育界》、《中华实业界》、《中国小说界》"广告〔《甲寅》(一)〕,《甲寅》月刊第一卷第2期第1次刊登。

的关系。这里一方面可以看出亚东图书馆与《甲寅》月刊的关系,在第 2 期就登载了由亚东图书馆出版的 CC 生(即陈独秀)编撰的《中学英文教科书》广告。当然,这也与章士钊、陈独秀为好友有关。另一方面可以看出亚东图书馆与群益书社的更为密切的关系。

在《甲寅》月刊第 8 期封底开始登载关于《新青年》出版预告的广告,到第 9 期在封页后的第 1 页又一次刊登。因《甲寅》月刊第 10 期于民国四年十月十日(1915 年 10 月 10 日)出版,当时《新青年》已于 1915 年 9 月 15 日由上海群益书社出版了,所以第 10 期上没有再登载宣传《新青年》出版预告的广告。《新青年》的广告宣传没有在其他刊物上刊登,而只在《甲寅》月刊中登出,就可说明杂志背后的人际关系非同一般。

《新青年》出版预告的广告词特别有新意,它与一般的杂志宣传不同,而是面向社会青年。广告词是这样写的:“我国青年诸君:欲自知在国人中人格居何等者乎? 欲自知在世界青年中处何地位者乎? 欲自知将来事功学业应遵若何途径者乎? 欲考知所以自策自励知方法者乎? 欲解释平昔疑难而增进其知识者乎? 欲明乎此,皆不可不读本杂志。诸君精神上之良友也。”①从广告词中可看出这本杂志欲引领中国青年走在时代的前面,国家的前途希望自青年始,可谓意义深远而发人深思。此外,倡导自由、人权、民主和科学,批评时政,进而实行文学改良,不仅体现在广告中,更体现在刊物的内容中,并且从《甲寅》月刊和《新青年》两大刊物中更能清晰查找出诸多承续之渊源。

《甲寅》月刊的创刊,正是二次革命失败,袁世凯解散国会力

---

① 《青年杂志》广告,《甲寅》月刊第一卷第 8 期第 1 次刊登。

图恢复帝制,知识分子开始分化,日本对中国加紧侵略之时,国内政治一片黑暗,民不聊生。正如陈独秀给章士钊的信中说:"自国会解散以来,百政俱废,失业者盈天下,又复繁刑苛税,惠及农商。此时全国人民,除官吏、兵匪、侦探之外,无不重足而立,生机断绝,不独党人为然也。国人唯一之希望,外人之分割耳。"①最后一句是陈独秀不满国内黑暗社会现实的愤激之语。是《甲寅》月刊给知识分子提供了一个自由地表达自己理想的园地,大量地输入西方的文化、人权、民主共和学说,反对帝制复辟,呼吁和强调公民的政治责任心,并重新解释了国家和个人的关系,注重科学。如果说,《甲寅》月刊是为知识分子办的刊物,那么,其中刊登的广告则是为知识分子学习西方文化、了解中外局势、以科学实业救国等放飞自己理想的宝贵空间,因此说,《甲寅》月刊的广告在一定程度上具有科学性和学理性很强的精英倾向。

二、从刊载广告上看,《新青年》对《甲寅》月刊的承继与创新

《甲寅》月刊在中国近代思想史上,虽然存在的时间短暂,但对《新青年》②却有着不容忽视的影响,只从所登载的广告上可略见一斑。《甲寅》月刊在 1915 年 10 月 10 日出完第 10 期后被封,而《新青年》于 1915 年 9 月 15 日创刊。前面有所论述,不只是编辑人缘的承继,而在广告上明显地承续了前者的精英风格。这里只对《新青年》早期(指前七卷 1915.9—1920.3)的广告进行分析,从中可以看出,《新青年》的广告登载,既有对《甲寅》月刊广

---

① 《生机》,《甲寅》月刊,第一卷第 2 期,1914 年 6 月 10 日。

② 文中引用的广告词皆忠于原文,每一个广告的标注都以第一次出现为准,有的以广告词的刊出所在号为准。

告注重科学、讲求学理性风格的承继,同时,在格式和所登载的内容等方面,又有与《甲寅》月刊不同的特点。两个刊物的广告可以说都为开拓民众阅读视野,增强国民的爱国意识,提高国民自身素质,寻找中国文化的定位等方面,发挥了广告所应起的作用。因此笔者认为,本着实事求是、尊重历史、认知历史的态度,对《新青年》和《甲寅》月刊的广告进行科学地分析、梳理,对于考察《甲寅》月刊与《新青年》的渊源关系,以及与五四新文学的渊源关系,都有着非常重要的学术价值和意义。

《新青年》虽由群益书社出版,与《甲寅》月刊却有着不可分割的关系。《甲寅》月刊从第 5 期起,由上海亚东图书馆出版。而亚东图书馆的老板汪孟邹,与陈独秀关系甚笃。群益书社的老板陈子沛、陈子寿两兄弟,又与汪孟邹过从甚密。陈独秀从 1913 年时就决定办一杂志,并且"说只要十年、八年的功夫,一定会发生很大的影响……后来才介绍他给群益书社陈子沛、子寿兄弟。他们竟同意接受。"①因此,一切渊源使之,《青年杂志》于 1915 年由陈独秀创办并由群益书社印刷正式出版了。

通过对《新青年》前七卷的广告进行归纳、梳理,除去以下这些名目外的广告:投稿简章、目录、本志社告、本志通告、本志编辑部启示、记者启示、本志宣言、总发行所、各埠代派处、本志所用标点符号和行款的说明、《新青年》、《新潮》、《新教育》启示、《新刊一览》、《青年杂志》"女子问题"等。《新青年》的广告分别为:第一卷1—6 号为 112 个(以下均包括重复);第二卷1—6 号为 54 个;第三卷1—6 号为 64 个;第四卷1—6 号为 48 个;第五卷1—6

---

① 汪原放:《回忆亚东图书馆》,上海:学林出版社,1983 年 11 月第 1 版,第 32 页。

号为30个;第六卷1—6号为45个;第七卷1—4号为47个,共400个广告。此外,在《新青年》中文章后面的空白处登载的小幅广告也很多,一至七卷共150个。分别为:第一卷1—6号7个;第二卷1—6号11个;第三卷1—6号12个;第四卷1—6号15个;第五卷1—6号39个;第六卷1—6号30个;第七卷1—4号(因未见后两期)36个。因此,《新青年》前七卷的广告共有550个。从这些广告(包括小幅广告)的登载数量和重复次数的广告中,能令人思索《新青年》的刊物宗旨和投稿数量及在当时的影响等等。

《新青年》的广告后备力量强,基本上都是群益书社的广告。从《甲寅》月刊登载的广告中,群益书社的广告就占有一大部分的篇幅,而《青年杂志》又是群益书社印行出版的,更理所当然地要登载该社的广告,关键是登载什么样的广告。群益书社,在当时作为一个大的出版机构,所承揽的广告也非常之多。仅从《甲寅》月刊登载的广告中就可看出群益书社的广告为最多,共出现34次。而在《新青年》中,除了第七卷外,前六卷的广告中,群益所占比例非常大。把群益广告(也除去前面提到的那些"本志通告"、"启示"等)进行归纳后分别为:第一卷共99个,第二卷共52个,第三卷共58个,第四卷共48个,第五卷共22个,第六卷共22个。第七卷相对少些,只有9个,共310个。另外,其中群益书社的小幅广告共有115个,总共有425个广告。事实上,从所登载的群益书社广告的数量和内容上,足可以看出书社和刊物本身的宗旨和广告宣传导向相同,没有登载日常生活中琐屑消费用品的广告,都与《甲寅》月刊的广告倾向一脉相承。

(一)《新青年》的广告是对《甲寅》月刊精英倾向的承继

《甲寅》月刊中的书籍广告有伊文思图书有限公司和群益书

社为最多,那么,在《新青年》中群益书社则成为更具广泛性、全面性、大范围地登载宣传介绍各种科学知识的书籍、教科书、女子用书、英语辞典,以及大量的期刊、杂志等的出版机构。这一方面,继续登载着《甲寅》月刊中登载过的各种书籍广告,是《甲寅》月刊打下了坚实的基础;另一方面,时代的发展,赋予了《新青年》广告进一步广泛传播的任务和使命;再有,由于群益书社的雄厚实力,也促进了《新青年》的影响力。当然,这与刊物和出版社领导人的倡导合作密切相关。因此,无论从广告的内容和性质上,还是从学科多元化领域的宣传上,刊物仍然承继着《甲寅》月刊所具有的精英倾向。

《新青年》与《甲寅》月刊也登载相同的广告。《新青年》的广告中有许多继续登载了《甲寅》月刊中登载的广告,尤其在前五卷,重复登载的广告最多。共有:中华书局出版的《中华教育界》;亚东图书馆出版的有:《中华民国地理讲义》、《分类地理挂图》、《中华民国地理新图》、《地学界创格之著作》、《中学英文教科书》,CC君编(后改为《新体中学英文教科书》CC生编,即陈独秀)。《青年杂志》中改为《模范英文教本》,陈独秀著;科学会出版的理科书有:《新式物理学》、《中等化学教科书》、《实用力学》、《初等重学》、《最新实验化学》、《工业常识》、《化学工业大要》、《植物学教科书》、《动物学教科书》、《生理卫生学》(普通教育)、《植物学》、《动物学》、《矿物学》(中等博物教科)、《生理卫生学》(中等博物教科)、《矿物学》(德国胡沙克博士著)、《生理卫生学》(美国吕特奇约翰著)、《最新动物学》、《地文学教科书》;出版的数学书有:《平面几何画法》、《平面三角法》(中等教科)、《球面三角法》、《平面三角设题解法》、《平面三角法》(高等数学)、《温特渥斯 解析几何学》、《解析几何学解法》、《温特渥斯解析几何学补遗》、《斯密氏及改勒 解析几何学原理》、《奥斯宾氏 微分学》、《奥斯宾氏 积分学》、《奥斯宾氏 微分学解法》、《奥斯宾氏 积分学解法》、《德国季培特著 微分方程式》、《数学游戏》;此外,还有科学会出版的《科学》杂志,上篇文章有介绍。

《青年杂志》第一卷第 2 号中则把科学会出版的书目分类归结在一起做广告:名学及文学书(包括《名学教科书》、《名学讲义》、《汉译烈斯斐德 第三英文典》、《中学英文典教科书》、《汉译世界语》、《日语教程》、《英文典图解》);数学书(包括《高等小学算术教科书》、《高等小学 算术教授法》、《中学适用 算术教科书》、《查理斯密 小代数学》、《数学游戏》、《查理斯密 小代数学解式》、《温特渥斯 解析几何学解法》、《温特渥斯 解析几何学》、《斯密氏及改勒 解析几何学原理》、《奥斯宾氏 微分学》、《奥斯宾氏 积分学》、《奥斯宾氏 微分学解法》、《奥斯宾氏 积分学解法》、《德国季培特著 微分方程式》) 等;理化书(包括《中等教科 新式物理学》、《伦孙氏 中等化学教科书》、《德国劳恩司坦原著 实用力学》、《新编 初等重学》、《马福生韩德生 最新实验化学》);博物书(包括《普通教育 植物学教科书》、《普通教育 动物学教科书》);历史地理书(包括《中等历史教科书 本国之部》、《中等历史中科书 东西洋之部》、《中学 中国历史》、《中学教科 中国地理》、《普通教育 地文学教科书》);政治经济书(包括《日本小林丑三郎著 财政学提要》、《美国黎卡克原著 政府论》、《政法述义》)。

群益书社出版的有:《各国预算制度论》、《最近预算决算论》、《货币论》、《商业政策》、《宪法论纲》、《法律顾问》、《西洋历史教科书》、《法律经济辞典》、《社会经济学》、《法政讲义》(包括《政治学》、《财政学》、《经济学》、《国法学》、《法学通论》、《行政法总各论》、《刑法总各论》、《独逸监狱法》、《刑事诉讼法》、《民事诉讼法》、《平时国际公法》、《战时国际公法》、《国际私法》、《民法》14 门）、《国民经济学原论》、《工业政策》、《刑法原理》、《经学史讲义》、《商业簿记》、《美国民主政治大纲》、《美国公民学》、《法律要览》（包括《民法要览》、《商法要览》、《刑法要览》、《刑事诉讼法要览》、《民事诉讼法要览》、《国际公法要览》、《国际私法要览》7 门）、《日本潮》、《英文典》、《新撰英文作文教科书》、《中学英语教科书》、《英汉双解辞典》、《中学英汉新字典》、《中英会话辞典》、《普通华英新字典》；出版的理科书类有：《最新化学教科书》、《新撰物理学教科书》、《化学教科书》、《物理学教科书》、《化学讲义实验书》；出版的理科书籍有：《定性分析化学》、《物理学讲义》、《化学讲义》、《详明图解动物学》、《传染病预防法看护法》、《中学校用数学教科书》、《算术之部》、《代数之部》、《几何之部》、《三角之部》、《算术之部问题详解》、《代数之部问题详解》、《几何之部问题详解》、《微分积分学纲要》、《实用微分积分学》、《解析几何学纲要》、《新撰解析几何学教科书》、《查理斯密解析几何学教科书》、《又例题详解》、《平面三角法教科书》、《平面三角法》、《平面几何讲义》、《几何学教科书》、《又问题详解》、《查理斯密 初等代数学》、《算术难问三百题解》、《新撰数学公式》、《陈悗算术问题正解》；出版的师范中学女子用书包括：《女子算术教科书（上卷）》、《女子算术教科书（中卷）》、《女子算术教科书（下卷）》、《女子代数教科书》、《女子几何教科书》、《女子化学教科书》、《女子物理教科书》、《女子生理教科书》、《女子矿务教科书》、《女子动物教科书》、《女子植物教科书》、《女子家事教科书》、《女子簿记教科书》、《女子缝纫教科书》。

　　《新青年》与《甲寅》月刊的广告有着相同的共性,都呈现出广告内容博大而厚重,学科广泛、学理性强。效仿西方、注重翻译、倡导科学、条陈时弊、启民警民。与《甲寅》月刊一样,《新青年》的广告内容涉及面也非常广,包括文学、名学、经学、历史、法律、地理、外语、数学、物理、化学、动物学、医学、地学、书法;教育、政治、经济、金融、军事、外交、科技、财政、农业、工业、商业、翻译等学科门类。这些各门各类的广告,确实都涵盖了一切社会生活和科学领域。每一学科又都包含很多相关学科内容。如果说《甲寅》月刊中有一个大的图书公司即伊文思图书有限公司的图书广告占了很大篇幅的话,那么,《新青年》中的广告则是群益书社的广告占据了巨大的版面。另外,还有亚东图书馆、科学会等。所有涵盖各方面科学、文学与文化的广告,都不同程度不同范围地翻译介绍宣传了中西各种书籍、思想文化、科学理论、时事现状,以及注重科学、开阔视野,警醒国民,提升素质,认清时事,条陈时弊等。不仅具有科学性,又具有开放性,大胆地引进、学习和宣传西方科学与文化。

　　从《甲寅》月刊中看出《科学》杂志的办刊宗旨与《甲寅》月刊、《新青年》基本相同,《新青年》广告中的《新潮》、《每周评论》等也如此,都是重学理、重信誉、重科学、风格谨严的刊物。《新潮》杂志虽然不是纯文学的刊物,但其风格和宗旨与《新青年》息息相通。它的广告词为:

《新潮》为北京大学发行杂志之一种其宗旨为

(1)介绍西洋现代思潮

(2)批评中国现在学术上社会上各问题

其特质为

(1)有独立的主义

（2）遵科学的律令

（3）以批评为精神不为不着边际不关痛痒之议论

总而言之为纯粹新思想之杂志

凡留心学术思想界者不可不读

各级学生尤不可不读①

《每周评论》尽管不是专门介绍西方文学文化的刊物，但从其刊物的宗旨中可看出是输入新思想，提倡新文学的。它的出版广告为："本报社在北京顺治门外骡马市大街米市胡同七十九号上海总代派处四马路福华里亚东图书馆。每逢星期日出版一次。第一次已于十二月廿二日出版。……本报文字尽量采用白话体，宗旨在输入新思想提倡新文学。"②在《新青年》第五卷第6号上，《每周评论》的广告很有创意，把自己和《新青年》联系起来，以引起读者的注意。其题目是："看《新青年》的，不可不看《每周评论》"，广告词为："1.《新青年》里面都是长篇文章每周评论多是短篇文章。2、《新青年》里面所说的，《每周评论》多半没有。《每周评论》所说的，《新青年》里面也没有。3、《新青年》是重在阐明学理。《每周评论》是重在批评事实。4、《新青年》一月出一册，来得慢。《每周评论》七天出一次，来得快。照上边所说，两种出版物，是不相同的。但是——输入新思想——提倡新文学——宗旨却是一样，并无不同。所以——看《新青年》的，不可不看《每周评论》。"③

《新青年》广告中继续登载了《甲寅》月刊中表现刊物明确爱

---

① 《新青年》第五卷第6号,1918年12月15日。

② 《新青年》第五卷第5号,1918年10月15日。

③ 《新青年》第五卷第6号,1918年12月15日。

国倾向,向国人揭露日本侵华的险恶用心以警醒国民的代表性刊物《日本潮》。并且在第七卷第1、2号上又登载了《黑潮》杂志,广告中声称:对日公开的言论机关。广告词为:"本号有铜板图画二幅,一为在青岛被日本占踞之德人炮台一为朝鲜人独立运动之照片,要目如东方将有大战乎(陈友白)西藏问题与东亚(陆友白)山东问题在和会失败之原因(余日章讲演)日本对华之经济政策(钱江春)同文同种辩(郭开贞)弭兵声日本军警之扩张计划(马伯授)日本人与德莫克拉西(戴藕广)日本无米之恐慌(友白)日本各界之生活状况(吕云彪)读太平洋的黑潮——大船——日本之利源与天皇之运命。日本之虚无党。我之日本观(傅彦长)。其他纲目,不及备载,每两月出号。……本社社址上海霞飞路太平洋社。"①这也是一个宣扬爱国主义的刊物,目的在于警醒国民,认清日本的现状和他们侵略中国的野心。《上海中华新报》在创刊宗旨中说:"本报为推翻帝制之急先锋反对卖国党之总中枢正义所钟夙承海内推许近以应时势之需要内容大家刷新以稳健新颖之知识为公平正大之主张。"②此外,广告中的期刊杂志还有注重教育科学、平民教育、改造社会;关注国内国际大局、增强国人爱国心与自觉心、鼓励国人强身健体;警醒国民、提升国民素质;提倡人道主义等等多方面的内容。可谓五花八门,无所不宣传,但在总体思想和宗旨上都与《新青年》刊物的导向相一致,从以下所例举的广告词中可以看出。如《教育潮》:"本杂志系浙江教育会《教育周报》改组为研究教育发表意见之机关。本杂志以阐发教育之真义力图改进为宗旨。本杂志分言论译丛纪

① 《新青年》第七卷第1号,1919年12月1日。
② 《新青年》第七卷第1号,1919年12月1日。

闻法令调查报告杂纂六门但得随时增减。本杂志材料关于下列四端者为主(一)介绍世界新教育之思想学术(二)批评中国教育之弊病缺点(三)商榷新教育之建设(四)记载国内外教育之现状"。①《少年中国》:"本月刊的宗旨就是本科学的精神为文化运动以创造《少年中国》。内容:注重文化运动、阐发学理、纯粹科学"。②《少年世界》:"本月刊的宗旨是作社会的实际调查谋世界的根本改造。内容:实际调查、叙述事实、应用科学"。③《平民教育》:"是由教育旬刊改造的宗旨在研究改进的教育去解决社会的问题内容分评论通论专论调查通信国内外教育新闻等门"。《教育改进》:"本报旨在发挥'平民主义',提倡'新教育'"。关于教育方面的期刊还有《新教育》、《时事新报·学灯》等。《新社会》的宗旨则声明:"是讨论怎样改革旧社会创造新社会的办法,并报告本会的工作"。《新群》强调:"本社以研究中国社会问题及灌输新学说创刊。"《体育周报》发行的意思是:"研究体育的真理真价;引那些向十八十九世纪的路上寻体育法的人,回过头来向廿世纪廿一世纪的路上走"。《晨报》:"时代思潮之前驱,世界消息之总汇"。《正报》:"本报主持正义拥护国权唤起人们爱国心及自觉心宗旨纯正议论正大"。④《奋斗周刊》的广告词为:"迷梦的警觉钟! 懦弱的滋养品! 疲倦的兴奋剂! 本刊为北京大学学生及京津各大学校学生中同志所组织留心世界潮流及中国时事者不可不购"。⑤《国民杂志》:"本杂志为国内各专门以上学校

---

① 《新青年》第六卷第3号,1919年3月15日。
② 《新青年》第七卷第3号,1920年2月1日。
③ 《新青年》第七卷第3号,1920年2月1日。
④ 本段所举刊物除标注外,均为《新青年》第七卷第2号,1920年1月1日。
⑤ 《新青年》第七卷第3号,1920年2月1日。

及留学欧美日本青年有志者组织以增进国民人格灌输国民常识为主旨。"①《进化杂志》:"军国主义灭了! 人道主义兴了! 现在最大的问题就是:政治解放 资本解放了!!! 诸君想研究这些问题么? 快看! 快快看!!《进化杂志》"。②

（二）《新青年》与《甲寅》月刊广告的不同之处

《新青年》的广告虽然在登载内容和风格等方面,承继着《甲寅》月刊广告中所固有的精英倾向,但是在广告的排版、类型、形式、宣传、侧重点等方面又有着与《甲寅》月刊不同之处。首先《新青年》的广告要比《甲寅》月刊的广告更为注重文学性,尤其介绍西方文学,传统文学则登载的很少,因此,从广告中也能体现出《新青年》又不同于《甲寅》月刊。在封面设计上,如果说《甲寅》月刊的封面印着一只老虎,也因在当时的精英倾向和进步性,所以被称为"老虎报",并且从第 1 期到第 10 期一直没有变化。而《新青年》每一卷都各有特色,同时也一定程度上预示着刊物的办刊倾向与特色。如第一卷的封面就很有特色,每一期的封面上都有一个人头像,从第 1 号至第 6 号,分别印着:卡内基、屠格涅夫、王尔德、托尔斯泰、佛兰克林、谭根的画像。这体现了刊物声明不关涉政治,倾向于对西方文学与文化、科学介绍的倾向,既有文学家、思想家、戏剧家,又有科学家。由这些可看出《新青年》与《甲寅》月刊的不同之处,即比较注重文学性,介绍西方著名的文学大家,当然,每一期的内容中都有相关的介绍和人物传记,从而使读者更能进一步清晰地了解西方的文学与文化,这正是刊物编者所要达到的目的。

---

① 《新青年》第六卷第 4 号,1919 年 4 月 15 日。
② 《新青年》第六卷第 2 号,1919 年 2 月 15 日。

其次是《新青年》比较注重新文学性。《新青年》广告介绍文学作品,可谓精致、独到,注重晚近作家作品和国外作家作品的介绍。从介绍文学书籍的广告词中,可以察觉到出版此书的目的与本书的内容和要旨。这些文学类书籍的介绍,在当时文坛上尚无好的文学作品之时,可以说为新文学的诞生起到了引介和推动作用。如:苏元瑛编:《汉英文学因缘》、《英文书翰钥》、《青年英文学丛书》、《汉释英文选》、《汉释英文学丛书》、《新撰英文作文教科书》、《短篇小说集》、《双枰记》、《名学及文学书》、《精印传奇小说》、《北京大学征集全国近世歌谣简章》。以及《新潮》、《晨报》等期刊杂志的内容介绍。而《甲寅》月刊中登载传统文学书籍则相对地多一些。如:《民国艳史》、《民国野史》(甲乙编、丙丁编)、《销魂词》、《经学史讲义》、《清人说荟》、《近世史乘大观 清外史》、《民国经世文编》。由此,可看出《青年杂志》广告也同刊物本身一样,有排斥传统文学的倾向。

下面举几个主要宣传文学方面书籍的广告,就能看出这类广告的特点,包含着文学的方方面面,既有对西方文学与文化的翻译介绍,同时也有把中国文学文化向国外介绍的先例,这在当时可谓难能可贵。

苏元瑛(即苏曼殊)编,《汉英文学因缘》的广告词为:"是书为中人之通英文及英人之通中文者。杂译中国及英国极优美之诗词而成。中国之诗词。上溯周秦。下迄近世。皆有选录。悉英译之。英人之著作。则又以汉文译之。都七十余首。中国译界。得未曾有。译事中惟诗词最难显达。而此书之作。则皆词气凑泊。神情宛肖。不失原文意旨。特前此散见群籍。未尝成书。曼殊室主人。吾国之凤于世界文学者也。见而惜之。因集

录以成是册。名之文学因缘。意盖谓文学界中不可多得之事
也。"①

《汉释英文选》:"是书乃美国华盛顿欧文 Washington Irving
初欧渡陆纪行之作。都计三十四章。所言多西欧风俗。文章幽
秀娴雅。美若诗画。且骋辞轻妙。绝无艰深难解之病。英俗巧
于谤美。而于是书。则举国上下。皆喜读之。书中以一页之半
列原文。以其半列汉释。汉释之文。清洁无滓。尤为可贵。卷
末附录英美文家年表。最便考知历代名著。"②

《英文书翰钥》(一名《英汉尺牍大全》):"书凡六编三十章。
一百一十余节。其中整篇尺牍三百余首。萃锦散句二千余句。
信封信笺款式四十余种。名片款式二十余种。告白格式十余种。
人之分类自名公巨卿。至于士农工商。各有举例。事之分类。
自庆祝吊唁。银钱往来。至于家庭琐屑。分别为二十余项。关
于社会上应有之尺牍。殆已搜载无遗。而于尺牍书写。收发之
种种规则。花邮片之书写法。名片之使用法等。不惮详细解剖。
反覆说明。尤为难能可贵。译文典雅高华。绝无粗俗牵强之弊。
其后附录之八门。因于尺牍有关。遂并刊于是册。然在英籍中。
则皆各成一书。是购一书。不啻购多书也。"③

《青年英文学丛书》广告内容为:"是编选取英美两国文学名
家之作皆能立意新奇造词精丽既意译其全文复将难字别为解释
于文法变例尤能解析明白虽程度初浅者但依次披览即可无所疑
阅读新知故于斯学记忆及了解上最有助进之效篇中逸趣横生可

---

① 《新青年》第二卷第3号,1916年11月1日。
② 《新青年》第二卷第3号,1916年11月1日。
③ 《青年杂志》第一卷第1号,1915年9月15日。

作文章观亦可作小说读。"①这部丛书包括《绝岛日记》、《金色王》、《小人国游记》、《伟里市商人》、《三美姬》、《舟人辛八》、《皇子韩列特》、《縠离特迷宫》、《返魂岛》、《新世界之旧梦谈》等作品。

《短篇小说集》(第一集 胡适译):"本馆现搜集胡适之先生八年来翻译的短篇小说十种,汇为一集,已得译者的同意,印成单行本。集中诸篇都是选择最精可为短篇范本的小说。后附胡先生所著论'短篇小说'一文,详说做短篇小说的方法,也是研究文学门径的人不可不读的文章。"②由亚东图书馆出版的章士钊的小说单行本《双枰记》,曾在《甲寅》月刊第一卷第4—5期中登载,而在《新青年》第五卷第2号中登载了出版单行本的广告。其广告词为:"行严先生论政之文,久为国人所倾服。而文学美术之文则著作极少。是书所述,盖其挚友何君之情史。当时先生与陈独秀先生任沪上某报编撰之事,何君朝夕过从,于其所经历者,时露端倪。迨最后乃向两先生倾谈始末,而何君亦竟蹈东海作情死矣。行严先生据此可歌可叹之事迹,发为缠绵悱恻之文章,与冥想臆造之小说,殆有天渊之别,允为近代文学界之杰构。景仰先生者,不可不读也。"③

再次,《新青年》的广告形式特殊,广告容量大。登载的形式灵活多样:有的在封面后面,有的在登载几页文章内容后才是广告,有的是在期刊内容中间不时地穿插,后面又登载满幅广告。还有在文章结束的页面空出的部分,也相应地简略登载了各种小幅广告,多数都是书籍广告。另外,几乎在每篇文章后面都有名

---

① 《青年杂志》第一卷第1号,1915年11月15日。
② 《新青年》第六卷第6号,1919年11月1日。
③ 《新青年》第五卷第2号,1918年8月15日。

言警句,笔者认为这也是一种广告语,它所起的作用是启迪民智。这种名言警句有诗歌(包括古诗)、外国民谣、谚语、中外名人名言等,对于提高人们的觉悟,提升做人的思想境界都能起到一定的作用。仅以一卷为例,如:"老来无学之苦,远甚于少时力学"——英国谚语。① "能为之时而为欲为之时而不能矣"——葡萄牙谚语。② "艰难由懒惰生,苦恼由偷安来"——佛兰克令。③ "君子有三惜:此生不学可惜,此日闲过可惜,此身一败可惜"——夏正夫。④ "男儿立志出乡关,学不成名死不还。埋骨何须桑梓地,人生无处不青山。"——西乡隆盛。⑤ "独立之精神非仅拥获一己之权利也他人之权利亦必尊而重之"——巴林各德。⑥

《新青年》中的广告除了大部分是群益书社的广告外,还有亚东图书馆、科学会、每周评论社、平民生计社、公民杂志社、新潮社、国民公报社、进化杂志社、教育潮社、新教育社、时事新报·学灯社、晨报社、体育周报社、法政学报社、国民杂志社、浙江青年团月刊社、新生活周刊社、解放与改造社、建设社、少年中国学会、政治学报社、正报社、中华民国语研究会、北京大学同学俭学会启示和简章、北京大学征集全国近世歌谣简章、以及本杂志的投稿、启示、通告、各埠代派处等的广告。

此外,《新青年》还登载了大量的期刊杂志和书报的广告。

---

① 《青年杂志》第一卷第 3 号,1915 年 11 月 15 日。
② 《青年杂志》第一卷第 3 号,1915 年 11 月 15 日。
③ 《青年杂志》第一卷第 3 号,1915 年 11 月 15 日。
④ 《青年杂志》第一卷第 3 号,1915 年 11 月 15 日。
⑤ 《青年杂志》第一卷第 5 号,1916 年 1 月 15 日。
⑥ 《青年杂志》第一卷第 6 号,1916 年 2 月 15 日。

期刊杂志有:《科学》、《新潮》、《每周评论》、《进化杂志》、《教育潮》、《时事新报·学灯》、《晨报》、《体育周报》、《国民公报》、《国民杂志》、《解放与改造》、《建设》月刊、《少年中国》、《少年世界》、《星期评论》、《星期日》周报、《公民》、《新生活》、《新生命》、《新教育》、《新群》、《新中国》、《新社会》旬刊、《曙光》、《觉悟》、《民铎》、《致中》、《正报》、《黑潮》、《奋斗周刊》、《外交月刊》、《自治周刊》、《博物杂志》、《医事月刊》、《工学》、《理化杂志》、《数理杂志》、《中华教育界》、《湖南教育月刊》、《平民教育》、《教育改进》、《政治学报》、《法政学报》、《浙江青年团月刊》、《北京大学学生周刊》等。书报有:《密勒评论报》、《字林西报周刊》、《满洲日日新闻》、《兴华报》、《胶东新报》、《上海中华新报》等。还有平民生计社成立简章。

由此可见,尽管当时的杂志期刊、书报被北洋军阀政府勒令禁止的很多,但还有许多,且呈蓬勃发展的态势。这些书报杂志的出版广告都纷纷登载在《新青年》上。曹聚仁曾谈到他第一次看到《青年杂志》时的情景。大概是 1917 年的春天,他从兰溪坐船到杭州,船上跟一位同学施存统(理学名家单不庵师的高足弟子之一)碰面,"他手中带了好几本《新青年》,十六开本,四号字本文,夹注多用五号字,看起来跟商务出版的《东方杂志》差不多。我翻开看了几页,几乎从船舱里跳起来,因为其中的说法,简直是离经叛道。我不相信像他这样一位理学家的弟子,会看这样的刊物。他就拖着我一本正经地说了许多话;他说,单老师也看这一种刊物。这就很奇怪了。从那一年后,我也变成了《青年杂志》的读者,进而为他们的信徒了。"①由此足可看出,《新青年》在当时人们心目中的影响所在。它如料峭的寒风吹皱了一泓春水一样,吹生了五四时期人们对新生的憧憬和希望。

最后,《新青年》注重对自身的宣传。从最初在《甲寅》月刊登载预告始,就一直注意对自身的广泛宣传,充分地发挥了广告的传播媒介作用。

《甲寅》月刊后期中刊登《青年杂志》最初的预告及出版的刊物色彩(包括广告词,前面已引),体现出《新青年》对《甲寅》月刊广告风格的承继,同时也显现出杂志注重青年的办刊倾向和特色。从广告词中可看出这本杂志欲引领中国青年走在时代的前面,可谓意义深远而发人深思。此外,倡导自由、人权、民主和科学,批评时政,进而实行文学改良,不仅体现在广告中,更体现在刊物的内容中,并且从《甲寅》月刊和《新青年》两大刊物中更能清晰查找出诸多承续之渊源。《新青年》出版几卷后又登载了再版预告。在三卷1号中,刊登了第一卷和第二卷各号要目的广告词写着:"陈独秀先生主撰,月刊杂志《青年》(第二卷以下改名《新青年》)全六册,大名家数十名执笔。"②在第六卷第5号中,《〈新青年〉自第一卷至第五卷再版预约》,其广告词为:

本志出版,前后五年,已经印行三十三号。提倡新文学,鼓吹新思想,通前到后,一丝不懈,可算近来极有精采的杂志。识见高超的人,都承认本志有改造思想的能力,是中国最有价值的出版物。于是买的一天多一天。从前各号,大半卖缺。要求再版的,

---

① 曹聚仁:《文坛五十年》,上海:东方出版中心,1997 年版,2006 年 1 月第 2 版第 1 次印刷,第 108 页。
② 《新青年》第三卷第 1 号,1917 年 3 月 1 日。

或亲来，或通信，每天总有几起。因此敝社发行前五卷再版的预约券。把前三卷先出，供读者的快览。后两卷因印刷来不及，到二次才能兑清。预约的时间，不能过久，若蒙光顾，还请从速。①

在宣传自己的过程中，《新青年》不惜占用大的篇幅刊登广告，但广告词也并非夸张虚构，而是符合实际的宣传。在七卷1、2号中，又刊登了《〈新青年〉一至五卷合装本全五册再版》的广告：

《新青年》虽然是力求进步的杂志，却是一卷有一卷的色彩，一号一篇都各有各的精神。尽管是现在不谈了的问题，但是现在拿起看，仍然不失为很有价值的文章；因为那文章在当时实在是极有关系的。

又有许多现今正在讨论的问题，却是由从前一直说下来的。新近才看《新青年》的人，往往有许多语句，意思，不很了解；还是不知道说话的来源的原故，于从前几卷似乎都不能不看看的！

这(新青年)，仿佛可以算得(中国近五年的思想变迁史)了。不独社员的思想变迁在这里面表现，就是外边人的思想变迁也有一大部在这里面表现。要研究以后的思想会如何变迁去，就不可不知道现在的思想是如何变迁来的！

《新青年》开手就注重(通信)一栏，因为通信可以随便发表意见。所以那通信栏里真有许多好材料现在也还是不能不看的。

还有一个(孔子问题)，是从前《新青年》里面说得很详细的。孔子这个人，我们同他的关系太深，将来有许多纠葛必要弄明白。那么从前《新青年》里关于这个问题的议论，竟非详细参考一下

---

① 《新青年》第六卷第5号，1919年5月。

不可!①

因此,不单是《新青年》对自身的总结和评价,只从对杂志连续登载广告内容的梳理中,也可看出《新青年》成为五四时期思想变迁史的事实,包括杂志成员和外边人的思想变迁,都能在此杂志中寻出轨迹。

综上所述,通过对《新青年》广告的综合梳理和分析,可以得出结论,《新青年》的广告既承载着《甲寅》月刊的精英风格,同时又有着注重自身的宣传、注重新文学性的传播、采用新颖独特的广告形式且广告容量大等特点。随着时代的发展,《新青年》的广告也随着刊物本身一样,成为鼓吹新思想、提倡新文学的急先锋和重要阵地。因此,《新青年》的广告有着对《甲寅》月刊广告的超越,它的大容量、大重复、大鼓吹,不能不说对新文学的诞生和文学革命的发展起到了一定的推介作用,它真正实现了作为精英刊物的广告所具有的附着刊物文化宗旨和品格定位的价值。

---

① 《新青年》第七卷第 1 号,1919 年 12 月 1 日。

第三章　《甲寅》月刊的文学动向

本章对《甲寅》月刊的文学办刊指向进行分析,包括对栏目及分类,文学主题、题材、类型多样化的尝试,以及文学观念的演变。对章士钊的由群体到个体探求的小说、老谈的类型小说、寂寞程生的情爱小说、苏曼殊的生命自觉小说与胡适的翻译小说进行个案剖析与阐释。这是论文的核心部分,对《甲寅》月刊文学动向分析得透彻、确凿、令人信服,有助于对《新青年》和新文学发生的阐述。

第一节　《甲寅》月刊的文学办刊指向

一、文学栏目及登载的文学作品分类

(一)文学栏目一瞥

《甲寅》月刊关于文学的栏目不多,但却内涵丰富,门类齐全。诗歌、散文、小说,只是没有戏剧。前4期分别有:"文录"、"诗录"、"述闻"、"杂记"和"小说"连载(其中包括翻译小说)。到第5期以后改为"文苑"和"漫记"、"余谈"、"述闻"、"小说"等。这10期月刊中,"诗录"当然是登载诗歌的栏目,而"文苑"则是登载的既有诗歌(近体诗),也有其他,如一些序、跋等散文之类。"漫记"、"杂记"、"余谈",则是借历史人物、事件来阐发作

162

者的思想见解的散文,且把历史与现实相对照,更能观照出作者在乱世中的困惑与不懈地追求。"小说"栏中,除了第4期上同时登载了胡适翻译的短篇小说《柏林之围》和烂柯山人的小说《双枰记》外,其他各期都只登载或连载一篇小说。

具体地说,第1、2两期中的文学栏目是"文录"、"诗录"、"丛谈"和"小说"(有的栏目在目录中没有具体标明)。第3期增加了"论坛"栏目就去掉了"文录",只有"诗录"、"丛谈"和"小说"。第4期除了"诗录"、"小说"外,还增加了"啁啾漫记"一项。第5期的文学栏目又有所变动,由原来的"诗录"和"文录"转换成了"文苑",另外还有"啁啾漫记"和"小说"。第6期则承继第5期,只不过是把"啁啾漫记"改换了"知过轩随录"。第7期的栏目则是"文苑"、"丛谈"和"小说"。第8期除了"文苑"和"小说"之外,又增加了"读史余谈"和"文芸阁批 李莼客日记"。第9期的文学栏目又变成了"文苑"、"读史余谈"、"啁啾漫记"和"小说"。第10期有"文苑"、"读史余谈"和"小说"。因此,无论各期的文学栏目如何变换,但大体上没有脱离"诗歌"、"散文"、"小说"三项,没有戏剧作品。

(二)《甲寅》月刊对文学栏目中发表文章的梳理(以诗歌、散文、小说出现的先后顺序为主)

作者	篇数	篇名及刊号
马一佛	2	《马一佛与王无生书二首》(1期)
谢无量	4	《谢无量与马一佛书三首》、《西湖旅兴寄怀伯兄五十韵》(1期)
刘师培	4	《刘申叔与谢无量书二首》、《咏史》(1期)、《刘申叔中国文字问题序》(2期)

续表

作者	篇数	篇名及刊号
王无生	1	《王无生与陈伯弢书一首》(1 期)
王国维	20	《颐和园词》(1 期)、《王国维诗四首》(8 期)、《王国维诗十三首》(9 期)、《王国维诗二首》(10 期)
桂念祖	23	《偶于座客扇头见书长句一律词旨悱恻读之愀然末不署姓字意其人必有黍离麦秀之感者闷而和之》、《留都月余刘幼云相得甚欢惟予酷嗜释家言每以勖刘而刘以宋儒之说先人为主辄取拒不纳适屡以所绘介石山庄图属题行抵上海乃寄是作》、《舍弟遘疾自东返赣陶君伯苏以诗唁之语特凄楚因次其韵推本万法唯心之旨以两释之》、《题程撷华易庐集三叠前韵》、《酬胡苏存四叠前韵》、《汪友箕以闷乱之心次韵述怀予遂推论祸本以广其意六叠前韵》、《连日苦闷追念逝者不释于怀泣然赋此》)(1 期)、《桂念祖诗十首》(题目略)(2 期)、《桂念祖六首》(3 期)、《梦中作》(5 期)
章太炎	5	《章太炎徐锡麟传》(2 期)、《奂彬同学属题丽楼图》(5 期)、《与苏子穀书》(8 期)、《自题造像赠曼殊师》、《感旧》(10 期)
康有为	2	《康率群读汉学商兑书后》(2 期)、《赠吴亚男》(10 期)
黄节	5	《登六和塔望湖》、《初到杭州宿三潭印月晓起望月》、《寄曼殊耶婆提岛》)(2 期)、《黄节诗二首》(5 期)
金天翮	4	《寄怀洞庭冬末老人秦散之》、《寄怀毛仲可泰安》、《寄怀黄剑秋兰州》、《寄怀廖季平先生成都》(2 期)
吴之英	3	《寄井研廖平》(2 期)、《吴之英二首》(3 期)
诸宗元	4	《春初独游石钟山得伯严丈江舟见寄诗依韵奉报》、《同友人过味莼园》、《桂伯华师自日本来书云近与吾友通州范彦殊彦矧相倡和既以书报赋寄长句云》、《曼殊来海上问讯故人奉投一首》(2 期)
汪兆铭	1	《狱中述怀》(2 期)
江聪	3	《箱根观枫简石醉六绝句三首》(2 期)

作者	篇数	篇名及刊号
释敬安	9	《江北水灾》、《梦洞庭》、《八月初八日与陈子言夜坐小花园树下子言明日以诗见示次韵答之》、《近读孟东野诗辄不忍释手忆湘绮翁言余只可岛瘦不能郊寒心窃愧怍己酉七月登玲珑寻广头陀觉倾岩峭石古树幽花俱酷肖其诗因戏效一首》、《赠广头陀二首》、《夜吟》、《樊云门闻余掛锡清凉山扫叶楼次此韵一首赠之》、《自题冷香塔》(2期)
陈独秀	10	《杭州酷暑寄怀刘三沈二》、《咏鹤》、《游韬光》、《游虎跑二首》、《灵隐寺前》、《雪中偕友人登吴山》(3期)、《述哀》(5期)、《远游》、《夜雨狂歌答沈二》(7期)
叶德辉	2	《买书行》(3期)、《吴山三妇人合评还魂记跋》(6期)
赵藩	7	《西巡发大理日作》、《据鞍》、《兰津渡谒诸葛忠武祠》、《越高黎贡山渡龙川江入腾冲再赠印泉》(3期)、《赵藩诗二首》(5期)、《明永历皇帝赐鸡足山寂光寺敕书跋》(9期)
杨琼	3	《偕印泉游虚凝庵及铁锋即事有作》(3期)、《杨琼诗二首》(7期)
甓勤斋	8	《甓勤斋八首》(3期)
海外虬髯	8	《海外虬髯八首》(3期)
杨守仁	22	《杨守仁遗稿六首》(3期)、《杨笃生手写遗诗16首》(4期)
杨昌济	3	《原诗》(或《城南携手日》)、《游利赤蒙公园 Richmond Park》(3期)《蹈海烈士杨君守仁事略》(4期)
舒闰祥	4	《舒闰祥遗稿四首》(3期)
邓艺孙	14	《邓艺孙遗稿八首》(3期)、《邓艺孙遗诗六首》(6期)
魏源	4	《魏源拟进呈新元史自序》(5号)、《致龚定庵书一首》、《覆邓守之书二首》(7期)

作者	篇数	篇名及刊号
易培基	9	《登鹿山倦宿万寿寺夜半闻风雨作》、《赠王湘绮先生》(5期)、《易培基诗四首》(7期)、《易培基诗二首》(9期)、《王校水经注跋》(10期)
蒋智由	9	《好山》、《浩浩太平洋》、《朝鸟叹》(5期)、《蒋智由诗六首》(8期)
张尔田	3	《癸丑九月十日感事》、《闰月五日梦后作》(5期)、《杨仁山居士别传》(6期)
袁昶	12	《致龙松琴书九首》(5期)、《致龙松岑书三首》(7期)
戴世名	8	《戴世名未刊诗八首》(6期)
文廷式	37	《文廷式遗诗二十八首》、《知过轩随录》(6期)、《文廷式未刊诗八首》
龙继栋	14	《龙继栋遗诗七首》(6期)、《龙继栋遗诗七首》(7期)
朱孔彰	12	《朱孔彰遗诗三首》(6期)、《癸丑秋纪金陵围城事五首》(8期)、《孙征君诒让事略》、《朱孔彰诗三首》(9期)
唐景嵩	1	《致龙松岑书一首》(7期)
龚自珍	3	《致邓守之书三首》(7期)
王闿运	7	《辞史馆还南隆福寺饯席》、《雨坐参政院一首》、《衡阳山中送客作》(7期)、《王闿运诗四首》(9期)
吴虞	20	《吴虞诗二十首》(7期)
王鹏运	4	《致龙松岑书四首》(8期)
姜实节	10	《姜实节遗诗十首》(8期)
曹佐熙	1	《原史》(9期)
陈三立	1	《鹤柴承吴北山遗言以所藏黄瘿瓢画见寄别墅感怆赋此》(10期)
易白沙	7	《游诗》等诗七首(10期)
李莼客	1	《(文芸阁批)李莼客日记》(8期)

续表

作者	篇数	篇名及刊号
无涯	3	《读史余谈》(8、9、10 期)
苏曼殊	4	《简晦闻》、《无题》(5 期)、《绛纱记》(7 期)、《焚剑记》(8 期)
章士钊	1	《双枰记》(4、5 期)
胡适	1	《柏林之围 (Le Siege de Berlin)》(4 期)
兹	4	《说元室述闻》(1、2、3、7 期)
老谈	3	《女蛾记》(1、2 期)、《白丝巾》(3 期)、《孝感记》(6 期)
匏夫	3	《啁啾杂记》(4 期正文中为"啁啾漫记")、《啁啾漫记》(5、9 期)
程演生	7	《赠马浮》等诗六首(8 期)、《西冷异简记》(9、10 期)

（三）文学作品分类

《甲寅》月刊登载的文学作品，以近体诗、小说及散文为主。其中，近体诗占有很大的篇幅，涵盖的内容比较丰富，有记游诗、咏史诗、寄怀诗、怀古诗、山水诗等等，其中有不少是同人之间唱和之作，但也不乏诗人对时事和世事的关注与洞察。"诗录"的全部和"文苑"中部分登载了诗歌作品。

这 10 期杂志中每期都登载了小说，按照登载的先后顺序分别是：《女蛾记》、《白丝巾》、《柏林之围》、《双枰记》、《孝感记》、《绛纱记》、《焚剑记》、《西冷异简记》。其中，《柏林之围》是胡适翻译法国都德的作品。其余都是作者创作的作品，但老谈的《白丝巾》取材于外国题材，或许是他翻译的抑或是根据国外类似题材的小说模仿写作而成也说不定。有的篇幅较长者采用连载形式。这些小说描写了社会转型时期人们物质生活与精神状态的冲突和改变，充分体现了中国小说在创作技巧、主题立意、人物塑造等诸多方面从古典小说向现代小说的转换轨迹。

散文方面,从栏目中归纳包括"文录"、"说元室述闻(即丛谈)"、"啁啾漫记"、"读史余谈""日记"、"知过轩随录"和"文苑"中部分篇什。大都是叙述历史、追怀古代名人、评价历史和古人,包括君王,众多典故和名人轶事等,以古喻今,以古讽今,警策世人。"文录"与"文苑"中既有文人、挚友之间的书信往来,各诉思念之情、生活琐事、追怀历史和古人、道德评判、寂寞惆怅及怀才不遇等等,同时也有个人传记、别传和其他考证学术之类的文章等。

二、文学主题、题材、类型等多样化的尝试

10 期杂志中,登载各类文学作品共 360 篇,其中,两期连载小说只算成一篇,每期的"说元室述闻"、"啁啾漫记"、"读史余谈"栏目中,都包含许多篇不同而又丰富的内容,这三个栏目每期只算成 1 篇。其中诗歌占 281 首,散文大略占 79 篇,小说占 8 篇。当然不能仅从数量上来判定哪类作品是否重要,更主要的是看其所体现的作品主题、题材、体裁等方面,在当时的历史语境下有什么探索和突破,从对作品的分析中可以看出作者当时的心境和思想状况,同时,把这些作品归结到一起,即可观照出当时整个时代趋势的不断演进和知识者的不懈追寻。

(一)在诗歌方面,《甲寅》月刊中的近体诗,从体裁或形式上可分为律诗和绝句。其中律诗有五律、七律和排律(或称长律),既有五言排律也有七言排律;而绝句则有五绝和七绝。但并非完全绝对,有的同一首诗歌中,既有五言,也有七言,不规律,是否属于古体诗的创作,还有待于商榷。王国维的《颐和园词》①,属于七言排律,讲述颐和园的辉煌历史以及被焚毁,皇家仓皇出逃的

---

① 《甲寅》月刊第一卷第 1 期,1914 年 5 月 10 日。

惨景。有的诗歌中还有重复出现的句式,有叙事诗的特点,又有歌唱之意。如蒋智由的《梁甫吟》①,副标题写到:"李白集中有此题作今仿之"。在正文之前又有小字解释:"按诸葛亮父为梁甫尉亮幼从父任所好为梁甫吟起后陆机沈约陆琼李白皆作之或谓始曾子李勉琴说曰梁甫吟曾子撰蔡邕琴颂曰梁甫悲吟琴操曾子作梁山歌即此然世言梁甫吟者皆推始诸葛"。诗歌前面两句是五言,接着就出现了"君不见",之后则是七言。诗中还出现"又不见",四次出现"梁甫吟",结尾是"大旱千里待霖雨,长夜漫漫要明星。梁甫吟,莫悲辛",似一首歌,既唱出了梁甫吟的历史承传,也呼吁和希翼乱世中能出现英雄豪杰,以拯救这混乱的中国,体现了作者忧国忧民之心,希望国富民强之愿望是何等的强烈。具有叙事诗特点的还有释敬安的《江北水灾》②,诗中表达出作者忧国忧民的意愿:就是寄希望自己如释迦牟尼一样甘愿化作一条大鱼,为民渡过难关,这个愿望不能实现,发誓不成菩提。

从主题和题材上来区分,诗歌中有送别诗、记行诗或称记游诗和行旅诗、咏史诗、咏物诗、咏怀诗、怀古诗、山水诗、讽刺诗等,可谓题材极为广泛。从上表中可以看出,作诗的人,有的是投稿者;有的是已故的在各方面有很大影响的名人遗诗;有的是主编和编辑的挚友等等。尽管文学创作在《甲寅》月刊凸显政论思想的办刊理念中不占据怎么重要和过多篇幅的位置,但是把这些人的作品整合到一起,也就构成了《甲寅》月刊琳琅满目的文学大观园。与以往的近体诗歌相比,这10期中登载的诗歌,可以说是尽展知识者对"二次革命"失败后中国前途的担忧和反思,以及

① 《甲寅》月刊第一卷第8期,1915年8月10日。
② 《甲寅》月刊第一卷第2期,1914年6月10日。

仍然再现其强烈的爱国主义情思，对祖国大好河山的赞颂，对亲情、友情、离别之情的感叹，凭吊古迹，追怀古人，大胆反抗传统伦理，姿态开放，畅想未来，期望中国更加强盛。但这一时期的诗歌也体现了诗人们对传统文学的留恋。尽管有的诗人观点与后来的五四新文学运动的立场相反，但他们将文学与国家命运相联系而谋求解决办法的思路是一致的。

在《甲寅》月刊中，与古典诗歌题材相似的送别诗和记游诗、怀古诗、山水诗、咏怀诗占据很大的篇幅，其他也有咏史诗、咏物诗和讽刺诗。送别诗，主要抒写离情别恨，或用以激励劝勉，或用以表达深情厚谊，或用以抒发别离之愁。如黄节的《答曼殊赠风絮美人图》："东海遗书久未裁，殷勤函札几回开。三年为别兼春暮，一纸将愁与画来。入世峨眉宜众妒，向人风絮有沉哀。怜君未解幽忧疾，莫为调筝又怨猜。"①记述与好友苏曼殊的离别情谊，接到苏赠的亲笔画后而作，感情极为真挚。邓艺孙的《同人步碧萝溪》："异地逢良友，闲行感旧游。江声吞急濑，冥色上高楼。曲沼萦荷气，乡心送晚愁。呼茶重坐语，明日路悠悠"，②异地遇到好友，唤起思乡和明日即将分别的感慨之情。陈独秀的《夜雨狂歌答沈二》③，抒发自己的壮志情怀。记行诗又称记游诗、行旅诗，"以记行抒情"为主，主要描述个人游历见闻感受，或表现思亲怀乡之情，其内容描写离不开山水。如江聪写在日本的《箱根观枫简石醉六绝句三首》，"远岭侧峰三十里，不知是树是斜阳"，"正忆吴江归未得，不堪摇落又西风"，④则是歌咏日本箱根的美

①　《甲寅》月刊第一卷第5期，1915年5月10日。
②　《甲寅》月刊第一卷第6期，1915年6月10日。
③　《甲寅》月刊第一卷第7期，1915年7月10日。
④　《甲寅》月刊第一卷第2期，1914年6月10日。

好秋色,枫叶似火,与夕阳相媲美,同时寄予了作者的思乡情结。邓艺孙的《与常季山行》即景抒情写得很美:"共入寒山路不分,崖枯木落鸟无闻。分明记得山幽处,无数白云输与君"。① 咏怀诗则是以吟咏个人抱负,感怀时光匆匆,人生如梦,反映或大胆反抗社会黑暗为题材的诗歌,比兴、象征、联想等是其主要手法。如陈独秀的《咏鹤》,"本有冲天志,飘摇湖海间",②借咏鹤来表达自己的志向。海外虬髯的《甲寅春暮感事(第一首)》,"江南草长乱莺飞,无限新愁付落晖。时不再来春又暮,树犹如此柳成围。天心翻覆悲棋局,海色苍茫入钓矶。莫上新亭揩泪眼,河山风景已全非"。③ 吴虞的《辛亥杂诗》,就是大胆反抗旧礼教、旧传统的诗篇:"河伯犹能叹望洋,蟪蛄全不解炎凉。广从世界求知识,礼教何须限一方"。④ 此外,有寄怀诗,寄怀友情和思念之情。如金天翮的《寄怀洞庭冬末老人秦散之》、《寄怀毛仲可泰安》,⑤黄节的《寄曼殊耶婆提岛》⑥和吴之英的《寄张祥龄子馥》⑦等。怀古诗则通过凭吊古迹而产生联想、想象,引起感慨而抒发情怀抱负的诗作。如黄节的《登六和塔望湖》⑧等。咏史诗是以吟咏或评论历史故事、历史人物为题材,借此抒发情怀、讽刺时事的诗歌,一般是先叙事后议论,也有一些只叙事不议论,让读者自己思考。

---

① 《甲寅》月刊第一卷第 6 期,1915 年 6 月 10 日。
② 《甲寅》月刊第一卷第 3 期,1914 年 7 月 10 日。
③ 《甲寅》月刊第一卷第 3 期,1914 年 7 月 10 日。
④ 《甲寅》月刊第一卷第 7 期,1915 年 7 月 10 日。
⑤ 《甲寅》月刊第一卷第 2 期,1914 年 6 月 10 日。
⑥ 《甲寅》月刊第一卷第 2 期,1914 年 6 月 10 日。
⑦ 《甲寅》月刊第一卷第 3 期,1914 年 7 月 10 日。
⑧ 《甲寅》月刊第一卷第 2 期,1914 年 6 月 10 日。

如刘师培的《咏史》①。怀古诗与咏史诗略有不同,怀古诗是身临旧地古迹而抒情言志,而咏史则不必亲到历史遗址,在书房中就可以写作。如戆勤斋的《癸丑冬日感怀(第一章)》,"数载共和竟若斯,九州铸错复何疑。暴秦称帝鲁连耻,竖子成名阮籍悲",②则是通过感怀古人和历史来表现自己对时事的看法。咏物诗是借吟咏自然或社会事物,来表达思想感情的诗歌,托物言志,象征比拟是其常用手法。如陈独秀的《游韬光》,结尾以"月明远别碧天去,尘向丹台寂寞生"③点题,旷达、大气,托物以言志。山水诗以自然风光为题材,通过描写一山一水,一草一木等自然景物来寄寓情感,常用寓情于景,借景写情等手法来抒发自己的思想感情。如杨昌济的《游利赤蒙公园》就是典型的写景诗,"忽向西郊得胜游,湖山清寂望中收。时时驯鹿来争座,的的鸣禽与散愁。万木欺风都入定,一泓过雨欲生秋。"④蒋智由的《浩浩太平洋》"浩浩太平洋,神州一发苍。风涛来四极,争战莽千场。""水入樱云暖,峰沉雪影凉"⑤等都是歌咏自然风光的诗篇。讽刺诗以嘲讽或劝喻手法,揭露社会黑暗、世态炎凉,表达人民或正直人士呼声的诗歌,如叶德辉的《买书行》,形容买书如买妾、如买田,到书胜买妾、胜买田,到"世乱人道灭,处富不如贫。买书亦何乐?聊以酬痴人",⑥表现作者对世道混乱,人心不古的讥讽与慨叹。

从以上对《甲寅》月刊诗歌的归类中可以看出,并非每一首诗歌的类别都体现的特别明确,有的在一首诗中,既是咏物诗同

---

① 《甲寅》月刊第一卷第 1 期,1914 年 5 月 10 日。
② 《甲寅》月刊第一卷第 3 期,1914 年 7 月 10 日。
③ 《甲寅》月刊第一卷第 3 期,1914 年 7 月 10 日。
④ 《甲寅》月刊第一卷第 3 期,1914 年 7 月 10 日。
⑤ 《甲寅》月刊第一卷第 5 期,1915 年 5 月 10 日。
⑥ 《甲寅》月刊第一卷第 3 期,1914 年 7 月 10 日。

时也是咏史诗,既是咏怀诗也是寄怀诗等,没有严格的界限来区分。如易白沙的《游诗》①,既是记游诗,也是怀古诗。但无论是哪一种诗歌,都体现了诗人的情怀,以及刻下了所在时代的印记。因此,大多数的诗歌中,都表达了对世事看破红尘,处处表露出"因果"、"法眼"、"坐定"、"禅意"等与佛教有关的宗教意识。如桂念祖的《题程撷华易庐集三叠前韵》②,谢无量的《西湖旅兴寄怀伯兄五十韵》③等。释敬安的《梦洞庭》,把洞庭比作仙境,描绘了"一鹤从受戒,群龙来听经。何人忽吹笛,烟碧天冥冥"④的缥缈似真似幻的境界。《近读孟东野诗辄不忍释手忆湘绮翁言余只可岛瘦不能郊寒心窃愧怍己酉七月登玲珑寻广头陀觉倾岩峭石古树幽花俱酷肖其诗因戏效一首》中,"偶攀瘦藤上,忽与枯禅逢;绽衣不用布,自剪云片缝"⑤都含有很深的禅意等等。

此外,诗歌中体现了具有学术性方面内容的,虽不是很多,却表现出个人学术观点或对古今学派所作的梳理。如吴之英的《寄井研廖平》⑥,叶德辉的《吴山三妇人合评还魂记跋》⑦。还有表现悼念死去亲人和朋友的。如陈独秀的《述哀》⑧,叙述自己的长兄不幸去世,亲自到吉林来接取哥哥的棺椁护送回乡,写自己对哥哥的敬重和手足之情。易培基的《哀杨惺吾》⑨,追念杨惺吾先生

---

① 《甲寅》月刊第一卷第 10 期,1915 年 10 月 10 日。
② 《甲寅》月刊第一卷第 1 期,1914 年 5 月 10 日。
③ 《甲寅》月刊第一卷第 1 期,1914 年 5 月 10 日。
④ 《甲寅》月刊第一卷第 2 期,1914 年 6 月 10 日。
⑤ 《甲寅》月刊第一卷第 2 期,1914 年 6 月 10 日。
⑥ 《甲寅》月刊第一卷第 2 期,1914 年 6 月 10 日。
⑦ 《甲寅》月刊第一卷第 6 期,1915 年 6 月 10 日。
⑧ 《甲寅》月刊第一卷第 5 期,1915 年 5 月 10 日。
⑨ 《甲寅》月刊第一卷第 7 期,1915 年 7 月 10 日。

才高气重博学,日本士夫多人从君问学,令人尊敬,也令人感念。

还有一些遗诗和遗作。在此遗诗登载中却出现了一则趣事。在第8期中登载了朱孔彰的诗作,并在所登载的题目下面编者作了一番解释,说前面登载的朱先生诗三首,误听传言,以为先生已经去世,故目录和正文中出现了"朱孔彰遗诗三首"①的字样。后来得到易君(应该是易培基)的来信,才知道先生仍健在,并健犹昔,年已七十有五。编者此间既表达了对老先生的歉意,同时也诚恳地说明了先生的健在,实在是后生笃学之士的大幸。在第9期的目录中又登载了"朱孔彰诗三首",在正文中单有两首诗就是写此内容的,题目是《阅甲寅杂志言余癸丑之岁转徙老死于金陵口占二绝句告存》,其中第一首是:"偶听东坡海外谣,此生本自混渔樵。而今再入红尘里,添得虚名慰寂寥。"第二首是:"茶甘饭软酒香时,眠食犹能强自持。我似随园称老叟,今朝喜作告存诗。"②读来饶有兴味。

(二)散文方面。"丛谈(说元室述闻)"、"啁啾漫记"、"文苑"、"知过轩随录"、"读史余谈"、"文芸阁批"等栏目登载的都是散文。"文苑"里有散文,也有诗歌,其他栏目登载的内容都归属为散文作品。对于散文的体裁无从分析,手法自古没有固定写法,只能大致归纳一下类别而已。下面把几个栏目中登载的文章进行归纳,看出其所要表达的主题,与诗歌不同之处,在主题和题材及文体上的突破,这是笔者所要探讨的问题。

下面主要以栏目为主要划分,对所登载的文章进行梳理:

---

① 《甲寅》月刊第一卷第6期,1915年6月10日。
② 《甲寅》月刊第一卷第9期,1915年9月10日。

《甲寅》月刊散文栏目、篇名一揽

栏目	刊号	作者	篇数	篇名
文录	1期	马一佛	1	《马一佛与王无生书二首》
		谢无量	1	《谢无量与马一佛书三首》
		刘申叔	1	《刘申叔与谢无量书二首》
		王无生	1	《王无生与陈伯弢书一首》
	2期	章太炎	1	《章太炎徐锡麟传》
		康有为	1	《康率群读汉学商兑书后》
		刘师培	1	《刘申叔中国文字问题序》
说元室述闻（丛谈）	1期	兹	12	《邓嶰筠制府之善政》、《招宝山战事》、《纪吴县诸生狱》、《词臣自请为本县令》、《雍正间浙江修志之事》、《二百四十年前之孙文》、《纪张中丞靖变事》、《纪江南生》、《郭筠仙侍郎与左相凶终始末》、《叶相之奢汰》、《陈子鹤尚书轶事》、《僧亲王之服郭筠仙》
	2期		14	《石达开轶事》、《周汉夫妇能诗》、《前清工部假印案》、《纪德国放专使案》、《纪韩登举事》、《苗霈霖遗诗》、《纪章嘉国师事》、《满洲大臣之纰缪》、《纪李合肥轶事》、《纪明地山人琴》、《赵瓯北之控袁子才》、《纪杨安城出塞事》、《清孝钦后那拉氏轶事》、《纪珍妃轶事及辨殉国异闻》
	3期		7	《咸丰丁已英人广州入城始末记》、《明成祖登避异闻》、《康熙时秦民徭役之苦》、《乾隆废后异闻》、《纪湘潭湘赣两省人械斗案》、《方望溪之谬论》、《罗台山先生轶事》
	7期		5	《纪靳禄》、《临潼三异人》、《让圃》、《地方官禁令琐纪》、《咸丰间合州冤案始末纪》

栏目	刊号	作者	篇数	篇名
啁啾漫记	4 期	匏夫	16	《毕秋帆制军轶事》、《金堡》、《纪周昌发窃出江忠源遗骸事》、《刘岘庄制军轶事》、《纪赵申乔父子》、《魏叔子轶事》、《王纲》、《钱牧斋轶事》、《纪陈侍御》、《江忠烈公遗事》、《毛西河轶事》、《记朱生》、《清德宗西狩琐闻》、《仇山邨遗诗》、《彭躬菴逸事》、《朝鲜越南文献一斑》
	5 期		15	《纪康熙己未博学宏词科》、《傅星岩相国逸事》、《大臣不跪见诸王之始》、《书任侍御》、《文字狱之一》、《允禵遗事》、《沈归愚轶事》、《海兰察遗事》、《书罗慎斋事》、《宣宗重视清语》、《书胡穆孟事》、《犬寄诗》、《纪鲍廷博擦藏书事》、《陈玉成遗事》、《纪石崀森狱事始末》
	9 期		14	《纪骆文忠公剔除漕弊事》、《张文敏公轶事》、《书陈鹿笙》、《杂闻》、《陆广霖谏禁鸭寮》、《书李有恒狱》、《书黄烈女事》、《大乔》、《罗念菴遗诗》、《程简敬公遗事》、《纪天和尚》、《骆文忠公之知人》、《述征君门定鳌语》、《纪陈希祥计杀林自清事》

续表

栏目	刊号	作者	篇数	篇名
文苑	5 期	魏 源（遗稿）	1	《魏源拟进呈新元史自序》
		袁 昶（遗稿）	9	《袁昶致龙松琴书九首》
	6 期	叶德辉	1	《吴山三妇人合评还魂记跋》
		张尔田	1	《杨仁山居士别传》
	7 期	袁 昶（遗稿）	3	《袁昶之龙松岑书三首》
		唐景嵩（遗稿）	1	《唐景嵩之龙松岑书一首》
		魏 源（遗稿）	3	《魏源之龚定庵书一首》《魏源覆邓守之书二首》
		龚自珍（遗稿）	3	《龚自珍之邓守之书三首》
	8 期	王鹏运（遗稿）	4	《致龙松岑书四首》
		章太炎	1	《与苏子縠书》
	9 期	曹佐熙	1	《原史》
		朱孔彰	1	《孙征君论让事略》
		赵藩	1	《明永历皇帝赐鸡足山寂光寺敕书跋》
	10 期	章太炎	1	《自题造像赠曼殊师》
		易培基	1	《王校水经注跋》
知过轩随录	6 期	文廷式（遗稿）		《知过轩随录》

续表

栏目	刊号	作者	篇数	篇名
读史余谈	8期	无涯	4	《曹操与赵匡胤之智慧》、《子之与王莽之短长》、《王莽与董卓之异同》、《扬雄与蔡邕之优劣》
	9期		1	《残贼人民之政府与腐败人民之政府》(题目笔者所加)
	10期		3	《帝王之秽德》、《曹操之藉口于骑虎难下》、《宋太祖之不取幽州》
文芸阁批	8期	李蒓客(文廷式批录)	35	《李蒓客日记》

需要说明的是:

1.《说元室述闻》开篇编者识:"本编作者,博通今古,于前清掌故,尤称淹洽,所记有散见于独立周报者,今请于作者,赓续为之,并杂取周报所登,合为全璧,阅者谅焉。"①

2.《知过轩随录》结尾:"按:文芸阁于简端题曰:此册杂录时事,字字从实,或偶有传闻之过,则不敢必,若有一毫私恩私怨于其间,则幽有鬼责,明有三光,所断断不敢出也。附录于兹,以见温公通鉴,不挠笔于黄衣。希文碑铭,及贵人之阴事,罔两铸于禹鼎,奸佞指于尧庭,敢僭仲尼获麟之笔。犹称卢奂记恶之碑。而国家之败,实由官邪,履霜之渐,至于坚冰,今日草木将移不通之野,戎狄思逞荐食之心。岂非昔之暴君污吏,堕散明德,遗此厉阶也耶?民国四年仲春白沙记于长沙听雨楼。"②这里易白沙提到

---

① 《甲寅》月刊第一卷第1期,1914年5月10日。
② 《甲寅》月刊第一卷第6期,1915年6月10日。

"文芸阁",但目录中署名"文廷式".① 同时从中可看出易白沙是《甲寅》月刊的编辑。

3.《文芸阁批李莼客日记》开篇小字写道:"李莼客日记数十册,尚未刊。其中论时事、记掌故、考名物,皆有可采。匆匆阅过,未能甄录,颇觉可惜。兹就其荀学斋一种中,略采数条,以著梗概。其日记数年辄改一名,有越缦堂、孟学斋、桃花圣解斋诸目。其考据诗词等作,必将付刊。故余特略抄其记时事者,莼客以甲午秋卒,晚年多病,虽居言职,有所欲言,而精力每不逮矣,亦可惜也。文廷式识".②

由以上《知过轩随录》结尾和《文芸阁批李莼客日记》中副题提示推断出:"文芸阁批",即由文廷式批录李莼客日记。

从以上列表中可以看出,《甲寅》月刊所登载的散文内容五花八门,极为丰富,题材也非常广泛,文体类型亦是各式各样。从文体上划分,这些散文有书信、传记(包括别传)、笔记、日记、杂记、随录、序、跋等,虽然都用文言写作,但是已经是比较通俗的文言了。就是叙述文体,除个别作者写作用词还仍然有些古奥、晦涩,以及个别学术考证文章之外,大多数文章的叙述都比较明白易懂。

综观这些散文,从题材上可分为:轶事、遗诗、遗事、逸事、异闻、琐闻、事略、案件、战事、官场、记人(包括纪人)、帝王、亲王、王后、王妃等等,名目繁多,论时事、记掌故、考名物,考证学术等。

---

① 文廷式(1856—1904),字道希,号芸阁,又号罗香山人,晚号纯常子,江西萍乡人。曾任翰林院编修,支持光绪帝掌权,与康有为一起参与变法图强。晚清词坛名家,对词的主张,是要重意,反以柔靡。著有《云起轩词钞》、《纯常子语》。张福裕、朱德顺等编著:《中国近代文学家》,北京:北京科学技术出版社,1995 年版,第 40—44 页。

② 《甲寅》月刊第一卷第 8 期,1915 年 8 月 10 日。

这里既有对古人的评判,也有对今人的记述。有古人与古人相比较,评论古人之优劣及短长。许许多多轶事、遗诗、遗事、逸事、异闻、事略、案件、战事、官场等,向读者再现了当时的情境和史实。具体地可分为几大类:一是对人的记述。有记述帝王及亲王、王后及王妃,有大臣及各式官员,有士兵、义士,有文人、硕儒,有出家之人,有记述烈女行为。二是对事件的叙述。有各种人物的轶事,有遗事,有逸事,有战事,有案事,有各种琐闻,有文字狱。三是评价帝王的秽德。四是友朋之间的书信往还,这里基本上都是与杂志登载时间相去不远。五是普通人的作诗和已逝文人的遗诗。六是对于学术的考证、梳理占有一定的篇幅,以此也可见此刊物注重学理的精英倾向,如:《康率群读汉学商兑书后》、《刘申叔中国文字问题序》、《朝鲜越南文献一斑》、《魏源拟进呈新元史自序》、《吴山三妇人合评还魂记跋》、《原史》、《明永历皇帝赐鸡足山寂光寺敕书跋》、《王校水经注跋》、《纪康熙己未博学宏词科》等。这些散文都充分体现了作者博通今古,如实地记录历史,辩证地评价历史与古人,是为了更好地以史为镜,反思历史和现实,警戒世人,唤醒世人,认清形势,以图改变国家现有专制腐败之政局。同时,登载这些散文,也使读者重温了历史,从古到今,中国历史上下几千年,社会终将有所变化,民国后又该如何发展变化? 这是编者留给读者对民族前途思索和关注的最终目的之所在。

(三)小说方面。共有 8 篇小说,分别是老谈 3 篇:《女蛾记》、《白丝巾》、《孝感记》;胡适 1 篇:《柏林之围》;章士钊 1 篇:《双枰记》;苏曼殊 2 篇:《绛纱记》、《焚剑记》;程演生 1 篇:《西泠异简记》。其中程演生的《西泠异简记》未续完,后来章士钊在 1916 年出版的《名家小说》(上中下)中把《甲寅》月刊 10 期中的小说全部登载出来,也把这篇小说全篇收录进来,此外,还增加了其他小说《孤云传》和《侠女记》,这应该是原本要登载在《甲寅》月刊 10 期以后的,但因为杂志被袁世凯政府查封而未能陆续刊登。汪原放在《回忆亚东图书馆》中叙述得很清楚:

《甲寅》杂志停刊以后,我们于 1916 年印行了一部《名家小说》:选定者,章行严;出版者,甲寅杂志社;印行者,亚东图书馆。

这部《名家小说》的篇目是:上卷:双枰记(烂柯山人,即章士钊),西泠异简记(寂寞程生,即程演生),孤云传(白虚,即陈白虚);中卷:说元室述闻(兹),啁啾漫记(鲍夫),侠女记(鲍夫);下卷:绛纱记(昙鸾,即苏曼殊),焚剑记(昙鸾),女娲记(老谈),白丝巾(老谈),孝感记(老谈)。

这是一部四十八开的小本小说。全书是文言的。其中《说元室述闻》和《啁啾漫记》是笔记,余者都是创作的小说。全都是《甲寅》杂志里发表过的。不过这里所收,每一种都是完全的。如《西泠异简记》,在《甲寅》杂志只发表了六章,后面还有一半;《名家小说》则一齐印入,成为十二章的全本了。[①]

小说篇数虽不多,但类型和内容却很齐全,既有独创小说,也有翻译小说;既有描写历史传奇的小说,也有描写近世题材的小说;既有描写爱情与伦理观念、孝道冲突关系的小说,也有描写爱情与革命的冲突、爱情与时事、爱情与各体人生的小说;同时还有侦探小说等等。无论那种题材的小说,作品中多数都贯穿着对爱情的描写,况且又都是集中于正面描写。这种创作可以说彻底打破了以往把小说视为"小道"的文学观,也打破了传统那种才子

---

① 汪原放:《回忆亚东图书馆》,上海:学林出版社,1983 年 11 月版,第 30、31 页。

佳人式的小说,并且在小说叙事模式和艺术建构方面,都有不少的创新,小说与时事紧密相联,向读者彰显着西方的先进文化理念,作者开放的情感表达意识和进步的审美心理。同时,也体现刊物的宗旨和对文学理念的实践与尝试。

陈独秀和章士钊都对苏曼殊的小说倍加推重,他们本人的文学片论,都说明了这一点。陈独秀发表的对文学的评论文字,着重突出的是文学的人生况味,对生与死、爱情至上的观念已经透露出了突出个人本位新的文学意识。因而,对于个人命运的关注代替了高扬、明了的政治意识,这一时期的作品情调也由感伤、哀婉替代了悲壮,并且已经在吸纳外来的经验。

小说叙述视角与叙述结构已经开始发生了变化。尝试使用第一人称与第三人称限制叙事,以及运用倒叙的写法,开始打破传统说书人的全知全能的叙事手法,故意让情节缓慢发展,以此增强作品抒情色彩等等,对我国小说所固有的叙事模式造成了冲击。分析其原因,固然与域外文学创作模式的影响,也与文学形式自身根据时代的演变有关,同时与创作者的情感投入有关。小说可以抒胸臆、寄郁愤,有着宣泄的功能。对叙事模式的转换,更能引起同时代人的强烈共鸣。

辛亥革命前流行的政治小说、官场小说、狎邪小说等,此时已经无法吸引住读者了,而表现男女婚姻新旧交接时的小说构思模式引起读者的兴趣,基本上占据了小说创作的主体地位。晚清的小说创作,把"英雄"和"男女"作为小说创作的永恒主题。因当时已经开始借用西方小说评判标准,提倡取法西方的新小说创作,应该是"英雄小说"和"男女小说"并重,但事实上晚清作家很明显地重"英雄"而轻"男女",而民初之后,这种情况有所转变。苏曼殊说:"'天下无无妇人之小说',此乃小说家之格言,然亦小说之公例也。"①《甲寅》月刊中的小说,真正地体现了这一时期的小说创作特色,并且对所登载的小说应该都有所选择,体现了杂志的文学风格和文学理念。在某种程度上,是对清末的政治小说(主人公为了政治而忘情)、民初的哀情小说(主人公为了礼义或名教而绝情)、清末民初的狎邪小说(主人公为了金钱而薄情)创作的一种抵制以及对新的创作主题和叙事模式所作的探索和尝试。《甲寅》月刊中的八篇小说都没有一个固定或同一的叙事模式,每篇都有所不同,包括同一作者的几部作品,也包括翻译作品。就是描写爱情的作品,叙事模式和情节、结构,以及对人物形象的塑造又都有所不同。

虽然时代在前进,西方的婚姻自由思想已经为许多男女青年所接受,但另一方面,传统道德伦理观念仍然根深蒂固,正因为此,在这新旧婚姻制度交接的转折点上,这些青年男女又演出了一幕幕的爱情悲剧。当然,这里表现的爱情,也只是很朦胧的爱情追求,是只有思念之情而无肌肤之亲的精神恋爱,这样的爱情小说最适应那个半新不旧的时代和半新不旧读者的审美趣味,因而能够吸引众多读者。章士钊在《双枰记》识语中谈到:"吾书所记,直吾国婚制新旧交接之一片影耳。至得为忠实之镜否,一任读者评之。"②就说明了此意。

在恋爱模式的叙述上,民初爱情小说开始出现三角恋爱模式,主要代表是从徐枕亚的《玉梨魂》开始。但真正体现这三角恋爱的文化内涵,并且自成体系的,可从章士钊和苏曼殊的小说中窥见一斑。章士钊、苏曼殊小说中都有着一男择两女的三角恋

---

① 苏曼殊:《小说丛话》,《新小说》第 13 号,1905 年。
② 《章士钊:《双枰记》,《甲寅》月刊第一卷第 4 期,1914 年 11 月 10 日。

爱模式,而这两女又是典型的新、旧女性。从作品中男主人公的择偶选择上,可见作者的爱情观。苏曼殊小说中常常出现三角恋爱的场面,都是两个美丽而痴情的女子主动追求一个柔弱多情的男子,而男主人公展现了在两种女人面前无所适从的痛苦。小说正是借对女性选择的困惑,来表达作者对于中西文化选择的困惑,苏曼殊在作品中把这种困惑与烦恼真诚地表露出来。章士钊虽然不是以小说出名,但其小说《双枰记》却自有特色。强调婚制之新旧交接,自然必须突出处于这交接时代的男女之新旧,体现了一代人情感苦闷难以抉择的思想矛盾,其中所蕴涵的悲哀已经远远超过了伤感的时代情绪,并通过这些达到对人生、自我体验、生命自觉的形而上思考。程演生的小说则是把多种叙事模式融汇在一起,通过对人物形象的精心刻画与塑造来表达作品至善至性的真情,收到了极强的审美效果。老谈的三篇小说在题材选择和创作类型上做了探求。胡适对翻译小说的价值有所取舍,对作者、作品的文学地位,叙事模式以及翻译方法等,都有着不同于当时其他翻译作品。《甲寅》月刊中刊载的小说对辛亥革命、对故友、对过去的一切都具有凭吊和探索新路之意。

通过以上对《甲寅》月刊中文学作品的梳理和简单阐释的信息,向我们呈现了处在辛亥革命和"二次革命"后文学观念的演变过程,从主题思想、叙述主体、叙事模式到艺术手法、结构和审美意识等方面,与以往相比,都有不同程度的变化。尽管承继着传统文学中的优秀成分和辛亥革命时期进步文学的优秀成果,然而时代的影响,这些作品中体现了作者既有对文学创作模式的尝试,又有对辛亥革命后国家前途、命运的困惑、探索与反思。本来,对中国文学新路的探讨并非《甲寅》月刊的主要内容,但由思想的变动而使文学趣味的转变则显得自然而然。这些作家对社会理想和生活理想的追求,都有大致的倾向性,也有承继性,但没有清晰明确的理论表述。对于小说新路的探寻,虽然存在着种种困惑,但此时的小说在众多文人、作家的强烈呼吁下,已经占有比较突出的位置,开始由"小道"文学登上文学大雅之堂的阶梯。无论诗歌、散文,还是小说,此时期都沉潜在刊物开放的姿态下,开始由政治观念的演变而引发的对文学观念所作的探索与尝试。

第二节 章士钊、程演生、胡适翻译等小说的文学旨趣与阐释

一、由群体到个体的探求 ——章士钊小说《双枰记》的剖析

小说《双枰记》,是章士钊在 1914 年开始创刊的《甲寅》月刊第 4 期、第 5 期上连载的,笔名烂柯山人。确切地说,"《双枰记》首刊于一九〇九年九月、十月《帝国日报》(连载)。一九一四年十一月《甲寅》杂志刊出时,有陈独秀及燕子山僧(苏曼殊)所作之序各一。陈独秀作于一九一四年九月,苏序作于七月。"①字体仍属文言,当时还不存在与新文学对抗的问题,符合当时文坛的普遍趋势。小说与徐枕亚的《玉梨魂》、苏曼殊的《断鸿零雁记》所反映内容来看大约归于同一时代,均属悲剧。但是从叙述角度和小说反映的社会内容、观念主旨上,则与当时文坛上占主要地位的鸳鸯蝴蝶派言情小说又有所不同。章士钊在《双枰记》开篇说道:"今所得剌取入吾书者,仅于身历耳闻而止","然小说者,

---

① 《双枰记》注解,章含之、白吉庵主编:《章士钊全集》(第 3 卷),上海:文汇出版社,2000 年版,第 368 页。

人生之镜也,使其镜忠于写照,则留人间一片影","吾书所记,直
吾国婚制新旧交接之一片影耳"。① 可见,小说《双枰记》不仅是
"直吾国婚制新旧交接之一片影",而且也从中映照出,章士钊在
《甲寅》月刊时期思想观念开始有所转变,由早期的激进到辛亥
革命之后趋于平和的理性思考,而且从小说中也可寻觅出作家因
"亲历耳闻"而导致的文学观念逐渐更新的端倪,进而洞察出时
代的感召,新与旧的冲突、争斗,传统文化向现代转型,不断流动、
进化的趋势在所难免。

纵观章士钊的文学创作,散文、诗词较多,小说只有很少的几
篇。至今对其小说分析研究的不多。关于章士钊的小说《双枰
记》,在有些人的文章中曾经写为《双秤记》,不知是电脑打错,还
是自认为《双枰记》就是《双秤记》。然而它们读音不同,字义也
不一样。"枰"读作 ping 二声,而"秤"读作 cheng 四声。在《古汉
语常用字字典》中,对"枰"的解释有两种意思:"①树名,司马相
如《上林赋》:'沙棠栎槠,华枫～栌。'②棋盘,《晋书·杜预传》:
'时帝与中书令张华围棋,而预表适至,华推～敛手。'"而对"秤"
的解释则为"称"(cheng 一、四声)其中的一种意思,即:"称量物
体轻重的器具。《淮南子·时则》:'角(jue 二声)斗～'(角:指
校正。)这个意义后来写作'称'。"在《现代汉语词典》中,对"枰"
的解释为:"<书>棋盘:棋～。"而对"秤"的解释为:"[称]测量物
体重量的器具,有杆秤、地秤、案秤等多种。特指杆秤。"可见
"枰"与"秤"的意思截然不同,且毫无联系。小说取名"双枰",即
指两个棋盘之意。小说中叙述主人公即当时反清激进青年上海
爱国学社学生何靡施和友人在公园品茗对弈,咫尺之外,也有两

---

① 《甲寅》月刊第一卷第 4 期,1914 年 11 月 10 日。

位女性在下棋(一个是年轻貌美的上海爱国女校学生沈棋卿,另一个是她的使女),之后才引出洋人调戏棋卿,何靡施英雄救美故事的开篇,这就是"双枰记"之来由。

《双枰记》既有对时代政治的真实描述,又有婚制新旧交接时知识青年的情感体现,但非纯粹而空洞的政治小说,也非纯粹的哀情小说所可比拟。它准确地反映了那个时代知识青年对建立共和、爱国维新的政治理想的不懈追求,对美好爱情的向往和对婚姻自由的憧憬,是那个时代青年命运的真实写照。小说描写的时代背景大约在 1903 年左右。1903 年 4 月,南京陆师学堂发生退学风潮,章士钊与林力山为首领,带领退学学生四十余人到上海,加入蔡元培等人组织的爱国学社学习,并组织军训。5 月,入《苏报》馆任主笔。7 月,《苏报》被禁。8 月,与张继、陈独秀等创刊《国民日日报》。小说就是从这时开始记事的,并且以第一人称进行叙述。写"我"同社友独秀山民在上海某新闻社之编辑室,一日,忽然收到好友何靡施的信笺,字迹娟秀定出自女郎之手,"我"和独秀都很好奇,急欲了解靡施在与谁交往,这就引出小说主人公何靡施。"燕子山僧案烂柯山人此箸来意,实纪亡友何靡施性情遭际。从头至尾,无一生砌之笔,所谓无限伤心,却不作态。"[①]燕子山僧即苏曼殊,给小说以中肯的评价。于是,"我"开始介绍与何靡施相识的经过。靡施是"我"的学友,福建人,聪慧绝顶,幼时不乐塾课,但膂力超人。在上海泥城公校和同地某私塾开竞技会,因膂力过人,超常表演,令两校学生大惊失色。曾入天津水师学堂读书,因义和团起义,学校无法正常上课,于是入上海南洋公学。后因"墨水瓶"事件引发的学潮,此中最高材者

---

① 苏曼殊:《双枰记·叙二》,《甲寅》月刊第一卷第 4 期,1914 年 11 月 10 日。

数人离开南洋公学自创学校。"前公学监起居常州吴紫晖及总教浙江蔡民父,皆凤学通儒,雅得学生之望,至此亦欲舍去公学,寄示同情。靡施尤与此二君惬,遂从中斡旋,卒得二君提携,所谓泥城公校者成立。"①吴紫晖即吴稚晖,蔡民父即蔡元培,章炎叔即章太炎,泥城公校即爱国学社。当时人们醉心于共和论,学校无监学、无师、无弟子之称,"共编校中人为若干联,每联若干人,联各置长,联长由票举,三月一更迭,号日联法。教员由校中上级生自充……"②"我"在第二年春,也从南京来此,即章士钊率众离开南京陆师学堂加入上海爱国学社。这时认识了何靡施,并成为好友。后泥城公校解散,"蔡民父谋走德,吴紫晖走英,高材数辈走日本。"③靡施和吴关系更近一层,所以送吴到香港。从香港回来后,一度拜访"我",说为游学计将回老家筹钱。之后靡施从老家回来,"我"正经营某新闻社,叫靡施与"我"同住。同时,作者又分别介绍了好友独秀山民(即陈独秀)和燕子山僧(即苏曼殊)。"独秀山民性优爽,得靡施恨晚,吾三人同居一室,夜抵足眠,日促膝谈,意气至相得。时更有社友燕子山僧喜作画,亦靡施剧坛之友。"④小说开篇"我"在编辑室收到何靡施信笺就是在这个时候。

小说的故事情节是通过何靡施的好友伍天笃的叙述展开的。在离开南洋公学后的一天傍晚,何靡施和伍天笃去有名的较静僻的公园曹家渡,在小蘭亭左室品茶下棋,右室之中也有两个女子下棋。没多久,来了两个洋人,竟在光天化日之下,调戏其中一年轻漂亮女子沈棋卿。两女子无处逃脱,只好跑到何靡施两人身

---

① 《双枰记》,《甲寅》月刊第一卷第4期,1914年11月10日。
② 《双枰记》,《甲寅》月刊第一卷第4期,1914年11月10日。
③ 《双枰记》,《甲寅》月刊第一卷第4期,1914年11月10日。
④ 《双枰记》,《甲寅》月刊第一卷第4期,1914年11月10日。

后,何武功高强,击败两个洋人,并叫伍天笴护送她们出去,女郎十分感激,命使女向前答谢,并求留名以作日后报答。何执意不肯,认为区区小事不足轻重。女郎归至家中,回顾之余,惊喜参半,对何已产生爱慕之情,但已无处去打听寻觅。到了第二年,一次在当时著名的张园演讲会上,女郎也参加了。何靡施在台上慷慨激昂的演说,引发了下边女学生的倾慕和议论,棋卿得以知道何的姓名。后通过一社交极广的女子身毒相助,二人才得以相识见面,通过交谈,情投意合,相见恨晚,分析时势,畅谈理想。之后二人暗中常有往来。但从谈话中得知,棋卿自幼被父亲许配给表兄桂儿,桂儿是一个浪荡轻浮子弟,棋卿常常感到厌烦和郁闷。此时上海学潮风起,再有与何靡施见面之事被出来陪读的母亲知道,在与其兄琴甫商定后,最后迫其离开上海回浙江老家,二人关系从此断绝。何靡施惆怅失意,昔日战友们都风流云散,他决心到日本留学。理想未能实现,爱人又杳无音信,后来因思念棋卿而悲愤不已,去日本途中,投海而死,而棋卿状况也不可得知。这就是小说的大致情节。

所有这些叙述,都与当时的政治和时代背景大体一致。主人公何靡施也确有其人。章含之、白吉庵主编的《章士钊全集》第三卷的《双枰记》是这样作注的:"文中之何靡施,即何梅士,福建侯官(今福州)人,曾肄业南洋公学,后入爱国学社。一九〇三年苏报案后,曾与章士钊等在上海创办《国民日日报》。一九〇四年赴日本,蹈海死。"①陈独秀、章士钊都与何梅士感情笃深,对于何梅士之死,二人都做了悼念诗章。但是现实中何梅士不是投海

---

① 《双枰记》注解,章含之、白吉庵主编:《章士钊全集》(第3卷),上海:文汇出版社,2000年版,第368页。

自杀,而是 1904 年 2 月 16 日在日本因脚气病而死,①这也是小说与现实生活的不同。当时,陈独秀在安徽芜湖办《安徽俗话报》,卧病在床,得章士钊弛书报丧,悲痛万分,特为赋诗致悼。陈独秀先后共写了三首悼念何靡施的诗篇,分别是《哭何梅士》、《夜梦亡友何梅士而赋此》和《存殁六绝句》中的其中一绝。章士钊写了一首,并且与陈独秀的第一首《哭何梅士》一起发表在《警钟日报》上,章士钊作注。其中陈独秀的《哭何梅士》是:"海上一为别,沧桑已万重。落花浮世劫,流水故人踪。星界微尘里,吾生弹指中。棋卿②今尚在,能否此心同。"③章士钊哭梅士的诗是:"与君肝胆最相期,绿水青山无尽期。回首忍倾东海水,漫天风雪哭梅痴。天涯尔我无余物,尘海风波失自由。侠义情缘俱斩绝,月明含泪看吴钩。"④作者在小说结尾提到和陈独秀作悼诗,责怪陈独秀"棋卿今尚在,能否此心同"之句孟浪,陈则辩解为欲说明其

---

① 章士钊:《警钟日报》,1904 年 4 月 15 日。章士钊(署名"行严")在发表诗歌前面所作的注为:"二月十六日,福建何梅士,以脚气病死于东京,盖吾党中,又失去一健卒矣,余闻而痛极。然非深知何梅士者亦不知所以为痛也。余与梅士居海上,形影相属者半年有余,无一日不促谈至漏尽。安徽陈由己,亦与余及梅士同享友朋之乐者也,梅士之立志与行事,由己知之亦详。梅士之死也,由己方卧病淮南,余驰书告之。余得由己报书,谓梅士之变,使我病益加剧,人生朝露,为欢几何,对此能弗自悲。哭诗一首,惨不成句矣。盖余久欲以诗哭梅士,今由己诗来,始根触余怀,率成二绝。余词生硬,殆不足以杀吾悲也。余甚欲集梅士之友为位以哭梅士,庶足以尽待死友之道。今应声而同感者,只由己之一诗,吾安得不以梅士待友之侠与义併兼人之泪以恣吾梅士耶!"

② 据《陈独秀诗存》(安庆市陈独秀学术研究会编注,合肥:安徽教育出版社,2003 年版,第 3 页)注。章士钊在 1941 年 5 月重庆出版的《文史杂志·出初湘》(第一卷第 5 期)一文中说:沈棋卿,浙江名门闺秀,在沪与何靡施一见钟情。沈家反对,将棋卿送返原籍,以断其往来。何靡施辞世后,为纪念亡友,章士钊据何沈情变为原型,创作了小说《双枰记》,塑造男主人公为殉情跳海而死,棋卿亦为小说中的女主人公。

③ 《警钟日报》,1904 年 4 月 15 日。

④ 《警钟日报》,1904 年 4 月 15 日。

故而写。因而更给人以真实可信、无限悲伤之感,这不是一般小说所能达到的效果。

根据小说中推断,何靡施 1901 年由天津水师学堂入上海南洋公学的,离开公学后又过一年(即 1902 年),上海爱国学社才建成。他要早作者一年进入爱国学社。作品中许多地方都记载了当时的时事,比如到张园演讲,都符合史实。因此从开篇看,这篇小说好像一篇政治小说,其实不然,作者强调"身历耳闻"的人生体验,这当然就不同于一般的、空洞的政治小说。陈独秀在《双枰记·叙一》中说道:"国家社会过去未来之无限悲伤,一一涌现于脑里。""烂柯山人素恶专横政治与习惯,对国家主张人民之自由权利,对社会主张个人之自由权利。此亦予所极表同情者也。团体之成立,乃以维持及发达个体之权利已耳,个体之权利不存在,则团体遂无存在之必要,必欲存之,是曰盲动。烂柯山人之作此书,非标榜此义者也,而与此义有关系存焉。"①1903 年,是一个重要的年代,社会新思潮此起彼伏,由"中学为体,西学为用"到"新民""启民",由维新变法到反清革命,章士钊此时已成为学潮领袖,反满斗士,成为《苏报》的主笔,所发文章篇篇皆排满革命,情绪激昂,言辞激烈,反映出当时激荡的革命思潮。《苏报》被封之后又主持《国民日日报》,思想内容仍很激进。此篇小说间接地反映了章士钊、陈独秀、苏曼殊、何梅士等一代革命青年,反清拒俄,爱国救亡,启发民众,为争取个人和民众之自由权利,甘愿抛头颅、洒热血。何靡施的死,未尝不间接说明以章士钊、陈独秀为代表的当时激进爱国青年最初理想的破灭和黑暗传统势力的根深蒂固,也是他们对人生、真爱、民主自由的苦苦追问和探寻。

---

① 陈独秀:《双枰记·叙一》,《甲寅》月刊第一卷第 4 期,1914 年 11 月 10 日。

　　在已发表的仅有几篇简单提到《双枰记》的文章中,对于其主题的分析不多,有的认为与当时同时代小说相比,既不完全政治,又不完全言情,只不过是通过对青年的不幸遭遇的描述,控诉清政府统治下的封建婚姻制度,并揭露帝国主义侵略者在中国的飞扬跋扈,横行霸道,令人读后对封建礼教产生憎恨。同时认为作者没能让主人公奋起抗争,却自杀身死,乃作者的局限。如果单从这方面分析,在辛亥革命前轰轰烈烈的反封建运动中,这篇小说于《帝国日报》登载就已经发挥了此项作用,那么,为何在1914 年《甲寅》月刊上又重新登载呢?"夫自杀者非必为至高无上之行,惟求之吾贪劣庸懦之民,实属难能而可贵,即靡施之死,纯为殉情,亦足以励薄俗,罢民之用情者即寡,而殉情者绝无,此实民族衰弱之征。予读《双枰记》,固不独为亡友悲也。"①我们从陈独秀所做的序言中可读到一些信息,那就是为朋友哭,同时也为愚弱的国民而哭,更为这阴暗的停滞不前的时代而哭。

　　对人生真爱的追求,是这篇小说的主旨所在。"嗟乎,人生最难解之问题有二:曰死,曰爱,死与爱皆有生必然之事。"②"靡施之死,殉情邪? 愤世邪? 盖未可偏执一见。其出于高尚之牺牲精神,非卑劣弱虫者所可议其是非,可断言也。"③章士钊在为苏曼殊的小说《绛纱记》作的序中也写道:"人生有真,世人苦不知,彼自谓知之,仍不知耳。苟其知之,未有一日能生其生者也,何也? 知者行也。一知人生真处,必且起而即之,方今世道虽有进,而其虚伪罪恶,尚不容真人者存,即之而不得,处豚笠而梦游天国,非

---

① 陈独秀:《双枰记·叙一》,《甲寅》月刊第一卷第 4 期,1914 年 11 月 10 日。
② 陈独秀:《绛纱记·序二》,《甲寅》月刊第一卷第 7 期,1915 年 7 月 10 日.
③ 陈独秀:《双枰记·叙一》,《甲寅》月刊第一卷第 4 期,1914 年 11 月 10 日。

有情者所堪也,是宜死矣。""彼已知人生之真,使不得即,不死何待? 是固不论不得即者之为何境也。吾友何靡施之死,死于是。……吾既撰《双枰记》,宣扬此义。"①心同此同,寻求人生之真爱,在这个充满虚伪罪恶的伦理社会,只能用牺牲生命来反抗和表明心迹。作者所表达的和陈独秀序言中所言是一致的。

对于小说的叙事模式和叙事结构,《双枰记》中,除了第一人称叙事人外共有四人,组成两个互有交叉的三角关系,男主人公何靡施与棋卿、身毒为一组,女主人公棋卿与何靡施、桂儿为一组。四人名义上都是新学之士,可自有高低优劣之分。身毒虽室内都是欧式陈设,却是专门勾引男子的荡妇;桂儿则浮薄放浪,借维新之名来追逐女性。只有棋卿与何靡施新中有旧,既反对"耻言欧化"的守旧派,又反对女学生的"奔放无度",热恋中也不忘古训谨守礼义。棋卿的高论,令何靡施非常赞叹,这种对东西文化的沟通,正是作家所追求的。小说《双枰记》就体现了章士钊的文化选择。在这一点上,他与苏曼殊小说中既有东方女性的温文尔雅,又有西方女性的大方、智慧、勇敢相融合的审美选择有些相同,章士钊把何靡施和棋卿作为自己的选择表达出来,苏曼殊却是借小说中男主人公选择女性的困惑来表达自己文化上的困惑。小说中建立了三角恋爱的叙述模式,也采用了第三人称的限制叙事,但正如韦恩·布斯说:"仅仅说一个故事是由第一或第三人称讲述的,并不能告诉我们什么重要的事情,除非我们能更精确地描述叙述者的特性与某些特殊效果有关。"②小说《双枰记》

---

① 章士钊(烂柯山人):《绛纱记·序一》,《甲寅》月刊第一卷第7期,1915年7月10日。

② 〔美〕韦恩·布斯:《小说修辞学》中译本,南宁:广西人民出版社,1987年,第157页。

除此之外,还有作者所要表达的更深层的意义。

1914 年是甲寅年,《甲寅》的创刊,自有其标志性的意义,那么将小说《双枰记》重新登载,不能不引人深思。1912—1919 年间,是中国自 20 世纪以来最为黑暗的时代,袁世凯专制,二次革命失败,许多昔日雄心勃勃的文人志士变得消沉落寞。然而,这时期文学创作却有了突飞猛进的发展,旧体诗、骈文又都兴盛起来。小说由初期的新小说而发展成回雅向俗、雅俗并存的局面。但是,无论诗歌还是小说,所阐发的内容却大不相同。在域外小说不断输入中国的同时,与之相呼应的是国内小说已从文学结构的边缘开始向中心移动。创作手法的变化,使小说出现了实录、谴责与感伤的整体特征,其中现实题材的小说则体现了对生活的实录,是生活的"忠实镜子"。

然而,作为一代大家,章士钊写这篇小说,我认为不仅仅是把当时的情况真实地记录下来而已。他提到"小说者,人生之镜也",镜子既能照近影,也能折射远景。何靡施虽然死了,但他的路还没有走完,"彼已知人生之真,使不得即,不死何待?"那么,如何得到人生之真而不死? 当年何靡施用死来报以真爱,如今,章士钊用小说再次表现出来,无疑是给社会尤其是青年人所关注的恋爱自由、婚姻自主的问题以思考和启迪:如何去面对? 如何才能真正去实现? 是继续受传统礼教、婚姻观的摆布,还是应该警醒起来反抗,把个人的自由权利放在第一位? 个体权利不存在,团体还有存在的必要吗? 我认为这才是作者重刊此小说的最为重要的原因。尽管《甲寅》月刊时期,章士钊的办刊思想已不同于《苏报》和《国民日日报》时期那样激进,而是趋于平和、理性,但就是在这平和、理性的"调陈时弊,朴实说理"①中,不仅创作了大量的逻辑性强的政论文章,而且也以小说的形式表现出他对传统势力和封建专制社会的愤懑与反抗。在本期上还登载了陈独秀高举个人权利大旗,与曾经盛行一时的国家主义思想形成尖锐对抗,对当时中国学界如炸弹般引起轩然大波的《自觉心与爱国心》,二者风格是一致的。只不过前者隐曲,后者更为直接而已。

陈独秀在《双枰记·叙一》中,最后竟用了六个"不祥"词语结束,"作者称此书为不祥之书,予亦云然,今以予不祥之人,叙此不祥之书,献于不祥之社会,书中人不祥之痛苦,予可痛哭而道之,作者及社会不祥之痛苦,予不获尽情痛哭道之也。"②这六个"不祥"分别代表不同的意思。"不祥"之书,指不合社会主流、违背社会伦理的书;"不祥"之人,专与社会对抗,不受社会欢迎的人;"不祥"之人,来写此"不祥"之书;"不祥"之社会,指社会的黑暗,封建势力的强大;书中人"不祥"之痛苦,是因为追求人生真爱而不得,甚至以生命为代价;作者和社会"不祥"之痛苦,说明了反满抗清,启蒙革命,不为社会所容。因而,这篇小说不具备民众和社会所喜爱的娱乐性和趣味性,也不是为袁世凯专制政府歌功颂德,是一篇不受社会欢迎的"反动"之书。这六个"不祥",概括了小说的总体基调,既包含了对社会的不满、反抗,逆社会潮流而动,为社会所不容,又反映了主人公、作者和序者等对真实人生的追寻和探求。此乃忠实的人生之镜,真实的人生写实和奋斗的缩影,并进而反映出《甲寅》月刊的真正办刊精神,就是为知识分

---

① 《本志宣告》,《甲寅》月刊第一卷第1期,1914年5月10日。
② 陈独秀:《双枰记·叙一》,《甲寅》月刊第一卷第4期,1914年11月10日。

子重新思索、判定个人与国家、民族相互关系提供了场域。因此，小说《双枰记》与其说是婚制新旧交接之一片影，不如说是新旧思想观念之交接、冲突，开始注重个人主体地位的警笛的鸣响，其代表意义重大。《甲寅》月刊中登载的苏曼殊小说《绛纱记》、《焚剑记》均表此意，这为五四新学运动倡导"以人为本"，作了很结实的铺垫，由此可看出《甲寅》月刊的文学动向与以往大有不同。

二、多种叙事模式融汇，鼓吹至善至性之真情——寂寞程生的小说《西泠异简记》①

寂寞程生即程演生，在《甲寅》月刊中还发表了《赠马浮》诗歌六首。小说《西泠异简记》刊登在《甲寅》月刊第 9 期和第 10 期上，因《甲寅》月刊被查封，没有刊载完。前面已经叙述过，章士钊后来编辑三卷《名家小说》时，在第一卷中把这篇小说全文收录。现在分析此小说，也是依据《名家小说》的全本，了解小说完整的故事情节和发展脉络，以及作者自始至终所表达的至善至性之情爱主题，这样才能总体把握作者的言说方式，在叙述结构上又有哪些特别之处。

在这篇不算短的小说篇幅中，作者在叙事模式、结构、角度等方面，也体现了不同程度上的探索与尝试。小说中不只是作者和主人公两个叙述人，而是先由作者发论，提出自己所要表达的至善至性的情爱主题，然后由主人公叙述，引起悬念，接着又由小说的悬念中引出人物的叙述，多个人叙述。既有第一人称，也有第三人称的叙述，显然，作者与杂志中其他小说作者一样仍然尝试打破传统的全知全能的叙述模式。这个故事本身就含有传奇和

---

① 程演生（寂寞程生）：《西泠异简记》，见《甲寅》月刊第 9、10 期，1915 年 9 月 10 日和 10 月 10 日。章士钊编：《名家小说》（上），上海：亚东图书馆，1916 年版。

侦探性质,又是描写爱情、友情、亲情,牵涉存于阴阳的题材,这样很容易引起读者阅读的兴趣和探求的欲望。

小说共十二章。虽然分章,但又不同于旧式的章回小说。第一章算是小引。作者并没有直接开门见山叙述小说情节和发展脉络。而是针对当下小说盛行,尤为言情言爱小说最多,许多人认为社会风俗的败坏,青年的堕落,都是由这些小说影响所致的现象,作者作为叙述人,进行评判,表明自己的观点。"予以为此非谈本溯原之筹议,特支见偶及。而不知实有一大劣因之所诱致。固不在此而在彼也。果言情小说之效力,有足以激我少年民族纯洁之血气,能钟于情、殉于情,吾方且祝之尸之。"①接着作者例举陈独秀在章士钊的小说《双枰记》序中的话,一个民族如果没有敢于殉情者,正是这个民族衰弱的表征。因此,作者表明:"情之所钟,为体至不一,而用焉则可以通阴阳,可以达精诚,顺逆致感,中外相应。诗以成,礼以作,由此一大性善之所宣化耳。"②并列举了《礼经》、刘歆、班固等关于情"反情以和其志"和"情深而文明"、"情者性之符也"、"情所以辅性"的论说,来论证自己歌咏情与爱的完美和伟大,因此,对"情"作了一番解释:"是故情用之于父母也则曰孝,于昆弟也则曰悌,于朋友之交也则曰忠信,于男女之悦也则曰爱情。推而大之,至于人群,加乎庶物,则曰仁曰义。"③作者所理解的这些情,在后面的故事情节中都有体现。

第二章才真正进入小说情节,引出人物,即主人公琴香公子,带着柔弱的病体和惆怅寂寥的心情,向他的好友秋影居士讲述自

---

① 《西冷异简记》,章士钊编:《名家小说》(上),上海:亚东图书馆,1916年版。
② 《西冷异简记》,章士钊编:《名家小说》(上),上海:亚东图书馆,1916年版。
③ 《西冷异简记》,章士钊编:《名家小说》(上),上海:亚东图书馆,1916年版。

己的一件异事。这里采用倒叙手法,回溯去年(甲寅仲春)自己居住在杭州西湖的西冷桥边时,收到一封奇异的信简,由此开场。信封上有娟秀字迹,而信简内无一字,似有几滴粉红色的泪痕,顿觉天旋地转,脸色苍白,把僮子锦子、仆人柳二都吓坏了。因为信封上的字迹分明是曾经与自己相爱并通信,且已经死去五年的一位名姝所写,也是令自己日夜怀念、为此多病生愁之人。立下悬念,这样引出下文,继续对秋影居士讲述自己的经历。这里琴香公子是叙述人,使用第一人称进行叙述。这是区别传统文学最明显的特征。

第三章开头,作者又有话说,向读者表明这样写是为了结构的需要。用现在的阅读习惯,作者这样特意讲出来,给人的感觉有些多此一举,有编小说的意思。但在当时,作者如此讲述,确是与读者拉近距离,像是和读者讲述一个亲眼所见的事情,让读者与自己一起去感受主人公悲惨不幸的命运。这样做也合乎《甲寅》月刊的风格。接着又说琴香公子是此记之主人,但是他收到异简,若没有秋影居士的帮助,是不可能找到答案的,所以,应该让读者知道琴香公子的身世,同时说明秋影居士虽然是此记之宾,实际上是主中之主。开始回叙琴香公子的生平家世。属旗籍,东北长白人。后与秋影居士、傅瑶庭、薛仲琪四人成为共砚之友,在天津一起就学于傅瑶庭的父亲。作者分别介绍四人的身世。都是官宦世家之子,又都各有才华,各有喜好。但薛仲琪年轻去世。傅瑶庭因宠爱一个歌妓凌波,后家庭败落。秋影居士祖辈父辈都是武将,立过赫赫战功。到了他这里,虽也有家风,但因体弱,未能继承祖业。他曾因喜欢一个侍姬丽珠,后来此女被他的病所染而死,伤痛欲裂,作了许多悼念词章,从此对人生看破,皈依佛门,成为秋影居士。这里作者以第三人称的叙述人进行介绍四人的家世和友情,也为下文打下伏笔。

　　第四章,作者在介绍四人的身世后,才开始介绍琴香公子的所在地。地点在十里洋场的上海。首先描述了琴香公子居住在伯父家及琴香典雅精致的居住处。时间与第二章相连,那么,第二章虽然没有表明地点,只说明时间是在傍晚,琴香公子谈完收到奇异信简的情景,与秋影居士约定第二天过午再来听他讲述。第二天秋影居士打电话告诉琴香公子中午有约,傍晚时过来,两人一起喝清酒。可见第二章也是在上海琴香公子的居住处了。在这里,琴香公子作为叙述者开始向秋影居士讲述如何认识这个异简的主人。琴香公子母亲去世的早,父亲在天津任职,后得知祖母有病,伯父来信说祖母想念父亲和他。他与父亲一起到北京,在京几日,父亲因公事繁忙,看祖母病没什么大碍,回了天津。祖母把琴香公子留在身边,快一个月的时候,琴香公子征得祖母的同意,去什刹海赏荷花。在那里遇见了貌美如花、气质典雅的女子佩霞,琴香公子对她一见钟情。加上女仆秦媪的讲述,知晓了她的家世与才华,与自己所感受到的一致,更觉得这个女孩就是自己苦苦追寻的知音。由琴香公子的叙述,引出了小说的女主人公,也是情爱故事开始拉开帷幕。

　　第五章与六、七两章都由琴香公子叙述。自从那日从祖母家去什刹海游玩见到佩霞(霞姑)以后,琴香公子就觉神思恍惚,感霞姑倩影萦绕,日夜思念。才子佳人相见,确有相见恨晚之意。后来得知是东邻文夫人的大女儿才貌俱备的霞姑。琴香公子做梦去了霞姑家,梦中所见与后来去她家的真实情景一模一样。时值秋季,祖母每年都要在这个时候宴请宾客,于是让他写请帖,他乐意从命。祖母邀请了文夫人和霞姑、婉姑两位女公子。从宴会中得知,文夫人曾和琴香公子母亲生前是闺中好友。所以,待琴香公子体贴周到,令琴香公子感动,并让他随时过去玩。

第六章,介绍文夫人的家庭。丈夫去世,儿子佩福不学无术。两个女儿霞姑、婉姑,婉姑才十一、二岁,霞姑却极聪明,酷爱学习,琴棋书画都在行,古文学功底深厚,深得父母宠爱。父不在,母亲尤非常珍爱。当时,看到一些书刊谈到外国知识,因有不懂之处,很想学外文,母亲就请了一个英文教师亚丽司脱,到府上教英文。族辈看不惯说她信洋教,从此对她们家有成见。琴香公子的祖母伯母也持这样的观念。琴香公子以学外语为由,得到祖母、伯母及父亲的同意,从八月开始,到文夫人家与霞姑一起上英文课,朝夕相处了几个月,两人内心早就埋下了相爱的根苗。

第七章,到了十月,因文夫人病重,霞姑伺候母亲不能继续上课,琴香公子也懒得自己上英文课,这样一来英语课停了,亚丽司脱也辞了馆。但琴香公子每日都来看文夫人病情,得以见霞姑,两人互诉衷曲。文夫人病中也谈到当年和琴香公子母亲一起怀孕时,琴香公子母亲说过,若属男女必联姻。但琴香公子的祖母伯母本来就不喜欢霞姑,加上文夫人病重,琴香公子的英语停学,还每日去文家,怕日久出事,所以就给琴香公子父亲写信,说父子分别已久都互相想念,让马上派人把琴香公子接回去。这样琴香公子从此离别了霞姑,在临走的头一天晚上见了霞姑。回到天津后,两人很艰难地通信,每次都是从京来人或去北京的人给带过去,让祖母家的女仆秦媪给霞姑送过去。回津三个月后,琴香公子得知文夫人去世的消息。本想进京去安慰看望霞姑,但当时因父亲病重又亲自伺候父亲,第二年春,父亲也去世。当时正值伯父外放,全家南行,顺路到天津带上琴香公子,从此离开了北京和天津。一个多月后,又得知霞姑也离开人世的噩耗,琴香公子遭受这些重大打击,从此茶饭不思,身体更渐衰弱。讲到这里,琴香公子从怀中取出霞姑写给他的信,给秋影居士。

第八章,秋影居士看霞姑写给琴香公子四封信的内容。这一章叙述的内容较多。作者先展现了这四封信的内容,也就是那个不新不旧时代的情书。霞姑叙述二人离别时的沉痛心境,母亲病情如何,怀念二人共习英语时的课堂,琴香公子英文笔迹,忆昔日共处的情景,无由会晤,只能是临风洒泪,对月悲啼。之后告知母亲去世,她身心支离破碎,一天数次晕倒。舅母为哥哥娶了亲。从来信中得知琴香公子的父亲去世,感叹老天为何对他们二人如此残酷?收到琴香公子送的礼物,也回送了礼物,文词丰富,作诗以表情,极富哀婉凄怆。夜已深,秋影居士读完信,看到琴香公子痛苦地伏案咳嗽,劝他早些休息。但琴香公子又继续讲了文家的彻底落败及婉姑的事情。去年秋天让仆人柳二在北京打听消息以及最近又了解到的。因佩福不务正业,把先人遗产都典卖完之后,无法生存,把婉姑和霞姑的丫鬟小鸾托付给从奉天来的舅母,自己带着妻子投奔荆州主管军务的亲属凤公。但凤公因民军之变而死,佩福夫妇也遇难。婉姑遵舅母之意许给吉林毓中书的儿子。婉姑坚持为兄守丧拒绝了毓中书要为儿子迎娶之意。小鸾年龄已大,被舅母给嫁出去,只剩婉姑孤苦一人和舅母在一起。此时丧期已满,又赶上毓中书去世,所以婚期又延迟。但没想到婉姑却被舅母的亲戚叫裕南平的妻子给骗出去绑架了,裕南平为讨好有权势又好色的贵族桓成君,让其妻以带婉姑出去游玩散心征得舅母的同意,把婉姑骗到桓成的别馆。婉姑至死不从,寻死多次没成,仍被困在那里。她的舅母叫来毓中书的儿子,打官司没打赢。后因桓成驯马被马践踏回家养伤,再没到别馆来。琴香公子讲到这里说自己体弱无力挽救婉姑,所以更加痛苦,问秋影居士能否相助。秋影居士答应营救婉姑,并说最近想去一趟北京。因为通过前些天的一位出家朋友打听到瑶庭的下落,琴香公子也说一起去。两人谈完天已大亮,秋影居士决定晚上六点在海国春饭店相见。

第九章,秋影居士答应帮忙,说曾跟随他祖父、父亲随军打仗各二十年的老苍头祝五,一定能把婉姑救出来。接着作者开始介绍祝五的传奇,非凡武功的来历。从小遇到一位更加传奇的奇人学得武功,然后从军,投奔秋影居士的祖父。这是一个有侠气又忠诚的江湖奇人,有着传奇小说的神奇色彩。这也是作者有意引出一个昔日的英雄形象吧。祝五虽然已经七十岁,但仍然身健如鹰。自己的武功不传授给儿子,原因是这种功夫不好学。对秋影居士极为忠诚,称为少主人。秋影居士和琴香公子约定第二天晚上六点在海国春饭店见面。到饭店不久,祝五接到秋影居士的电报就坐快车从郊区赶到上海,商议了对策后,因柳二熟悉北京情况,决定让柳二和祝五一起去北京,三天后秋影居士和琴香也到北京。顺便看看傅瑶庭,说他此时正在北京同仁医院里。

第十章,琴香公子和秋影居士一起从上海坐船到烟台,再乘车去北京。秋影居士向琴香公子讲述傅瑶庭近几年的变化。这里秋影居士变成了叙述人,是在讲述别人的事情。由琴香公子的第一人称叙述变成了秋影居士的第三人称叙述,而且是作品中的人物。这是作者在叙事角度上的又一个变化。

瑶庭家庭败落之后,主攻过科学,又研究过音律。后去过朝鲜、日本、俄国,宣扬什么自由、人道。后来一个季父去世,没有子女,他继承了财产,但他采取了平均主义,把这些财产都分给了那些种他季父土地的农民,把地契都烧了。被族人起诉,只好带了一些金钱和一个妓女跑到哈尔滨,落魄之时,被去哈尔滨的一个贝子爷请回了北京。这位继承禄位的贝子喜欢唱戏,因为他知道傅瑶庭懂音律,就让在他家吃住。贝子过寿,来了众多贵族,把北京当时的名角儿都请来了,期间贝子搞串戏,不少贵族都喜欢亲自登场唱几段。贝子让瑶庭上场,瑶庭从扮相到唱腔都很像样,震慑了许多人。但唱到一半时,却忽然撕了衣服毁了容,开始大骂下面这些贵族,说他们忘祖,只知道享乐。后来贝子派人把他送到同仁医院,说他精神上不正常。

第十一章,这一章作者向读者叙述。在轮船的头等舱里,两人继续谈着话。此时引出邻舱里一老者带着一年轻女子来,年轻女子乃上海名妓碧娘,听说嫁给一个老者,这位老者是晚清遗老,民国以后又出来当官。作者借琴香公子之口,对这些所谓的遗老进行了一番嘲讽。说曾建立什么超社,后又改成逸社,讥讽这些人受不了清静无人吹捧的日子。作者在二人途中设这一插曲,其用意是在拖拽故事情节,同时也是对黑暗现实和那些遗老们的嘲讽。二人到了天津住在旅馆,旧地重游,琴香公子感慨万千,虽有亲属亦未及存问。二人草草睡了一宿,第二天就坐京津快车到北京,下车后二人去事先和祝五柳二约定好的待客室,果然见到祝五柳二,见二人面带喜色,知道事已办成。于是四人一起坐车到琴香公子家的吉祥老宅。接着,祝五讲述营救婉姑的经过。说救出来之后,婉姑由她舅母打扮成村姑模样,一起去吉林婉姑的婆家了。

秋影居士说婉姑已经救出去了吉林,异简的事情又没有线索了。琴香公子更感到抑郁。此时柳二说她曾经问过婉姑,但婉姑说自己当时年幼不知晓,问霞姑墓在何处也答不上来,并说一切都去问小鸾,并告诉了小鸾的地址,是在上海的英租界。这里作者又让柳二作为叙述人,开始叙述小鸾的身世和遭遇。环环叠扣,曲折丛生,让人从"山重水复疑无路",又感到"柳暗花明又一村"。小鸾是南方人,是文夫人跟随丈夫到南方上任时买来的。后嫁给了一个签事为妾,签事官职没了回到老家,被大妇所妒后来被弃。回到上海找到外婆,住在英租界信了教。有一丝线索就有探求异简答案成功的希望。琴香公子和秋影居士商议,先到医院看望瑶庭然后回上海。二人乘车到医院,得知瑶庭已远行,只留一封信给秋影居士。瑶庭在信中说自己正图谋一件大事,不久社会上就会知晓。如果他不走,有人就会置他于死地。又说他曾经到过洛阳祭拜过薛仲琪的墓,很凄凉,家人已经离开洛阳。希望他们二人能够祭奠一下好友,也不枉为好友一场。二人商议,先转车到洛阳,然后再回上海。在这里,作者也回应了开篇对情的解释,这是朋友之间的忠信侠义之情。发生这许多事,琴香公子晚上睡不着,到外面看到花丛中似有人影,隔墙又好像有女子哭声,于是又悲伤痛哭,感叹和霞姑生死相隔,忆往昔岁月,与霞姑朝夕相处,不免放声大哭。如果霞姑有灵,希望她能跟随他第二天去祭奠他父亲。作者处处不忘点缀故事的凄婉、悲伤的意蕴。

第十二章,作者又作为客观叙述人描写琴香公子和秋影居士到洛阳,派人找到薛仲琪之墓,二人祭奠焚书凭吊。墓前森冷凄然,令二人不忍离去,更觉物是人非世事难料,增添对过去的追念和感伤。二人回到上海第二天就去见小鸾。这里小鸾又作为叙述人回溯霞姑之事。小鸾先解释了那封信简是她于去年在杭州遇见琴香公子时派人给送去的。至此,异简的来历明了了。但还不知霞姑在与琴香公子离别后的情形,为何小鸾给寄霞姑这无字的信简?小鸾问琴香公子,相信霞姑真的死了吗?琴香公子闻听更感震惊,耸然瞪目,径直走到小鸾身边问她刚才说的什么话?不敢相信自己的耳朵。小鸾说:"霞姑娘实未尝死,惟自孤行绝域,漂泊他州,实足痛杀耳。……霞姑娘亦特以公子乃出乎此耳。"①秋影居士说:"此诚意外事,无怪柳二探取消息,终莫得其要领。婉姑且言非求于小鸾不可也。"②这确是一个令人非常震惊的消息,小说至此达到高潮。琴香公子让小鸾讲述此中奥秘。小鸾开始叙述霞姑自从母亲去世后,少夫人秉性便厉,不体谅姑娘心情,并且常常暴语反讥。说夫人遗下的财产很多,都被姑娘侵吞。霞姑娘玉质冰心,又娇幼不能辩言,只能每天以泪洗面。经常到东院看与公子学英文之地,追念往事。后得知公子父亲去世,与伯父全家一起去了南方,更觉与公子今生无望。于是病情更重,也不让请医生。一天半夜时姑娘起来被扶到书几旁,准备给公子写信,但已无力写信,放下笔一声长叹,泪落如珠点点湿透信简。待小鸾第二天清晨看时惨凝有落红痕迹,姑娘嘱咐她日后寄给公子以表她心。此时亚丽司脱来,与霞姑谈到很晚,从此霞姑的病开始逐渐好起来,两人经常用英语对话。一天,亚丽司脱来,霞姑说第二天要出游散心,去教堂观圣礼,让小鸾报告给主人。主人不在,少夫人不以为然。此时婉姑已经被舅母召去不在家。第二天霞姑就以去教堂为由,不让小鸾跟随,与亚丽司脱一起去了美国。待到傍晚未归,第二天主人让人去亚丽司脱所在的教堂去寻,教堂里人说没看见霞姑娘,而且亚丽司脱昨天中午就已经坐车到天津然后回纽约了。舅夫人和婉姑也被召回,都觉伤心之至。少夫人的主意,洋人都不敢惹,说跟洋人跑了有辱门楣,只能说姑娘思念去世的母亲病死,备一口空棺椁在家停了七日,埋到西直门外乱冢中。小鸾说从没忘记姑娘的嘱托,把给公子的

---

① 《西冷异简记》,章士钊编:《名家小说》(上),上海:亚东图书馆,1916 年版。
② 《西冷异简记》,章士钊编:《名家小说》(上),上海:亚东图书馆,1916 年版。

信简收藏好一直带在身边,直到去年春天,在杭州西湖看到公子。又怕丈夫怀疑去见年轻公子,所以只能派一个亲信把信简给送过去,这就是琴香公子收到的那封无字信简。听到小鸾讲述这离奇哀恻的经历,琴香公子始犹酸辛,继则愕异,终又洒然而喜。呼唤苍天,今日竟能让他听到这样的好消息,并说明日便去美国寻找霞姑。秋影居士也颔首微笑。

本来故事到此已经结束,读者也都长舒了一口气,并认定琴香公子一定会去美国寻找到霞姑的。但作者又加了个尾巴。"寂寞程生曰:吾所闻西冷异简事如此因具,载之其后。有传说者,则莫知孰是矣。或谓琴香公子往美州,果寻得霞姑,遂由亚丽司脱主婚,成嘉礼。更劝秋影居士纳小鸾。或又谓琴香公子至美国,竟未寻着霞姑,小鸾终为女冠,而秋影居士则携琴香公子往浙东,依一老僧,了度枯静之生活云。"①这样,作者在叙述完这一曲折复杂的故事后,预测了两种结果:一种似极美满,个人都有了很好的归宿,好人好报。而另一种则仍然悲惨,琴香公子没有找到霞姑却与秋影居士共同出家而告终。赋予给读者根据自身的经历进行推测和想象,以达到自己希望的境地。这使作品的悲哀成分更增一层,同时也增加了对世事的感叹和凭吊的情绪,这是作者采取的又一种写作技巧而已。作者不以"程演生"而以"寂寞程生"来叙述,大概更能符合作品的感伤情调。

从人物形象的设置上,作者根据故事情节的发展,以人物的身份地位来安排他们所处的位置,以及在小说中所起的作用。叙述者大多采用倒叙的语调,使人物逐一登场。有如侦破小说,根据一份线索,寻找蛛丝马迹,引出叙述人,逐层拨开,始露端倪。

---

① 《西冷异简记》,章士钊编:《名家小说》(上),上海:亚东图书馆,1916年版。

作品先从友情开始,主人公向朋友讲述自己收到异简的经过,引出爱情和女主人公。然后又引出和男女主人公相关的人物。人物繁多,近 40 人,登场人物就有 30 人。这样也就出现了多个叙述人,来叙述这篇充满离奇、悬念而又悲伤的故事。人物的描写和作品的时间、地点紧密相连。第三章写四人成为共砚之友,四人的家世及各自所学及爱好,并自号为"云霞四友",可谓笔致极为细腻。比如,对琴香公子的描写:

> 姿容俊美,举止闲雅,顾多病,体羸弱,俯仰若不胜衣。年八岁时,给事公尝携之游京师陶然亭,座中有宗室盛希白祭酒者,海内明贤也,见而异之曰:此儿濯如春柳,逸若秋云,真昆山之片玉,所惜眉目含情太盛,恐不克永其年耳。公子性纯洁,无膏粱文绣之习。雅好天然之美。居常喜读楚词汉赋,慕屈平宋玉之为人。数制哀文吊之,属辞华妙,摛藻悲凉。

> 其所最爱玩弄者,则为美玉。谓玉之为物,勿假雕饰,自然润美。微瑕罕容,纤埃莫蔽,其状无论长狭方圆,皆能委宛合度。若使琢之成器,虽戕其本体,而质终温如。故古之君子行必佩之,无故不去,祭祀荐焉,朝会秉焉,酬答赠焉,每对宾客,言论及此,则神会理解,累累如数家珍,欣然忘倦。故公子之居处什物,多以美玉为饰,其品之高下真赝,触目辄辨,不可相混。贾玉者咸服之。又能别其出土之近远,考其收藏散失之原流,皆历历可据。其嗜好之雅博高洁如此。[①]

第四章,又写在十里洋场上海琴香公子的居住处,琴香公子和秋影居士的外貌穿着,这样不惜浪费笔墨的描写,没有脱离传统小说描写人物的窠臼。因为这里所描写的主人公都是官宦世

---

① 《西泠异简记》,章士钊编:《名家小说》(上),上海:亚东图书馆,1916 年版。

家子弟,并且都质若蒲柳。正因为他们是富家子弟,才会有那些闲情逸致和雅好。小说中描写傅瑶庭和秋影居士的爱情,对方都是歌妓和侍姬什么之类,并且他们一个为此家庭破落,一个为此皈依佛门成了居士。尤其是第四章描写琴香公子去什刹海赏荷花时,与霞姑相遇场面,各自的风韵、眼光,让人读了感觉作者还有对传统才子佳人的描写模式。

　　从这四位共砚之友的身世经历,除了薛仲琪早死以外,其他三位在当时的社会上还没有作出一番事业,都是依靠家庭的供养,尤其是琴香公子,自始至终都未能摆脱祖母和伯父母的摆布,一方面是他们自身的软弱无力,同时也说明他们在当时的社会中属于"多余人"的角色,根本无法驾驭自己的前途和命运。如果说辛亥革命时期的小说是以英雄、美人为题材的,而民初之后的小说,则开始注重表现个人的命运。作品中秋影居士的祖父和父亲,曾经是叱咤风云、驰骋疆场的人物,而到了他这一代,作者说他虽有家风,言外之意,豪爽仗义,为朋友可以两肋插刀,但身体单薄已经弱化,不喜舞拳弄棒。作者不想把他写成那种英雄式的人物,在作品中,他肯出手帮忙,也只是借助曾经跟随祖父、父亲的祝五出来帮忙。小说只是通过祝五简单叙述救婉姑的经过,似没怎么费力就把人救出来了。所以这里边没有出现什么英雄形象。

　　此小说虽未正面描写傅瑶庭做什么大事,但从秋影居士对琴香公子的话中可以看出他正在从事所谓的关于自由和人道方面的事情。这里初步体现了当时一些进步人士的政治追求,作者把这种朦胧思想加在了傅瑶庭身上,使得作品与时代相连的气氛。秋影居士说:"琴香,瑶庭之爱自由正人道如此,岂满洲人中国人之所能至耶? 非佛兰西社会党人乎? 彼今犹病卧同仁医院,吾故丞欲访之也。"①琴香公子也说:"瑶庭果若是激宕耶? 吾辈何懵懵一无所晓? 苦吾挚爱之友矣。"又说:"谓其为佛兰西社会党人乎? 我则谓其是古之伤心人耳。"②作者并没有给出一个明确的答案,这充分体现了从民初到五四过渡时期人们的思想意识。

在语言方面,如果说老谈、章士钊、胡适、苏曼殊的小说语言采用文白相杂的话,那么程演生的小说语言则采用骈散并用的传统笔法。因为使用四、六句的骈体,在渲染气氛、制造声势、烘托氛围等方面有着独特的功能。对景物和人物心境的铺排,会给人一种更凄凉怆然的感伤,与此同时也能生发出尽美尽致的审美效果。这种调子非常适合铺陈伤惨情境,尤其是在那份伤惨并不具备深致独特性的情况之下。小说骈散句式的结合,使作品更具幽怨、凄怆之魅力。

小说中许多地方,如对人物和景物的描写等方面,多采用四句、六句的骈句,更突出表现人物内心世界情感的丰富性和波动性,以增强作品的表现力、感染力。如秋影居士听到琴香公子叙述收到异简后时慨叹:"东风几许,流萤易老,人生于爱,何以遣兹。"③当然,这并不是作者的创新,在此之前,徐枕亚于1913年出版的小说《玉梨魂》,就是使用骈文写小说最成功的范例。同时,作者这样铺排,也是为了拖拽故事情节,使小说情节更加曲折、感人,而富有传奇色彩。

如写景:"楼阁参差,垂杨掩映,俨入图画。时旭日初上,水波

① 《西冷异简记》,章士钊编:《名家小说》(上),上海:亚东图书馆,1916 年版。
② 《西冷异简记》,章士钊编:《名家小说》(上),上海:亚东图书馆,1916 年版。
③ 《西冷异简记》第二章,章士钊编:《名家小说》(上),上海:亚东图书馆,1916年版。

湧翠,芙蕖万顷,嫣红飘动,晓风徐徐吹入襟袂,清凉如洗。"①"素秋乍起,金风却暑,凉叶堕阶,蝉声清咽。"②"时维十月,气益萧森,庭树鸦栖,黄叶尽脱。"③"朔气凝寒,深闺愁重,开轩临除,益自萧条。"④"当兹春深,月季盈阶,荼蘼满架,嫩绿娇红,娟娟欲语,恍若媚其幼主之远道来归也。"⑤

写霞姑:"修眉素颊,清丽澈骨,……髻挽双翼,余发覆额,金钻贯耳,容光四溢"⑥;"眉黛丛愁,泪珠晶结。""玉帷四垂,银檠半蕙。怆怀身世,有泪无声。纯白之情,天心当鉴。思等流光,间恐或绝。惟冀如吾弟所言,历劫亘生,愿持勿失。虽使骨化形消,因风委露,堕尘缘而不尽,缠绮业以无穷。"⑦"归事老父,幸自珍重,天地悠悠,吾诚薄命。"⑧"踯躅廊际,户网蛛丝,几不可入,败叶盈阶,荒苔没砌,池水暗淡,枯荷芬折,抚瞻旧事,渺乎若梦,怅然自绝。""时忽见别,顿阻关山,天路茫茫,无由会晤,临风洒泪,对月

① 《西冷异简记》第四章,章士钊编:《名家小说》(上),上海:亚东图书馆,1916年版。
② 《西冷异简记》第五章,章士钊编:《名家小说》(上),上海:亚东图书馆,1916年版。
③ 《西冷异简记》第七章,章士钊编:《名家小说》(上),上海:亚东图书馆,1916年版。
④ 《西冷异简记》第八章,章士钊编:《名家小说》(上),上海:亚东图书馆,1916年版。
⑤ 《西冷异简记》第十一章,章士钊编:《名家小说》(上),上海:亚东图书馆,1916年版。
⑥ 《西冷异简记》第四章,章士钊编:《名家小说》(上),上海:亚东图书馆,1916年版。
⑦ 《西冷异简记》第七章,章士钊编:《名家小说》(上),上海:亚东图书馆,1916年版。
⑧ 《西冷异简记》第七章,章士钊编:《名家小说》(上),上海:亚东图书馆,1916年版。

悲啼,人各一涯。"①

写琴香公子:"丝结乌巾,明珠中缀,春寒未已,犹御薄绵,缎袍胶履,斜据床右,怀抱一猫,毛色硬黄,莹光可鉴。"②

小说中有典型的四、六句描写,霞姑写给琴香公子的第四封信:"余春向尽,双双乳燕梁间;首夏犹清,片片落花簾际。闲宵有泪,永昼无言。步月徘徊,难忘幽眷。看云伫立,不接清尘,粉暗妆奁,脂残镜屉。昏昏志绪,郁郁偕从。把卷则神移,挑琴则心碎。重寻旧事,梦断绸缪。复制新篇,声含酸痛。伏念吾弟,侍疾津门。吊影蓬馆,殷勤扇枕。委曲温衾,衣减绮罗之饰,食却海陆之珍。聆晨风以微泣,对莫雨而长吁。遂使翡翠笔床,花须垢掩,珊瑚砚匣,燕翅尘生,婉约心情,懒结陈王之珮,风流意态,愁薰韩椽之香。盖羞自兰照,烟寒杨柳,怜谁玉折。"③有的地方还配以诗词。如:琴香公子叙述收到异简后的心情,符合秋影居士曾作过的断句:"莫怪杜鹃啼尽血,伤春人亦泪痕多。"秋影居士为悼念死去的丽珠作了许多词章。其中有"季伦未死,绿珠先坠层楼;鹦鹉犹存,琵琶竟沉碧海。"④

由二人在船上看到的上海名妓碧娘,又引出当年梦珠上人写给秋影居士的一首诗。这里提到的梦珠上人,现在东京且在某杂志登过两篇小说,这很容易让人猜到说的是苏曼殊,曼殊是他出

---

① 《西冷异简记》第八章,章士钊编:《名家小说》(上),上海:亚东图书馆,1916年版。
② 《西冷异简记》第四章,章士钊编:《名家小说》(上),上海:亚东图书馆,1916年版。
③ 《西冷异简记》第八章,章士钊编:《名家小说》(上),上海:亚东图书馆,1916年版。
④ 《西冷异简记》第三章,章士钊编:《名家小说》(上),上海:亚东图书馆,1916年版。

家的法号,又在《甲寅》月刊的第 7、8 两期上发表了两篇小说,并且"梦珠"是苏曼殊小说《绛纱记》中的主人公,因为当时写小说又能作诗同时是出家人的只有苏曼殊。这里提到的诗歌是"芳草天涯人是梦,碧桃花下月如烟。可怜罗带秋光薄,珍重萧郎解玉钿。"①这是琴香公子有些取笑碧娘仍然对秋影居士恋恋不舍之意。而秋影居士说琴香公子,引别人诗句:"风流才子多思春,肠断萧娘一纸书。"②这些诗词抑或是四、六骈句的描写,使得小说突破了传统以叙述性因素占主导的情形。

在时间的叙述上,作者采用倒叙、回溯的手法。通过琴香公子的叙述,"甲寅仲春"之时收到异简,距离与秋影居士讲述这件事情时已经一年有余。这篇小说发表时是 1915 年 9 月 10 日始(《甲寅》月刊第 9、10 期),"甲寅"年,即 1914 年,这正相符合。而且收到没有字迹的信简时,说霞姑已经去世五年多了。因此可以推断琴香公子与霞姑的相识则是在六年前,大约是 1908 年,可见当时人们的思想观念还是很传统和保守的,难怪作品中琴香公子叙述两人相见时的情态,可以理解,尽管一见钟情也不敢当面表达。了解对方,也只能通过仆人之间的议论才能知晓一些对方的情形。所以小说中体现的爱情模式,仍然是有些旧式的才子佳人模式,但其中有对十里洋场的繁华描述,提到了英租界、教会等,可以说渗入了西方现代性因素。如:琴香公子的房间摆设是半西式的,他与霞姑请外国教师学英文,之后霞姑跟随这位英文教师去了美国等,这大概也是作者给主人公安排的一种活着的出

---

① 《西泠异简记》第十一章,章士钊编:《名家小说》(上),上海:亚东图书馆,1916 年版。

② 《西泠异简记》第八章,章士钊编:《名家小说》(上),上海:亚东图书馆,1916 年版。

路和方式,所以,无论是时代还是小说中的人物,都属于半新半旧或者过渡时期的代表。

但是这里倒叙手法的运用,并不像有的模仿西方小说所写的那样,先向读者呈现故事的结局,然后再一一从头述说。程演生采用的则是先从过去时间段中发生的某件离奇事情中抽取一段,让男主人公讲述,收到已去世五年多的相爱之人的无字信简后,多方打听都没有结果,一直像雾一样的谜团困扰他一年多。当跟好友秋影居士述说时,仍然忧心忡忡,病弱恹恹,不得其所。由秋影居士的索问,才引出爱情故事的女主人公,以及她的家人变故。这样边回溯、边追索,险象丛生,最终使异简的来龙去脉及女主人公还活在世上的命运真相大白。作者就是通过这种倒叙、现实叙述、回溯、又现实的反复穿插的叙述中,体现了多种叙事模式的运用,既打破了同时期小说以死亡为爱情结局的叙事模式,同时也收到了融爱情、感伤、侦探、传奇小说为一体的感伤、凄美的艺术效果,体现了作者的努力和探索。

三、翻译小说的价值选取——胡适译《柏林之围》

《甲寅》月刊第4期登载了章士钊的《双枰记》和胡适翻译的小说《柏林之围》。胡适当时还在美国留学,章士钊、陈独秀通过亚东图书馆老板汪孟邹向其约稿。他翻译的法国都德的短篇名著《柏林之围》,虽然也采用文言,但与辛亥革命时期与同时期的翻译作品在诸多方面有很大不同。

胡适在开篇写下了叙,意在介绍作者及作品:

都德(Alphonse Dandet)生于一八四〇年,卒于一八九七年,为法国十九世纪文学钜子之一,所著小说剧本极富。

《柏林之围》者,巴黎之围也。一八七〇年至一八七一年普法战争之战,法人屡战皆败。西丹之役,法帝全军解甲。巴黎闻报,遂宣告民主。誓以死守。普军围巴黎凡四阅月始陷。此篇写围城中事,而处处追叙拿破仑大帝盛时威烈。盛衰对照,以慰新败之法人,而重励其爱国之心。其词哀婉,令人不忍卒读。①

另外,胡适有介绍自己曾翻译都德的另一篇名作,都是叙述普法之战的:

> 此篇与都德之《最后一课》(La Dernière Classe) 皆叙普法之战。二篇皆不朽之作。法国儿童无不习之。重译外国文字,亦不知凡几。余二年前曾译《最后一课》,易名《割地》。载上海某日报。今德法又开战矣,胜负之数,尚未可逆料。巴黎之围欤? 柏林之围欤? 二者必居一于是矣。吾译此篇,有以也夫。 民国三年八月二十五日记于美州旅此。②

这篇小说,胡适在开篇介绍中已经基本上概括出 1870—1871 普法战争的情况,法国战败,巴黎失陷。以及作者独特的创作手法,与《最后一课》一起都是不朽之作。

胡适译此篇时,虽在美国,但也能感受到国内的情况,因为国内的刊物他们也都有定购,基本上都能看到。而且辛亥革命的巨浪不可能不冲击到他们这些身在国外的留学生,当年章士钊就是受到孙中山、黄兴的感召,而抛弃即将到手的硕士学位,返回祖国,成为《民立报》的主笔。笔者认为,胡适寄来此篇译作,不管是有意识还是无意识的选取,同时,也被《甲寅》月刊登载。在辛亥革命果实被袁世凯篡夺,"二次革命"失败后,国内文学到处都充斥着失望、失落、哀伤、凄婉、骂世、混世等气氛之时,尤其是那些悲情、哀情、苦情、惨情小说等充斥文坛之时,以及辛亥革命时

---

① 《柏林之围》,《甲寅》月刊第一卷第 4 期,1914 年 11 月 10 日。
② 《柏林之围》,《甲寅》月刊第一卷第 4 期,1914 年 11 月 10 日。

期翻译领域里的混乱等情况,无不体现在《甲寅》月刊办刊的时代。胡适选取了法国都德的《柏林之围》,不能不说是一个聪明的警策和激励,以作品中巴黎失陷后,法国人站在拿破仑大帝当年胜利之时修建的凯旋门前进行凭吊。因此,胡适翻译此篇,《甲寅》月刊登载此篇,也不能不说是对辛亥革命曾经激发了中国人火一般热情,对曾经轰轰烈烈革命却最终失败的一种凭吊。此外,在翻译的题材、作者的创作手法、翻译的手法等方面,也是对国内当时翻译手法和作品选取极为混乱情况下,不能不说是一种补充或制衡。

首先,从这篇小说的主题模式和叙事手法,足可见选取翻译的价值之必要。

小说中出现两个"余"。开篇写"余"等与卫医士过凯旋门,这个"余"是指作者,在普法战争巴黎失陷一年后,与卫医士一起过凯旋门,"徘徊于枪弹所穿之颓垣破壁间,凭吊巴黎被围时之往迹"。① 当行近凯旋门,卫医士忽然不走了,指着凯旋门附近众多房屋中之一,对作者等一同来的人说:

君等见彼严扃之四窗乎? 去年八月初旬,巴黎消息已恶矣,当此危急之时,余忽被招至彼屋,诊视一神经癫狂之症。病者朱屋大佐,尝为拿破仑部下军官。老矣,而余勇未衰。爱国之心尤热。当普法之战之始,大佐自乡闲来,僦居此屋,以屋有楼可望见凯旋门也。君等知彼僦屋之意乎? 伤哉此老,其意盖欲俟法人大胜后,可凭阑下观法军凯旋之盛仪也。②

这段话中的"余",则是指那位卫医士。小说主要是以他的

---

① 《柏林之围》,《甲寅》月刊第一卷第 4 期,1914 年 11 月 10 日。
② 《柏林之围》,《甲寅》月刊第一卷第 4 期,1914 年 11 月 10 日。

回忆和叙述来展开故事情节的。运用两个"余",并没有给人造成混乱的感觉,相反,却给人真实可信之感,让读者与作者及那位医生的叙述,一起进入故事发生发展及高潮结局当中,一起和主人公共同感受巴黎陷落,人心落寞、悲痛,以及重拾拿破仑时代的辉煌,彼此相互映衬,更加呈现出作品悲凉的基调。同时,更加激发人们的爱国热情,鼓舞士气。难怪胡适开篇介绍说法国"儿童无不习之"了。

这里作者先以自己述说的口吻引出叙述者,接着小说开始由那位医生开始讲述,小说叙事时间采取的是倒叙的手法。这在叙事角度上来说,此片小说采取的是限制叙事,并不是叙述者无所不在,无所不知。接着,叙述者开始讲述这个大佐与战争和"凯旋门"的故事,引出故事的主人公。一天早饭后,大佐刚要站起来便听到维生堡战败的消息(时间是译者标注为一八七〇年八月四日),于是就像被棒棍重击一般倒了下来,当医生去诊视时,大佐已经手足僵直不能动,像死了一样。大佐身躯颀长、魁梧,白发卷然,八十岁的年纪,看上去就像不到六十。大佐的孙女跪在一旁忧伤地哭泣。她这位祖父和她的父亲都是军人,并且父亲随麦马洪大将军出征。现在对着僵卧中的老人,遥念军中的父亲,哀伤动人。医生极力地劝她。然而,病人康复的希望太小,老人得的是中风偏瘫,何况八十高龄。一卧三日不省人事。这时雷舒贺坟战役消息传来(译者注:八月六日麦马洪以三万六千人一百三十尊大炮与普军九万六千人三百四十尊大炮对战,大败。)刚听到这个消息时,巴黎人都以为是法军战胜了,欢声雷动。

当医生第三天去看大佐时,发现大佐已经苏醒,并喃喃说:"大!捷!大!捷!"于是,老人的孙女便和医生商议好,一起欺诳老人,老人盼战争胜利心切,或许因而能治好他的病。假造军中之消息,念给老人听。孙女不懂军事,向医生请教,医生也没亲临过战场,所以要是编的路线不对,还得老人亲自补充说明。因为老人曾随拿破仑皇帝数次征服德意志,所以对地理情况非常了解。巴黎情势日益吃紧,本想把老人送出巴黎,但又怕路上老人起疑,对他的病不利,所以就留在了巴黎。当巴黎被围的第一天,医生去看望时,老人说:"城已被围矣。"医生大惊,以为老人已经知道巴黎被围的消息了,"大佐已知之耶?"这时,老人的孙女不动声色地在低头作针线,若无其事地急忙说:"然,此大好消息,柏林城已被围矣!"①这句话,让医生明白了女孩仍然是在编假消息,也就随声附和。就这样,女孩和医生一次次地骗过老人,老人的病情逐渐地好转,并期待着看到法军胜利归来,路过凯旋门时的情景。尽管巴黎被围,孙女也一直想办法让老人吃上鲜肉和白面包。老人病更有起色,前此麻木的官能现都已恢复。一日,老人听到巴黎城外的炮声,于是又欺诳老人说巴逊大将军攻破柏林,门外的巴黎残废军人院为了庆祝而发炮。到城破的当夜,医生到来,老人的孙女说:"彼等明日整队入城矣。"②女孩说话时,老人住室的门未关。女孩说普军第二天早晨进城,而老人一定是听到了,以为是法军凯旋归来。老人大概以为孙女和医生会阻止他出去观看凯旋大典,所以也就佯装没听到。到第二天早晨,楼上窗户被打开,不知是何种愿力,何种生气,使得老人能够一旦离床而不用人扶着就能"戎服介胄立窗上矣"。③然而,当老人看到街道上没有欢迎的队伍和乐队奏乐,只有白旗而没有凯旋的国

---

① 《柏林之围》,《甲寅》月刊第一卷第4期,1914年11月10日。
② 《柏林之围》,《甲寅》月刊第一卷第4期,1914年11月10日。
③ 《柏林之围》,《甲寅》月刊第一卷第4期,1914年11月10日。

旗,之后看到的整队队伍过来的踩着德国"凯旋之乐"的军队时,老人大喊:"上马!上马!普鲁士人至矣!"①说完就颓然仆倒而死。

小说在法军节节败退到巴黎陷落,与女孩、医生一次次怀着痛苦、悲哀又怕老人识破的胆战心惊的欺骗的重叠中,完成了故事情节的跌宕回旋和高潮起伏。小说中没有正面描写战争,小说情节也非常简单,只是通过老人的孙女和医生善意的编假消息给这位八十岁的老人,使得这位中风偏瘫的老人重新清醒,盼望战争早日胜利。同时从这种善意的欺诳中得知战争的真实消息。以人物的心理矛盾和痛苦感受和言行的不一致,与老人接受假消息后容光焕发的对比,来表现普法战争的进程,也衬托出了战争的残酷和法军的惨败。强烈的爱国精神支撑着这位曾经立下赫赫战功的大佐老人,这种精神贯穿着整篇作品中。这是一种民族精神的实质,是每个国家民族和人民所共同拥有的。正如胡适说过的,此篇写围城中事,而处处追叙拿破仑大帝强盛时法国的威烈,盛衰对照,以此来激励新败法人的爱国之心。因此不能不说此篇小说起到精神疗救的作用。

小说中人物不多,除了开篇以作者第一人称引出故事之外,故事中算医生这个叙述者在内,女孩、大佐共三个人。作者采用了两个第一人称的限制叙事。为了引出人物而出场的作者的"我",接着开始叙述故事的医生的"我",两者并不冲突,反而令人感到真实可信,顺理成章按照作者的布局安排进入故事情节当中,这样的布局也便于作者的叙述。而且,这样的第一人称叙事者,在作品中都是配角,属于配角叙事,因为不是自叙体叙事。第

---

① 《柏林之围》,《甲寅》月刊第一卷第 4 期,1914 年 11 月 10 日。

一人称叙事只是依靠"讲述"这一个动作就很容易使主人公故事具有整体感。这是国外小说在谋篇布局上尤其是短篇小说的特点。正如苏曼殊所说:"泰西之小说,书中之人物常少;中国之小说,书中之人物常多。泰西之小说,所叙者多为一二人之历史;中国之小说,所叙者多为一种社会之历史。"①

在叙事时间上,只是短短的几个月的时间,巴黎之围从一八七〇年九月二十一日到第二年正月二十八日,开始陷落。但小说内涵容量却极为丰富,以眼前大佐老人所尽心关注的普法战争,以法军的战败,牵涉到拿破仑时代的辉煌战绩。以大佐老人摆满房间的拿破仑帝国时代的遗物,墙壁上名将画幅、战场风景、胜利的旗帜、授勋的金牌等等,使老人毕生都活在往昔的天地之中,正是这昔日的辉煌,使得老人梦想着法军攻克柏林,大捷凯旋而归。所以,实际上这里有三个时间系统,一个是现在,一个是过去,一个是过去的过去。现在,是指在巴黎陷落的一年以后,作者在凯旋门前凭吊往事。过去,则是作为医生的叙述者,叙述普法战争及巴黎之围时所发生的事情。过去的过去(指拿破仑时代的辉煌),则是借主人公的联想、感受插进现在(即过去)的时间进程里,这样来展开叙事,这样的时间系统安排,一方面体现作者的表现技巧独特,另一方面则让人对往昔更能生发那种怀旧、悲怆、感念的历史沧桑感和护国爱家之情。

其次,关于翻译问题,突破了为我所用任意删减的原则,注意题材和立意布局的选取。

胡适翻译的这篇《柏林之围》,与我们今天看到的译本,基本一致。从这一点上,就可看出译者当时在翻译上采取的是忠实于

---

① 苏曼殊(梁启勋):《小说丛话》,《新小说》第11号,1904年。

原著的原则。这大概与译者本人一直在国外留学的缘故。须知，当时的国内，自晚清翻译文学开始兴盛以来，由于语言之间的差异，在翻译问题上，可以说没有所遵守原则的一致性，翻译出来的作品题材和类型上倒是不少，但翻译手法也是五花八门，各行其是。

关于清末民初的翻译问题，许多学者都已经研究过。辛亥革命时期在翻译外国文学作品方面有很多偏差和遗憾，基本上采用的是为我所用的原则，这样就决定了这一时期翻译活动对原著采取的非忠实态度。这方面许多研究者曾经指出过："不问原作在它本国文坛上的地位，更不问原作在世界文坛上的价值。实在也因为译者大概是些名士派的文人，他们从不想去探索世界文坛上的情形，他们只择他们所爱好的来翻译。即在文字方面，也因要合于本国人的脾胃，完全用意译，大都不能保持原作的神味。"①

在辛亥革命时期，翻译作品数量可以称奇。阿英在《晚清小说史》中指出："如果有人问，晚清的小说，究竟是创作占多数，还是翻译占多数，大概只要约略了解当时的状况的人，总会回答：'翻译多于创作。'就各方面统计，翻译书的数量总有全数量的三分之二，虽然其间真优秀的并不多。"②阿英在所编的《晚清戏曲小说目》中的"翻译之部"共收目 628 种，证实着这一时期翻译文学的繁荣。但是，这其中大部分作品，严格地区别的话，很难被称作"翻译"，甚至连"意译"都算不上。所以，正如许多研究者所说，这一时期翻译文学的成果大多是着中国装登场的外国故事。

---

① 谭正璧：《中国文学进化史》，光明书局，1929 年，第 341 页。

② 阿英：《晚清小说史》，北京：人民文学出版社，1980 年版，第 180 页。

这是一个"徇华文而失西义,徇西文而梗华读"①的翻译时代。严复曾在《天演论·译例言》中谈到的"译事楷模",即翻译要做到"信、达、雅"。其中"信"是最应该做到但又是最难做到的,而严复本人的译著也充满着偏离原著的发挥。他对"雅"也有着精确的说法:"……信、达而外,求其尔雅。此不仅期以行远已耳,实则精理微言,用汉以前字法、句法则为达易,用近世利俗文字则求达难。"②他自己就曾为"达"与"雅"的矛盾所困扰。

因此,在辛亥革命时期,翻译者大多对翻译之事的"烦难"缺乏深刻的认识,对严复提倡的翻译要做到"信、达、雅",没能去遵守,相反,却充满着强烈的自信,为了适应时代和国情、国人的需要,可任意对所翻译的作品进行删改。此时期的译者并没有充分感受到翻译之难,他们对翻译工作的理解与认识通常都停留于浮面。

胡适在译本之前,先简单并着重介绍了作者的生平和创作概况及在文学史上的地位。都德是法国十九世纪文学钜子之一,不仅著有大量的小说,还有剧本。接着解释了"柏林之围"即"巴黎之围",也就是本篇小说题名的大意,普法战争的概况,介绍这篇小说虽然写的是围城之中发生的事情,但又处处追叙拿破仑时代的盛况,盛衰对比,用以激励战败了的法国人的爱国之心,亦即阐明了这篇小说的主题。同时,通过介绍自己曾经翻译都德的另一篇小说《最后一课》,都写的是普法战争,并且都是不朽之作,以此肯定原作者在世界文坛上的价值。并说明值此普法之间又要开战之时,即第一次世界大战开始之际,还要即将发生柏林之围,

① 梁启超:《论译书》,罗炳良主编,徐光宇评注:《变法通议》,北京:华夏出版社,2002年版,第156页。

② 严复:《天演论·译例言》,北京:商务印书馆,1981年版。

抑或巴黎之围之情景。翻译这样的作品,具有时代意义,可以说对国人也是一个很不错的警示和鞭策。可想而知,在翻译手法上与国内还是有很大的不同,既忠实于原著,也是有选择地进行翻译。

最后,对此小说翻译题材的选取,既是对《甲寅》月刊的支持,也是对辛亥革命的一种纪念和凭吊,同时对反对袁世凯专制失败后国人颓丧心境的一种激励。

本来,《甲寅》月刊上不可能刊登胡适的书稿,是因为章士钊与陈独秀、陈独秀与汪孟邹、汪孟邹又与胡适的这些人事上的关系,使得经过汪孟邹的介绍,章胡开始通信交往,陈独秀也曾以两刊主编的身份向胡适约稿。从《甲寅》月刊的出版发行上,可以看出,第3期只有日本东京本乡区"甲寅杂志发行所",而从第4期上,则有日本和上海四马路经车福华里即亚东图书馆地址两处发行所,当然上海处仍标明"甲寅杂志发行所"。在第5期就正式声明由上海亚东图书馆印刷发行,可见,在第4期上就有所变动了。那么胡适的《柏林之围》就正好登载在第4期。

远在美国留学的胡适,在章士钊主持《民立报》的时候,就读过章的政论文章,并表示十分的敬佩。章士钊在这一时期,竭力鼓吹资本主义民主政治,并提倡两党制。对于刚刚推翻清政府,民国初建,社会各阶层人士对资本主义的宪政知识了解非常有限之时,章士钊本人有留学英国,专攻过法律政治,加之他在民国前曾经大刀阔斧办报,激进革命,反抗清政府的所作所为,所以他的宣传颇受欢迎。于是后来胡适在给章士钊的一封信里说:"忆足下在《民立报》时,亦有此种言论,彼时既有意通问讯,适国内扰

攘卒卒未能如愿,至今以为憾。"①胡适对章士钊仰慕许久。胡适
在美国留学时,也常在国内的报刊上发表文章。章士钊看了之后
也极为赞赏。1915 年章士钊在给胡适的信中说:"囊在他报获
读,足下论字学一文,比傅中西,得未曾有,倾慕之意,始于是
时。"②由此可见,两人在未相识之前,彼此就都有良好的印象。
两人的牵线人是汪孟邹。汪曾将《甲寅》月刊按期寄到美国,请
胡适帮忙推销。所以胡适才将译稿《柏林之围》寄给章士钊,并
附函致意。章士钊收到后,就在《甲寅》月刊第 4 期上登出,并给
胡适回信:"前辱示书暨小说一种,高怀雅谊,倾感不胜。《柏林
之围》已登入四期,早经邮呈,想蒙鉴阅。"③章士钊在信中对胡适
也非常的客气,希望胡适今后能继续投稿。道不同不相为谋,如
果没有相同或相一致的意愿和追求,即使在投稿方面,投稿者也
要考虑刊物的办刊方针与自己的稿件意旨是否一致才会有所动。

　　胡适身在美国,和其他留学生一样,也在时刻关注着共和国
命运,袁世凯图谋复辟,篡夺了共和国的统治权野心昭彰,胡适忧
心如焚,感到中国之病冰冻三尺,非一日之寒。"今日祖国百事待
举,须从尽力始克有济。位不在卑,禄不在薄,须对得住良心,对
得住祖国而已矣……'执事者各司其事',此七字救国之金丹
也。"④

　　前面已经叙述,胡适在译稿之先,介绍本篇作品所要表达的
主题,简单明了,又全面而独到,可谓译序。但用意不仅如此,让
国内读者阅读时有所了解,也有所感悟。虽然,此时他还提不出

---

① 胡适:《甲寅》月刊,第一卷第 10 期,"通信"栏,第 21 页,1915 年 10 月。
② 章士钊:《章士钊致胡适》,《胡适来往书信选》(上册),第 1 页。
③ 章士钊:《章士钊致胡适》,《胡适来往书信选》(上册),第 1 页。
④ 曹伯言、季维龙编著:《胡适年谱》,合肥:安徽教育出版社,1986 年版。

任何改变国内现实的主张和策略。但翻译此篇作品,如果不是出于强烈的爱国之心,是不会作这样的介绍和带有情感翻译的。既然有所选择地进行翻译,那么,在对作品的主题和题材和布局谋篇等的选择上,就会有所思考。胡适提到当时正值又一次的普法战争开始,尽管当时中国还不曾有任何牵动,但这种战争的残酷不能不令人警惕。中国的内忧外患局势,也更让每一个学子担忧。作为泱泱大国,曾经的几千年文明,曾经推翻封建王朝,轰轰烈烈地建立民国,确实令人追念,令人凭吊。作品中对此出现的"凯旋门",既是法国强盛时期的象征,也有着一种更深的寓意,象征着法国人的信心、爱国之心,与国旗、国运对等的象征。所以,这篇《柏林之围》的选译,不能不说是胡适的匠心所在,因此,也被章士钊称之为"高怀雅谊,倾感不胜"了。

第三节 小说类型的实践——老谈的小说《女蜮记》、《白丝巾》、《孝感记》

　　老谈(?—1937),即谈善吾,江苏省无锡市人。[①] 另外,老谈在"甲寅中秋"(1914年)写的《〈广陵潮〉弁言》中说:"扬州风景,千古艳称。绮丽繁华,今虽稍杀,而流风余韵,仍可为大江以北第一名区也。至其习俗好尚,别饶一种兴趣。仆本生小其间,故能知之最稔。"[②]因此,又可断定他是扬州生人。对其经历不详,应该也是当时留日学生,或者是流亡日本的革命者。在小说中以

---

　　① 苗士心编:《中国现代作家笔名索引》,济南:山东大学出版社,1986 年版,第296 页。
　　② 陈平原、夏晓虹编:《二十世纪中国小说理论资料》第一卷(1897—1916),北京:北京大学出版社,1989 年版,第491 页。

"记者"自命,应该也是《甲寅》月刊的编辑人员。他在《甲寅》月刊中共发表了三篇小说,分别是《女蜮记》(第1、2期)、《白丝巾》(第3期)、《孝感记》(第6期)。这三篇小说,在题材上分别为历史传奇、侦探小说和现实爱情小说。尽管这几种小说类型在清末民初,随着西方小说的引进,已经不算是新奇的事情。清末民初政治小说、科学小说、历史小说和侦探小说等小说类型已经被引进,推动了我国现代小说类型的发展。老谈的这三种小说类型,当然不能排除外来影响。但是作者在创作中融进了一些新的东西,从主题、题材上与此前的小说有所不同。作者在构创小说时所采取的叙事角度、叙事结构也有不同程度的摸索,反映社会问题,不完全为迎合读者的期待视野和兴趣,以及语言文白相杂,都体现着作者新旧融合的创作观。

一、小说题材、体裁、主题等方面的多样化

《女蜮记》是《甲寅》月刊上登载的第一篇小说,它虽然也有着历史史实作依据,但又不完全从属于历史故实,没有一个真实的历史人物,不应称之为历史小说或历史演义,只能称之为历史传奇。因为历史小说都是以史事为叙述主体,时间为其线索,描写历朝兴亡更迭,其人物像走马灯一样,都做了历史匆匆过客。也不同于话本小说,话本小说为了取悦于听众,必须用生动的故事,鲜明的形象和扣人心弦的情节吸引人。从梁启超倡导"新小说"之后,着意文体革新,创导小说革命,泰西小说纷纷被译介进来,国内新小说不断问世。小说地位在不断提高。苏曼殊曾提到:"欲觇一国之风俗,及国民之程度,与夫社会风潮之趋势,莫雄于小说,盖小说者,乃民族最精确、最公平之调查录也。"[①]时代性

---

① 苏曼殊:《小说丛话》,《新小说》,1903年第13号。

的文体变革,必然也影响到历史题材小说的变革。《女蜮记》虽然以清兵对太平天国运动进行镇压的历史为背景,但却跳出了历史史实的藩篱。

小说开篇作者就谈到欧洲小说家所著白女鬼事,可见在民初阶段域外小说大范围地影响着中国小说。这里没有显示作者的爱憎,只是以记者的名义进行客观叙述。小说共分十六章,首先交代了时间、地点、人物与职业,以及作者介绍称之为《女蜮记》的原因。先谈了关于蜮的解说,"蜮字为物,古谓为短狐,一名射工,又名射影,能含沙以射人影。故毛诗有为鬼为蜮之喻,以其有害于人,而使人以不及防,且更使人以不及料。"①女蜮,则用来形容或代称女子慧美而狠毒,也就是本篇中的女主人公,不知其真实姓名,作者就冠以她"女蜮"为名。交代小说中的主要人物,女蜮和她的名誉丈夫假纨裤(女蜮因聪慧有计谋,丈夫抵不上她,就任其自由。懦弱、爱抽大烟、穿着讲究的丈夫被冠以"假纨裤"之名)以及对他们身份的介绍,概括了二人的性格特征。他们既不属于清军也不属于红巾军,但可以自由穿梭于两者之中,趁着战乱做买卖,作者称之为动物之中的两栖类,他们只为钱财,不为名誉和道德,这种职业被称为"二毛子"。时间是前清咸丰时期,太平天国已经定都金陵,占领长江以南。地点为太平天国与清朝交界之地。而女蜮,一方面凭借自己的机智、策略,另一方面也凭着出卖自己的色相来勾引、降服男子,并从中赚取钱财,甚至不惜出卖人命。

小说描写了红巾军中欲渡江北的两个人物小仇和老萨,他们从长江南面以商人身份渡到江北,探查清军军情,以便消灭清军。

---

① 《女蜮记》,《甲寅》月刊,第一卷第1期,1914年5月10日。

他们来到维扬城中的女蜮家,正赶上女蜮的情人老吴在场。老吴是兴教寺行营粮台的会办官,美姿客,知识高,经验富,性机警狡狯。曾游姑苏,与假纨裤相识至今。假纨裤也仗着此人做高级二毛子生意。老吴与女蜮斗心机,女蜮说自己就是江湖上传说的女蜮,老吴则称她为天人。两人彼此互相欣赏。

老吴对老萨、小仇产生怀疑,并对女蜮说,上面下达命令,有举报敌人在此作谍者有万金之赏。女蜮视钱如命,既收了老萨等的钱财,和小仇调情,同时,又想不得罪老吴。一面让老萨等赶紧离开,她好不用还他们丰厚的贿赂,一面又问老吴,只举报但不知是否来此作间谍的,是否给奖赏,老吴说必须有证据。于是,她就把老萨、小仇的住址告诉老吴,没想到老吴有军务要事,没在女蜮家耽搁太长时间就回了军营,女蜮此时有些害怕,于是让假纨裤去给老吴送饭,老吴还没来得及吃送来的饺子,就因另一军营来人被叫出去,士兵来给老吴热饭,发现一只猫因偷吃饺子而死,还没来得及扔掉,也有事被人叫走,等老吴回来看明白这一切,马上叫上士兵装上刚才假纨裤送来的饭食,带着许多士兵围住女蜮家,让女蜮给刚才的饭热一下,女蜮查了饺子少了2枚,知道老吴已经察觉,但还能装作若无其事。吃饭时殷勤备至,老吴刚要往嘴里吃时,说怕里面有毒,就叫假纨裤吃,假纨裤不吃,女蜮却硬要他吃,老吴这时大喝一声,说已经知道有毒,何以这样做。

假纨裤吓的跪下来承认都是女蜮的主意。女蜮这时说了实话,因老吴先前有事先走,她怕老萨们没来得及走再来找她,所以不如先把老吴毒死,那样老萨们还会给她更多的钱。老吴此时问士兵军中是否来信,士兵回答,已经抓住老萨辈等,老吴于是便回军营审讯,老吴对女蜮说,你所爱而不利于我的人已经被抓获,你不必有顾虑了。估计他们不会牵连到你们,不用害怕。老吴说今日两全,如果他死,女蛾假纵裤也不能独生。后来的结果,仇萨辈都供认不讳,唯独没牵及女蛾夫妇。老吴也没有深究,呈报大营,而悉置之法。过几天,偷偷让马夫去观察女蛾举动,发现已经人去屋空,不知所终。

《白丝巾》描写的是以法国巴黎青年的爱情为题材的侦探小说。这篇是外国侦探题材的小说。据有人研究,清末民初时,翻译小说有时不属原作者姓名也不标明是翻译小说,有时只写翻译者姓名。有的是在外国原作的基础上进行再度创作的小说。这篇大概就是作者进行再度创作的侦探类型小说。故事发生在法国巴黎。案情扑朔迷离,叙述手法也比较精彩,同时也是以爱情为主题的小说,读来引人入胜。小说共分为十部分。开篇交代故事发生的地点、时间、人物,人命案骤然发生,小说女主人公,被误认为杀人凶手,表面上证据确凿,因而被抓起来。然后引出其他人物和事件,进而展开全篇的故事情节,最终真相大白,为女主人公洗脱清白,相爱的人最终走到一起。

根据案情的发展,出场人物众多,环环相扣,悬念丛生,体现了侦探小说的特点。小说开篇描述法国巴黎的夜景。在白老克街的偏西尽头却如世外桃源般的幽静。有一小楼中的俊美女子(母亲和女侍去跳舞),正握笔凝思,引出其心爱之人福而森。她正等待心爱之人来临。听到敲门声,女子打开门,有自称福而森的人径直走入楼中,并一边走一边和女子谈着不着边际的情话。女子又不好直言。待到上楼梯时,此人口吐白沫,一命呜呼。随之夜巡进来了,人命案发生。紧接着所有人物都纷纷登场,福而森仆人亚利说在外面看见他的主人和女郎在一起,侦探又从死者身上搜出半幅白丝巾,是女郎所赠,室内一玻璃钟酒杯,人证物证俱在,女郎当场被捕。

　　女郎名叫雪格姓白罗,父亲早逝,家境困难,一个叔叔有钱无子女,每月资助她们母女。另外,雪格能文善诗,又善作小说经常向当地几个杂志社投稿,并且成为最有影响的巴黎杂志社馆外撰述。巴黎杂志社每期发行都有她的文章,且每篇上面都有她的照片。常常设问题让人解答,解答对了有奖。福而森为爱勃公爵的公子,爱好文学,没有染上当时贵游之气。福而森三次都猜中获奖,很想结识雪格。经询问才知主编与雪格有特约,即在征答悬赏期间,雪格不得与外界人相见,否则采金(奖金)当由雪格承担。福而森问主编可有什么变通之策? 主编说有,即采金。应该有万佛(一万法郎)。福而森说自己已经得了三次万佛。所以为了能够见雪格一面,不惜拿出一次获得的奖金。福而森态度诚恳,举动温文尔雅,二人产生好感。就在福而森想第二次再以万金之价见雪格时,死于雪格家中。

　　在法庭开庭时,福而森仆人亚利请来的律师据理力争,女郎也不申辩,以为福尔森已死,自己活着也没什么意思,同意法庭判决,就等福而森的同父异母弟弟史突雷到场才能正式宣判。之后,巴黎杂志社的主编洛克芬兰来到侦探白克办公室,说雪格是他们杂志社的撰稿人,他不相信她会杀人,所以提出以万金悬赏来抓真正的罪犯。白克化妆到福而森家里看其弟史突雷,仆人亚利和掌管福而森家公司财务经理嘉朋朴尔,都说史突雷得了精神病,不能见人。白克又与医生宾里斯格商议共同办理此案,为了那万金悬赏。当二人求警长帮助派来许多警察,黑夜潜入史突雷住室时,发现已经人去楼空。后来被夜巡米露去车站办事看见给抓回来了。被抓人史突雷支支吾吾,法官还没审问完,洛克芬兰和白克的助手佐治乔治前来拜见。乔治拿出福而森仆人亚利给雪格的女侍菲兰的信,说自己和菲兰是邻居且彼此相爱,但亚利也追求菲兰,并把自己所做的事都告诉了菲兰,说福而森之死,是他和嘉朋朴尔为了得到其家财产,趁福而森去雪格家之前用毒酒把他灌醉,然后死于雪格家,嫁祸于雪格。

裁判官力门司马上派人去抓亚利和嘉朋朴尔,然后开了一个特别法庭,任何人都可以旁听,被抓的史突雷说自己是福而森。法官此时宣判罪人已获,女郎无罪,下令释放可以旁听。这个福而森就是前面的史突雷,裁判长让医生宾里斯格给他检查,把面部包裹的一层橡皮揭掉重现福而森真面目。原因是史突雷精于理化,制作了面具的模型,惟妙惟肖。即使目光精锐的人也不能辨识准确。史突雷不喜欢兄长挥霍钱财,福而森为见雪格而浪费万佛,不听他的劝阻。于是史突雷就把哥哥灌醉,戴上哥哥的面具,让嘉朋监视不让福而森外出,自己到雪格家,劫持雪格,好让哥哥知道后抛弃她,断绝他的挥霍之路。怕雪格不信,又拿丝巾半幅,伪装成福而森的手笔写字,和嘉朋、亚利二人共谋。嘉朋、亚利一直厌恶史突雷持家精打细算,有碍于他们的私利,于是二人合谋以毒酒让史突雷喝,使毒发于雪格家。亚利又怀揣着玻璃钟酒杯,乘机放在雪格的房间,案发后,雪格成为顶罪之人,他们二人就可掌握爱勃氏的财政大权。然而虽然史突雷死了但福而森还在,终究不能任其随意摆布,于是对其恐吓,说只要他一出去,雪格就会立刻死去,因此福而森非常怕人。

当福而森的假面被医生宾里斯格除去后,雪格见到惊喜若狂。裁判长提审嘉朋、亚利,拿出种种证据,二人无可逃避,被判于断头台之罪。洛克果然拿出一万法郎给佐治,佐治果然分了一半给毕司(白克的书记),又拿出一半给白克,于是与菲兰成婚。福而森哀其弟夭逝,三个月后,才与雪格订约而结婚。那半幅的白丝巾,当时福而森请求法庭取回,作为纪念品。二人最终结合。

《孝感记》不是叙述传统的才子佳人的情爱故事,而是具有现代的自由恋爱题材的小说。不是以悲剧告终,而是有情人终成眷属。但并非一帆风顺,经历了诸多曲折。与苏曼殊的《绛纱记》、《焚剑记》,章士钊的《双枰记》一样,这篇小说表现的是民初上海,风气渐开,男女虽不同校,但可以自由恋爱,主张婚姻自由。然而,就是自由恋爱结婚,也有许多因接触到生活实际,矛盾丛生,最后离异。而此篇中男主人公高子纯是一个极为孝顺的人,他和另一女子学校的学生秦孟敏相爱。高子纯却因为父亲不同意,而不敢再与孟敏相见,内心极为痛苦,于是约见孟敏,以父母对子女的关爱和付出不求回报,以及子女对父母却不知感恩的情感说教而感动女郎。孟敏本是一个新式的女学生,不听父母教育,我行我素,以追求个性解放、恋爱婚姻自由为目标。后因上海周边的军阀混战,孟敏有感于高子纯的说教,想到父母的多次写信关怀,立即坐车回家,二老见到她的高兴,母亲为她担忧而患眼疾,使她改变了以前的想法,并感到自责,感激父母对她的思念和关爱,决心在父母身边侍奉二老,直到母亲眼病治好才去上学。子纯把孟敏信的内容转达给父亲,于是他听从父亲的安排亲自去孟敏家拜访,并建议她母亲到上海以西医手术治疗,最后孟敏母亲同意,到上海治好眼病。结局是子纯父亲同意了这门婚事,在上海一个豪华的饭店里,一对新人欢欢喜喜,子纯父亲做了很长的一段讲话,在当时上海也是开风气之先,举行了所谓的新式婚礼,以圆满告终。

三篇不同题材、不同内容的小说,体现了作者在民初时小说创作类型的实践,其中不乏现代的因素,呈现了在中国社会整体走入现代过程之中的现代化和世界化的努力,小说的创作极大地拓展着中国人的视域。

二、多种叙事角度、叙事结构的综合运用

所谓叙事模式就是叙事者与故事之间的关系类型。由于叙事者总要向读者展开情节、描叙人物,并对小说世界作出有关情感、思想等价值判断,所以叙事者总是要在叙述故事时采取某一种方式。这三篇小说在叙事角度上既采用了第三人称的全知全能叙述(记者身份,如同说书人),也采用纯客观叙述、倒装叙事、穿插叙事等模式;既有以情节为中心,也有以性格为中心,或者以时代背景为中心进行叙事的,真正体现是过渡时代创作的作品。这里又不同于章士钊和苏曼殊的小说那样,都采用第一人称和第三人称,作者作为第三人称也参与小说之中,成为小说中的人物。而在这三篇小说中,作者只是作为一个局外人来作客观叙述,篇头、结尾处,有的做些短评,多种叙事手法结合在一起,体现了新旧融合,突破了单一的叙事格局。作者所做的努力,体现了当时作家们对文学创作在继承固有的传统和晚清译介的西洋小说影响之时,融进了现代性的因素。

关于小说叙述的形式方面,虽然有对传统手法的承继,但又确实与传统白话小说不同。"传统白话小说中的叙述者不仅固定为非介入式半隐身,而且程式化地自称为'说书的',从而稳定地固于一个据称是在模仿口头书场表演的叙述框架中。由于这个特殊叙述格局,叙述者享有干预的充分自由,成为叙述中几乎是垄断性的主体性来源,牢固地控制着叙述,由此阻止诠释分化和意义播散。"①民初小说的叙事模式,是中国传统叙事特征与西方现代小说技法的交融。那些连贯叙述、全知叙事和以情节为中心

---

① 赵毅衡:《苦恼的叙述者——中国小说的叙述形式与中国文化》,北京:北京十月文艺出版社,1994 年版,第 190、191 页。

等叙事模式,应该都是中国小说传统的主要形式,这充分说明了中国小说传统具有现代的演变和发展的空间。

《女蜮记》、《白丝巾》、《孝感记》打破了章回体小说的叙述模式。《女蜮记》只分为十六章,《白丝巾》分为十部分,《孝感记》则没有任何标记。

《女蜮记》和《孝感记》在开篇和篇末都有一些叙评,有的是对作品做些解释,有的也突出作品所要表达的主题。比如:《女蜮记》开篇为引出人物女蜮而以"记者"名义作以铺垫:"曩见欧洲小说家所著白女鬼事,叙其美丽殆如天人,宜其心性柔婉淑静,方与彼天赋之绝色相表里。乃残毒阴狠,虽莽男子无以过之,殊致疑讶。盖以女子心性,与男子略殊。其灵慧敏妙,或有时过于男子,而慈善之念,每较男子为多。至赋性美丽者,尤恒具一种缠绵委婉之情愫,非寻常男子所能仿佛者,纵有秉赋异常,或涉乖戾,亦不至杀人越货,如白女鬼之甚。呜呼!今而知井蛙不可以观天,夏虫不可以语冰,犹记者之所见未广也。"[1]而在小说结尾时,作者又向读者大发感慨:"老谈曰:甚矣女子之可畏也。以女蜮之姿态,虽未必如西洋白女鬼之美,而其狠戾之信,足与相并,几令人疑凡至美之女子,均有此致人于死之手腕。至其以毒饵强食其夫,尤不能不令人懔懔。设老吴少欠灵警,未有不遭其害者。尤物害人,竟如是耶?女蜮之名女蜮,信非虚誉也。世遇美人而轻于倾慕者,曷引为鉴。"[2]这种叙事手法有着传统叙事手法的影子。传统的历史演义小说,就叙事方法而言,基本上是以说书人为主的第三人称全知叙事法,间或有一些文末叙评,也无关大局,

---

① 《女蜮记》,《甲寅》月刊第一卷第 1 期,1914 年 5 月 10 日。
② 《女蜮记》,《甲寅》月刊第一卷第 2 期,1914 年 6 月 10 日。

但不大注意人物形象的塑造。《女蜮记》、《孝感记》有传统的叙事手法,但同时又注重对人物的刻画。体现了与传统叙事手法有所不同之处。

《女蜮记》主要突出的是对人物女蜮的描写。尽管也描述历史,但只是把历史作为人物出场、性格展现和情节进展的背景而已。这里作者特别注意对人物性格的刻画,这就打破了传统的历史传奇小说的直观的枯燥的描述。也就是打破了传统小说以情节为中心的叙事结构,注重以描写人物、刻画人物性格、尤其是对人物女蜮的心理刻画,非常细致、逼真,把人物善使心计、阴鸷、狠毒、漂亮、卖弄风情、自信、清高、视钱如命的性格惟妙惟肖地描绘出来。

比如,对女蜮的出场,作者是这样描写的:

灯旁横躺一女子,淡装雅态,殆无其匹,面目清逸,风韵妙出自然。古人所谓有林下风者,仿佛似之,出其纤纤之手,拈镂花钢签,挑烟膏就灯上烧之。旋捲成个,即将置一小银盒中,更挑膏烧之。双眸澄澄凝而不瞬,若胸中有所计划,而假此烟膏为消遣者,其娴婉之态,无论何人见之,莫不许为和平高尚之美人,而生其敬慕之意。绝无信其为我前章所叙阴贼险狠之女蜮者。①

作者通过描写女蜮的面目表情,来形容她的心机:

女蜮即就烟具畔卧,敛手侧身,不言亦不动,而双眸澄澄,凝注不已,其胸中此时之思潮起伏,有非寻常存想时所可比拟者。忽而脸泛潮红,如新晕胭脂,眉目间渐露强毅之色,已而重又转和,两颊作浅绯色,眉目亦复其故态,似其所念虑者,得有圆满之定见,而无庸过事烟具者,不十数分时,便已沉沉睡去。呜呼!即

---

① 《女蜮记》,《甲寅》月刊第一卷第1期,1914年5月10日。

彼十数分钟之时间,其委宛芳心中惨酷之状态,虽剑树风轮之地
狱变相,亦无以过之,机智警敏魄力犷悍之男子,几乎致生命于其
如玉纤纤之手,亦可畏已哉?①

因为美丽可人,又阴险毒辣,有魄力和胆量,所以令男人们防
不胜防,正因为女蜮有这样的心机,又极看重钱财,所以导致最后
不惜出卖人命。对人物性格的描写刻画,突破了传统小说只以情
节为中心的叙事手法。

《白丝巾》呈现的叙事结构模式,就是先展示犯罪结果,然后
进行调查,案情扑朔迷离,令人担忧,调查过程中,通过取证、推
理,最后终于柳暗花明,真相大白。在这过程中,作者根据案情故
意制造悬念,有时采用交错叙述的手法,使险象叠生,制造破案的
难度,同时也显示犯罪者的狡狯和高超的犯罪手段,进而更令读
者对侦探那种不畏艰险、不辞辛苦、层层推进、逻辑谨严、聪慧博
学精神所感动和敬仰。

小说开篇出现命案,公爵之子在女主人公家死亡,证据确凿,
女郎被认为杀人凶手,当场被捕。但没交代其作案动机,法庭上
女郎被宣判杀人成立。本已成定论,但杂志社主编不相信女郎能
杀人,出重金悬赏,这样才使案情重新被调查,最终案件的真相得
以展示出来,调查是小说的主体部分。小说情节复杂,在案件已
经发生,又被侦探开始调查之后,罪犯为了掩盖罪行,或为了实现
其最终目的而加大活动,写恐吓信,说史突得了精神病,不与外
人见面等,案情继续发展,调查的过程也极为复杂,不是按照一条
线走到头就能破案,而是几经曲折,加上罪犯露出马脚,没有不透
风的墙,最终使案情走向罪犯就擒。这里,不只是一个侦探破案,

---

① 《女蜮记》,《甲寅》月刊第一卷第 2 期,1914 年 6 月 10 日。

因为有着万金的悬赏，激发了众人的雄心，侦探、医生、巡警等等都积极出动，众人合力，使得罪犯露出马脚，摸到线索，案情才得以侦破。

但是罪犯被擒而小说并没有结束，因为小说叙述到罪犯就擒的时候，文本对破案者如何发现犯罪者的，以及案件全部情况未能完整显示出来，所以在小说的结尾，作者又解释破案经过和交代案件真相和结局。当法官宣判，罪犯已经抓获，案情大白时，众人才知道史突雷实际上是福尔森，情节突变，令人惊喜，女郎更是高兴至极，罪犯得到了应有的下场，破案人得到赏金，有情人终于幸福。

《白丝巾》采用了侦探小说中常用的内聚焦型和外聚焦型相结合的叙述视角，这是现代侦探小说所常用的叙事角度。内聚焦型视角叙述叙述者所经历的故事且能够予以感知的部分，小说开篇就近距离写女郎雪格在家中等待心爱之人福而森，然后福而森死，仆人亚利把巡警叫来，咬定说看见女郎和主人一起上楼，女郎被抓。其实罪犯就在众人面前，却不为人所知。然后作者又采用外聚焦型视角，就是只能呈现事件的外部状态，来显示一些信息，同时又压制了另外一些更为重要的信息。通过侦探白克化装去见史突雷却没见到，窗帘遮挡，房门紧闭。作者只透露了史突雷一直住福而森的房间，读者会认为他是思念哥哥才住进去的，却隐藏了这个史突雷实际上就是福而森的事实。这种信息的缺失一直维持到小说的结尾，在法庭上，这个外表仍然是史突雷的人，战战兢兢又哽咽地说不出完整话的人说自己才是福而森，加上法官已经知晓罪犯并已派人抓获，让医生拿掉福而森的面具，真面目得以示人。正是这两种叙事角度的运用，使事件在文本中得到了若隐若现的叙事效果，从而建构了侦探小说有别于其他小说的叙述模式。

《孝感记》在叙事模式上,不同于前两篇,这篇没有分章节和部分写,而是随着故事情节一泻而下。情节也是曲折有致,显示出作者出色的文笔。这篇小说不同于其他包办婚姻,而是男女主人公自由恋爱,这在当时上海是很时尚且青年人非常倡导的事情。《孝感记》既概括出时代青年受启蒙思想的影响而朦胧地追求爱情的作为,又反映了时代和社会问题,当时代的发展还不能带动和改变古老中国的人们传统心理时,年轻人的爱情婚姻问题,就不会被允许自由地解决。这篇小说的敢于预见和善于发现问题,反映时代所赋予的使命。作者给开出的药方是子女要尽孝道,必须征得父母的同意,婚姻才能幸福。

作者开篇表明此小说的主旨,先谈了什么是"孝",现今谈论孝道,有悖于时,不为众人喜欢,但也不是替旧思想家进行说教,希望那些自由恋爱的怨女痴儿,能从中得以领悟,才为作者的最大愿望:

孝为吾国伦理上第一要义,然居今日而言孝,舍少数旧思想家,鲜有不视为腐败。訾为顽固者,殆道德之沦丧久矣。小说以孝感名,背于现实社会心理尤甚。然记者此篇,初不欲仅供旧思想家读也。俗有转移,情无变异,果能言情真切,或未必为俗见摒,矧旨趣真纯,情词悱恻,纵怨女痴儿,亦当欣赏而领悟之矣。宁常人哉!是篇虽掭于时,正冀其转以见重耳。①

接着,小说叙述男女主人公在上海公园约会,二人谈到婚事,高子纯说父亲来信说,要等他亲来沪上再做决定。作者开始用回溯手法,介绍二人的家世及各自情况,秦孟敏正在一女子学校读

① 《孝感记》,《甲寅》月刊第一卷第6期,1915年6月10日。

书,崇尚恋爱婚姻自由,不为父母所束缚,父母为旧商界人士。高子纯则为一学校教师,是个非常孝顺的人,家中只有父亲一人。父亲为文学家,是金陵一国文教师,属开明人士,子孝父慈。小说开始穿插叙事,沪上战事刚停,金陵战事开启,即二次革命开始。子纯父亲与亲属一起逃难到上海,游玩间见到孟敏,然后对儿子说他不同意儿子与秦孟敏的婚事,认为父母对子女有生而养育之恩,而此女父母虽不是有新知识之人,但她平日对父母非倔强不服即鄙夷视之,才有自主之权,在伦理上对孝缺少研究,实是感情用事而已。又说与之同行的女伴,行为颇涉放诞,认为秦孟敏也是这样。这使子纯极为痛苦,又不敢违背父亲的意愿,父亲让他婉转告知孟敏。二人相见,孟敏问起中国伦理上的孝,她至今都不明白,于是子纯就给他讲解。因讲解用情之厚,使孟敏的意念大为感动,盈盈泪下,想到父母对自己如此关心,而战乱之时也未能回去,决定立即回家看望。

小说又开始分开叙事,先是子纯侍候有病的父亲,两人通信,然后展现孟敏来信内容,孟敏母亲为想她而患眼疾,有感于子纯对孝义的讲解,明白许多,决定在家侍候父母,直到母亲病好才去上学。子纯父亲熟知两人通信内容,得知孟敏的变化。在他病好快要回金陵时,让子纯在他走后去孟敏家看望她的父母,以感谢在他生病期间孟敏来信问候。子纯于是去孟敏家,看到孟敏果真非常孝顺父母。子纯劝其母亲到上海看西医,回去后告知父亲,后得到父亲同意,两人婚事才得以成功。

小说情节称不上怎么特别曲折,但在叙事上以情感取胜。对人物的刻画,也很鲜明。期间子纯父亲对婚事的阻拦,虽不像那种封建家长专制武断,因儿子的孝顺,致使婚事有了曲折,子纯认为必须征得父亲的同意才能得到幸福。

由此可见,作者通过孝道来解决自由恋爱的问题,但这种办法好像不会适用于每一个人,而且并非所有家长都如子纯父亲的所谓开明,即使是在开风气之先的上海。此时封建道德、伦理势力还非常顽固,家长专制还存在于多数家庭之中。可见,这种解决爱情婚姻的方法,也是在新旧婚制交替之时,作者为世人尤其是为青年人提出的一个解决办法。在章士钊笔下,男女主人公未能走到一起,也是碍于女主人公无法反抗家庭的包办婚约,不能不忍痛分别而去,男的选择离开这个世界,体现了对封建婚姻制度的批判。苏曼殊笔下的男女主人公也都是为情爱而死和伤悲。无论是作家还是世人,此时都还没有找到完满解决爱情婚姻的办法。因此,作者的这种选择在当时还是能感动一些人的,小说没有涉及到包办婚姻,却对自由恋爱的青年们主张孝道,这对于当时的时代来说,是一种调和、折中的解决办法。

从《甲寅》月刊每期登载的小说中,没有晚清时出现的对古代小说重写的翻新小说,也被阿英称之为"拟旧小说"。因此,可以看出刊物本身和编辑人员对登载小说的选择,同时可映照出时代的发展和对小说创作的需求与探索。这三篇小说也是作为过渡时代的作者对过渡时代文学的不懈探索。此外,自始至终都体现了作者超出政治之外的人性观。

虽然这三篇小说都没有摆脱传统"情节中心"的叙事手法,但是又与晚清盛行的小说风潮有所不同。当然,又与五四作家注重读"情调"和读"风格"[1]的创作手法明显不同。这是一个摒弃旧有的传统写作手法,探索新的构思和新的主题、新的创作方法,只能做到新旧融合的过渡时代。

---

① 茅盾:《评〈小说会刊〉》,《文学旬刊》第 43 期,1922 年。

中国古典文学与现代文学的交替究竟取了什么形式？是'一刀切'，即古典文学时期结束后，便是白话文学的一统天下了；还是'交叉式'，即旧体文学退出主流地位后，并不立即消亡，还有一个'惯性滑行'阶段，在这个阶段，新旧两种形式并存、交叉，此消彼长。……因为旧文化中含有人类创造的优秀精神成果，它有很强的延续性、继承性，不能简单地抛弃，只能用扬弃的方法，取其精华，去其糟粕，把旧文化中的精华汲取、包容、融化到新文化之中，才能说是文化革命的成功。①

因此，对《女蜮记》、《白丝巾》、《孝感记》的评价，也应该是这样。可以说，这三篇小说起到了过渡时代过渡的作用。既然是过渡，那就是新旧并存，应该是处于文学的"惯性滑行"阶段，对此时期的小说创作尝试与探索的研究，本着尊重史实，结合时代背景，客观地进行评价，就是新与旧的交替、碰撞、融合的时代特征，小说创作也是如此，都为新文学的诞生做好了先行准备。

第四节 《绛纱记》、《焚剑记》、《碎簪记》
情爱生死主题解读

苏曼殊(1884—1918)，名戬，字子穀，一名玄瑛，后又改名元瑛，小名三郎。出家后法号曼殊，出生于日本，广东香山(今珠海前山)人。清末民初民主革命志士，也是一位具有多样才能的文学家、艺术家。对诗、文、小说、绘画无不擅长，又深谙中、日、英、法、梵五种文字，精于翻译。他的作品，为当时和后来的人们所瞩

---

① 黄修己:《拐弯道上的思考——20 年来现代文学研究的一点感想》,《文学评论》1999 年第 6 期,第 10 页。

目。他性格奇特,聪明绝顶,身世的难言之,行为独异,使他亦僧亦俗,一生极尽传奇。

苏曼殊的小说作品,共有《断鸿零雁记》、《天涯红泪记》(未完)、《绛纱记》、《焚剑记》、《碎簪记》、《非梦记》和翻译雨果的小说《惨世界》7 篇。其中《绛纱记》①、《焚剑记》②分别登载在《甲寅》月刊第 7、8 两期上,《碎簪记》③则连载在《新青年》第二卷第 3、4 期上。苏曼殊在中国文学史上的地位,特别是他在新旧文学转型期所起的承前启后的作用,已经得到二十世纪中国文学学术界学者、专家的普遍重视。本文旨在探讨剖析苏曼殊发表在《甲寅》月刊和《新青年》上的三篇小说《绛纱记》、《焚剑记》和《碎簪记》,进一步明确他的作品在此时期文坛上的作用和创作理念。

由于苏曼殊出生地和所生活的地方,是在南方,以及日本和东南亚,因此,他的作品取材也都是以广东、上海、香港、杭州、苏州、南京、日本、东南亚等地,几乎没有对北方的描写。苏曼殊的小说多是描写男女情爱的题材,这当然与其自身经历,漂泊、流浪与对前途、人生的困惑、思索有关。

一、情爱生死主题的叙述与现实、理想的矛盾冲突

苏曼殊的小说始终贯穿着情爱生死的主题,同时在作品中也反映了现实和理想的冲突。章士钊和陈独秀都充分认识到其小说的应有价值,并对苏曼殊的小说给予了很高的评价。章士钊和陈独秀都为《绛纱记》作了序。在《碎簪记》中,陈独秀又作了后序。在《绛纱记·序二》中,陈独秀说自己本来不爱动笔,只是因

---

① 《绛纱记》,《甲寅》月刊第一卷第 7 期,1915 年 7 月 10 日。
② 《焚剑记》,《甲寅》月刊第一卷第 8 期,1915 年 8 月 10 日。
③ 《碎簪记》,《新青年》第二卷第 3、4 期,1916 年 11 月 1 日、12 月 1 日。

为友情的关系,加上编辑《国民日日报》时期和章士钊、苏曼殊三人曾在一起共事过,并且章士钊都作了序,他也就作了序。可以说,以他那独特的眼光和精到的见解,确实扩大了苏曼殊小说的影响。

在《绛纱记》的开篇,有烂柯山人(章士钊)和陈独秀于1915年6月在上海作的序,从他们对苏曼殊作品的评价中,可以印证出他们的爱情观和文学观。章士钊在《绛纱记·序一》中说:"人生有真,世人苦不知。彼自谓知之,仍不知耳。苟其知之,未有一日能生其生者也。何也?知者行也。一知人生真处,必且起而即之。方今世道虽有进,而其虚伪罪恶,尚不容真人生者存。即之而不得,处豚笠而梦游天国,非有情者所堪也,是宜死矣。"[①]宣扬爱情,追求人生的真义。在序的最后,章士钊说:"彼已知人生之真,使不得即,不死何待?是固不论不得即者之为何境也。吾友何靡施之死,死于是。昙鸾之友薛梦珠之坐化,化于是。罗霏玉之自裁,裁于是。昙鸾曰:为情之正,诚哉正也。吾既撰《双枰记》,宣扬此义,复喜昙鸾作《绛纱记》,于余意恰合。"[②]世道黑暗,不容追求真爱之人活于世间,这里,章士钊认为苏曼殊所宣传的主旨与自己的《双枰记》是相同的,都突出了作为个体的"人"的人生况味。

章士钊还举例,英国著名小说家王尔德曾写一个妙龄女优,色艺倾倒一时,演莎士比亚戏剧中罗密禾(罗密欧)一出,自己扮演与罗密禾相爱的岳丽艳(即朱丽叶),曲曲传神,惟妙惟肖,凡观看者都认为是天下有情的眷属。一个俊美少年喜欢看女优的

---

① 章士钊:《绛纱记·序一》,《甲寅》月刊第一卷第7期,1915年7月10日。
② 章士钊:《绛纱记·序一》,《甲寅》月刊第一卷第7期,1915年7月10日。

演出,每次谢幕都到后台去和她对话,时间长了,岳丽艳爱上了此少年。一日少年带两个朋友来观看,岳丽艳在舞台上呆若木鸡,朋友没看完就走了。谢幕后,少年到后台。女子觉得自己爱的是少年,没必要假戏装扮爱罗密禾。被少年叱骂一顿,少年走,女子在化妆室饮药而死。因此,章士钊说"女优之为人生解人,彼已知人生之真,使不得即,不死何待。"①

陈独秀更充分认识到这一点,他在《绛纱记·序二》中说:

人生最难解之问题有二:曰死曰爱。死与爱皆有生必然之事。佛说十二因缘,约其义曰:老死缘生,生缘爱,爱缘无明,夫众生无尽,无明无始而讵有终耶?阿赖耶含藏万有,无明亦在其中,岂突起可灭之物耶?一心具真如生灭二用,果能助甲而绝乙耶?其理为常识所难通。则绝死弃爱为妄想,而人生之善恶悲欢,遂纷然杂呈,不可说其究竟。

……然则人生之真果如何耶?予盖以为尔时人智尚浅,与其强信而自蔽,不若怀疑以俟明。昙鸾此书,殆弃怀疑之义欤?昙鸾与其友梦珠行事绝相类,庄周梦蝴蝶,蝴蝶化庄周。予亦不暇别其名实。昙鸾存而五姑殁,梦珠殁而秋云存,一殁一存,而肉薄夫死与爱也各造其极。五姑临终,且有他生之约,梦珠方了彻生死大事,宜脱然无所顾恋。然半角绛纱,犹见于灰烬,死也爱也。果孰为究竟也耶?②

很明显,这里陈独秀也着重突出了文学的人生况味,这与前一代知识分子的政治功利主义文学观划开了界限。接着,陈独秀谈到英国剧作家王尔德的作品,一个犹太王女莎乐美,爱上了一

---

① 章士钊:《绛纱记·序一》,《甲寅》月刊第一卷第7期,1915年7月10日。
② 陈独秀:《绛纱记·序二》,《甲寅》月刊第一卷第7期,1915年7月10日。

个预言者,预言者因冒犯了国王被打入地牢,莎乐美私自把他放出来,并赞美其声音,赞美其肤发,要求和他亲近而没被允许。于是又赞美他的嘴唇,要求和他亲吻而被预言者强烈抗拒。国王因喜欢看莎乐美跳舞,不看就不能吃饭睡觉,莎乐美以此要挟国王,让国王杀了预言者。她拿到预言者的头颅,猛亲其嘴唇,狂喜欲绝,接着想到已死,悲不自胜,因此触怒了国王被杀。陈独秀说王尔德是以自然派蜚声文坛的,他的书淋漓尽致地写死与爱。又举法国人柯姆特说的话:爱情者生活之本源也。并说这句话的意思无悖于佛也无悖于耶稣。"莎乐美知之,岳丽艳知之,何靡施知之,麦五姑知之,薛梦珠知之,罗霏玉知之。若王尔德若昙鸾,若烂柯山人若予,皆强不知以为知者欤。"①

陈独秀的序,已经彰显了其基于个人主体立场的新的文学意识,也发现了苏曼殊的文学价值。章陈二人的序,可以说参透了苏曼殊小说创作的主题宗旨,描写了人生最难的两件事:死和爱。真爱存在于世间,但难以实现眷属之愿望,惟有殉情,才能坚守住所坚信的一切。同时,从二人的序言当中,即可发现《甲寅》月刊的文学观念和文学意识,已经由传统的政治功利主义文学观转为注重个人主体意识的文学观。

这篇情爱小说,共叙述四个青年人的爱情故事,但又不尽相同。小说开篇有作者昙鸾的话,介绍好友梦珠身世,然后再叙述自己的遭遇。说他的朋友"生多哀怨之事,顾其情楚恻,有落叶哀蝉之叹者,则莫若梦珠。"②梦珠名瑛,姓薛,岭南人。年少时从容淡定,很得邑里的醇儒喜爱。每次梦珠到他家来,他都让自己的

---

① 陈独秀:《绛纱记·序二》,《甲寅》月刊第一卷第7期,1915年7月10日。
② 《绛纱记》,《甲寅》月刊第一卷第7期,1915年7月10日。

三女儿秋云与梦珠相见,并让秋云送他。秋云趁别人不注意,送给他自己戴的玉佩,并用怀中取出绛纱来包裹。而梦珠到市场把玉佩卖了只留得绛纱,之后到慧龙寺剃发出家。因和一个小沙弥争吃五香鸽而被寺主叱骂,负气几天不吃饭。不久天下大乱,梦珠出走印度、缅甸、暹罗、耶婆堤、黑齿等诸国。回国后看见经箝中绛纱犹在,遍访秋云不得,于是大病一场。后到一佛教精舍当英文教授,作者这样叙述引出主人公,也叙述了他和秋云的情爱。后精舍主人阳公归道山,梦珠居无定所。有相传他在苏州,在安徽、湖南、邓尉圣恩寺的说法。梦珠的字和在庙里吃五香鸽,以及在佛教学堂当英文教授的经历,实际上就是苏曼殊本人的经历,还有后面的一些事情,包括昙鸾的一些经历,难怪陈独秀在序中说"昙鸾与其友梦珠行事绝相类,庄周梦蝴蝶,蝴蝶化庄周。予亦不眼别其名实"①了。作者先道出他的身世与情缘,为下文打下伏笔。

接着,小说开始以第一人称叙述"余"的经历。余与梦珠(瑛)一起在香港皇娘书院读书,两人关系很好。自从他出家后两人再无音讯。戊戌之冬,余接到舅父一封信,让余去星嘉坡(即新加坡),帮助舅父开糖厂。在到达舅父家第二天,在种植园里捡到一本英文书,书中有他好友梦珠的照片,遇到一个穿白衣裙的女子来寻找此书。几个月后亲戚家请客,余与舅父一起去那里,舅父郑重向余介绍一漂亮女子,即麦五姑。这里作者引出与余情感相关联的女子。之后,五姑和父亲麦翁一起到余舅父家,态度极好,五姑送余一块白金,其后五姑时常来。一日,余与五姑骑马,陪舅父和一个估客去看糖厂。回来的路上,余得了猩红热后

---

① 陈独秀:《绛纱记·序二》,《甲寅》月刊第一卷第 7 期,1915 年 7 月 10 日。

住院,五姑一直无微不至地照顾,使余对五姑产生感情。病好后余接到一封短简,是余一个同学的朋友叫玉鸾写来的,刚从英国回来。余想到玉鸾的身世,就感到悲伤。五姑劝慰余,同时也向余表明心迹:"既奉君为良友,吾又何能离君左右。今有一言,愿君倾听,吾实誓此心,永永属君为伴侣。"①

一日舅父对余说重午节后要回粤一趟,趁没走之前让余和五姑行订婚之礼,等明春舅母来好为余完婚。自从与五姑订了婚,五姑就每天以英文小简相问候。十二月快过去了舅父还没回来,以为是在粤还有没做完的生意。此时麦翁来叫余签退婚的名字,并说余舅父已经破产,问余还有什么钱财娶亲?余要求和五姑见一面,麦翁说是五姑的主意。余一气之下就签了退婚婚约。

余给园丁和侍女一些钱,并想办法见了五姑一面。才知麦翁不是五姑的亲生父亲。于是二人商定一起坐船逃回中国。在船上坐头等舱的还有那位估客和他的侄女,就是那位丢英文书的女子,得知叫秋云。余在谈话中透露出认识梦珠的事,女子吃惊,问余是如何认识梦珠。余把两人幼时到上学之事说了,问她如何认识梦珠的,女子说等下了船到香港后再告诉。但途中遇风暴船沉,余与五姑分开。余被海水飘到一个小岛上,被一个老人救回来。之后得知秋云和估客也在这个小岛上。秋云向余讲述了自从梦珠出家后她的家庭剧变。有一个巨绅想结识他们家族,被她父亲谢绝。后有人说梦珠出家是她父亲逼迫和她设计陷害。巨绅的儿子强欲得到秋云而不得,便诬告秋云父亲与当时匪人沟通,巡警来把她父亲登在逆籍,老人无以自明吞金而死。秋云也想跳井自杀,被二姐劝阻,后化妆派老妪送到香港婶娘家,因叔父

---

① 《绛纱记》,《甲寅》月刊第一卷第7期,1915年7月10日。

在新加坡做生意。后在报纸上看到梦珠从印度一带回来时到新加坡,秋云就背着婶娘到新加坡找到叔叔,希望能遇见梦珠,但三年也没见到。

没多久海上来了船,上船才知是盗船,强盗绑架秋云以此勒索估客和余钱财。余等谈及遇难经过,强盗头目仗义地把他们送到九龙,这样他们才得以回到秋云叔叔家,秋云替余整理行装去往吴淞。这里作者写到当时海内鼎沸,出现了维新党、东学党、保皇党、短发党各种党派。大江南北,鸡犬不宁。余流转乞食,两个多月才到苏州。在这里听到人们谈论一个流落可叹的东人,能吃酥糖三十包,在郑氏处馆度日。余听后去见,正是自己的好友薛梦珠。当余跟他谈秋云之事时,他却说:"秋云何人也?盖使我闻之乎?"并说"生死大事,安能复恋恋?"余不觉怫然曰:"吾友如不思念旧情,则彼女一生贞洁,见累于君矣。"余于是离开了梦珠到上海,遇见了故友罗霏玉。罗霏玉说梦珠这样做必有隐情。接着又引出罗霏玉的情爱故事。"霏玉番禺人,天性乐善,在梵王渡帮教英文,人敬且爱之。"①在霏玉家,余见到霏玉深爱的一个叫庐爱玛的现代女子。此女会说英语,从苏州到上海来看姨母。两人已经订婚。但没多久,此女却跟一个绸缎庄老板自由结婚,罗霏玉当晚自杀身亡。这是一个爱与背叛爱的情爱模式,女子比男子还开放,这在当时已经开化的上海是存在的。

余在陪罗霏玉从味莼园(实际上罗霏玉知道当天爱玛在味莼园结婚)回来后,得知有一个西班牙女子来过,并说三天后再来。霏玉还说这回能知道五姑的下落了,因为在海上遇难以后,秋云说五姑曾被一西班牙女子救助,可第二天霏玉已经去世。第三天

---

① 《绛纱记》,《甲寅》月刊第一卷第 7 期,1915 年 7 月 10 日。

西班牙女子来后,给余一封五姑的信,并说五姑因思念昙鸾过重,得了干血症已死。女子说自己也是在香港出生故懂华语,因遇见秋云小姐,所以知道余在上海。余忍痛打开信,见有一缕青丝和一封信。五姑在信中谈到自己住在庄湘博士家,受到他们父女照顾。本想投海而死,庄湘博士劝阻应该埋在陆地,当昙鸾来祭奠时可有墓地可依。五姑还与余相约来世再相逢相爱。余读后肝肠寸断,最后与霏玉的祖母、妹妹商议,先送霏玉灵柩回广东番禺,然后自己去香港祭拜五姑。又一个爱情悲剧,两人真心相爱但却一死一生,悲痛至极。

接着作者叙述余和霏玉祖母、妹妹雇一帆船护送霏玉灵柩回乡。船行两日,到了一个山脚下,舟子齐声呼喊有贼,让余三人躲避,天亮时又继续前行。行到一个村落时,舟子说从此处上岸距番禺还有八十四五里。舟子抬棺先行,余等三人乘轿随后。余从抬轿的土著话语中知道此地实际上距羊城很近,心知情况有变。忽然出现一群巡勇并要撬棺,霏玉祖母和妹妹撞石头而死,棺材撬开后里面是枪支弹药而好友尸体不知所终,余昏厥过去,醒来时已在狱中,想死又死不成。这时狱中一个人劝余别死,也许会有人来救也说不定。而他因是一个罪大恶极之人,虽有隐忧但也无法。余问他何不说一说,反正外人也不会知道。此人说和未婚妻指腹为婚,两家家境都很不错。但自家因长大交友不良,没几年荡尽家产,父母去世,自己靠乞讨度日。丈人要退婚,但未婚妻不同意。当他讨饭到未婚妻村庄前的破庙里,未婚妻还给他送足以度日的衣服和钱财。他却拿到赌场一赌而空,又跟随坏人干了偷盗杀人勾当。此时感觉愧对未婚妻,并说未婚妻才从英国回来不久。此时余与先前听说玉鸾的遭遇很相似,可知此人就是玉鸾的未婚夫,可叹玉鸾的悲惨命运,此人说完就被狱卒叫出行刑。

这是第四个情爱模式,一个从小就被定亲的一对,男的不学好,女的是留洋才女,受过西洋教育的人。因为男的太不争气,连家庭都反对他们的婚事,而玉鸾却坚守旧式的婚约,对男的不能忘怀。最终男的被砍头而女的却一直坚守。这里体现了苏曼殊对女子命运的关注和传统的爱情观。无论是留洋还是没多少文化的女子,内心都受传统伦理熏陶太深,难以超越自己和乱世所赋予的悲惨命运。

余之后被叫到一个厅堂上,有一个白面书生问余是否叫昙鸾,说是浙江巡抚来电说要放了余。书生说看此人弱不禁风,怎能去干杀人的勾当,于是就把余放了。余先到香港访秋云,然后一起去五姑墓前祭拜。与秋云一起去苏州找梦珠,梦珠行为、嗜好为众人熟知,一女塾学生告诉余和秋云,说梦珠已经到城外的无量寺中。余和秋云到了那里,让秋云在外面等候,余进到寺里找了半天没人,以为梦珠未归。出来时在回廊上,瞥见台阶侧面有偶像,"貌白皙,近瞻之,即梦珠,瞑目枯坐,草穿其膝,余呼之不应,牵其手不动如铁。余始知梦珠坐化矣。"①余急忙出去告诉秋云,秋云走到他前面默视无一语,忽然看见梦珠的衣襟间露出绛纱半角,秋云用手拿出,于是伏在梦珠的怀里痛哭,亲其面,余静立。忽然听到风声,而梦珠的肉身忽然化成了灰,秋云就用绛纱包了些灰藏于衣内,风继续刮着把灰瞬间吹散。余与秋云回到上海,忽然不见了秋云踪迹,余即日就入留云寺剃发出家。一日,巡抚张公路过此寺奉为上座,张公说自己曾梦见一个和尚托梦给他,求他救救自己在羊城狱中的朋友。之后电询广州果然有此人,命令释放他。第二天晚上,又梦见此僧来道谢,这不是很神奇

---

① 《绛纱记》,《甲寅》月刊第一卷第 7 期,1915 年 7 月 10 日。

的事情吗？余于是把事情一一说给张公听，张公笑说"子前生为阿罗汉，好自修持。"又过了五年，余随法师路过广州，途中遇见两尼，一是秋云，一是玉鸾。余将要和她们说话，却不见了她们踪影。

苏曼殊在叙述爱情模式时还在小说中体现了现代资本主义因素，即英国在南洋的殖民统治和商人的金钱万能观。麦翁和余的舅父是两个合伙经商的华侨资本家，起初为了巩固他们的合伙关系，主动为余和五姑穿针引线，也为他们正式订婚。然而，当麦翁把余舅父搞得破产后，就立即撕毁余与五姑的婚约，翻脸不认账，致使两个相爱的年轻人一死一僧。

在小说《焚剑记》中，作者采用的是客观叙述和第三人称叙述方式。首先介绍男主公，是广东的一个书生，其先累世巨富，从小失去父母，家渐贫，被宗亲欺侮，但自己专心笃学。宣统末年，他十六岁的时候，遇到一个有权势的故人，请他为计室参军，但因此人聚敛无厌没有答应。他日又遇见，故人说："我能富人，我能贵人，思之勿悔。"书生回答说："子能富人，吾能不受人之富。子能贵人，吾能不受人之贵。"①他的话使故人大怒，威胁他让兵抓他，于是逃跑到钦州，改了姓名叫陈善。"为人灌园，带索褴褛，傲然独得。"②此时，南境稍微恢复鸡犬之声，他常常行走于陂泽之间，忽见断山而赞叹其奇绝，红壁十里，青莘百仞，殆非人所能到达之地，于是仰天而啸。后被一个少女领到山里的家中，说禀祖父之命请他过去，使祖父得睹清辉。荒山野岭，书生以为此女是胡女，还看她的衣服是否有缝。书生随着少女一起到家

①　《焚剑记》，《甲寅》月刊第一卷第8期，1915年8月10日。
②　《焚剑记》，《甲寅》月刊第一卷第8期，1915年8月10日。

里,祖父出来迎接。老人说两个孙女因避战乱躲到这里来刚两个月。这里没介绍周围是否还有人居住,给人的感觉就是世外桃源。老人对书生的印象很好,并向书生介绍自己两个孙女,大的叫阿兰,小的叫阿蕙。书生看到阿兰眉清目秀,很像自己的好友番禺举子刘文秀,猜想莫非是刘子女弟耶?老人让两个孙女拜书生为师。书生有病,姐妹俩尽心侍候。阿兰问书生,公子莫非独孤粲吗?听亲戚说公子有"迈世之志,情意亦甚优重"。书生于是问阿兰可认识刘文秀吗?阿兰说是他哥哥。先前他们一起避乱渡江,其兄忽然失踪,后听说在浙江。常听哥哥说朋辈中有一奇士,姓独孤名粲,并且企仰清辉已久。作者在这里才真正介绍书生的真实姓名,并导引出女主人公,亲人即周围所遇之人和事。

此时,听到炮声隆隆,红光烛天,老人对独孤粲说乱兵已经到此,并向独孤粲长揖说,他已老将不久于人世,但深念二孙,把阿兰许给他,等阿蕙长大,姻亲之事也托付于他。说完老人呕血而死。此时有流弹中屋,屋顶破。埋葬了老人,见二女非常悲伤。独孤粲想到先把二女送到香港,使她们自谋生路,也不枉老人之托。于是,坐小船沿流而下,两日后舍舟登陆,村间烟火已绝,路边尸横遍野。忽然阿蕙牵独孤粲手,指着尸丛中悄悄说,"此尸蓬首挺身欲起,或未死也。"此人叫周大,被乱兵打中肩部,告诉他们千万别往前去,如果遇到暴兵,这两个女孩岂不成为齑粉了。并说暴兵半日就杀尽了村里的人,都是自耕自食的农民,没犯什么法。感叹"天之以人为戏也"。此人哭诉老母和爱弟被暴兵戮死后扔进川流,而他中弹忍痛潜卧尸中一天一夜。几人一起到周大家。几日后此村被人称为"鬼村"。当邻村人看见周大时以为是鬼魂。后四人手拎村人的接济才得以上路,邻村人也只剩下一半,可见战乱带来的灾难,民不聊生。之后四人几日后到了香港,阿兰的姨母在香港,儿子在国外经商,姨母收留了她们,周大也在其姨母家帮忙。独孤粲感到如释重负,然后告别阿兰,说有事情要办。"吾自今以去,从僧道异人却食吞气耳。"①独孤粲走后,香港霍乱盛行,阿兰、阿蕙与姨母一起移到边州居住,沿海风光秀丽,气候宜人。此时,姨母对阿兰说为她选好了一门亲,是其姓梁的外孙,才貌相兼,家道颇瞻。阿兰说:"吾舍独孤公子外,无心属之人。"②姨母却说:"公子佳则佳,然其人穷至无裤,安足偶吾娇女?吾非不重公子为人,试思吾残年向尽,安忍见吾娇女度贫贱之日?此婚姻之所以论门第,吾不可不慎也。"③但阿兰矢志等独孤公子,而拒绝姨母的再三说劝。后姨母怒,阿兰寝食难安,过了一个月仍没有公子消息。阿兰知道当地乡俗有抢婚一说,所以就背着姨母、妹妹逃离了姨母家。

阿兰潜逃到香港,到上环伍家作帮工,被女主人看中,收为义女。女主人的外甥莫氏来此看上了阿兰,回去后茶不思饭不想,父母问他才知原因,于是派人到女主人那说亲,女主人应许,然后对阿兰说:"古有明训,男大须婚,女大须嫁。吾今为汝觅得嘉婿矣,则吾外甥莫氏,其人望族也,尝游学于大鹿国,得博士衔,人称洋状元。今在胡人鬻饼之肆,任二等书记,吾为汝贺。"④阿兰自叹说:"人皆以我为贸易,我无心以宁,无颜以居,我终浪迹以避之耳。"⑤于是阿兰再一次出走。傍晚时分到了九龙岸边,遇到一个年轻女孩将要跳水,被阿兰拦住。女孩说自己生下来就失去了母

① 《焚剑记》,《甲寅》月刊第一卷第 8 期,1915 年 8 月 10 日。
② 《焚剑记》,《甲寅》月刊第一卷第 8 期,1915 年 8 月 10 日。
③ 《焚剑记》,《甲寅》月刊第一卷第 8 期,1915 年 8 月 10 日。
④ 《焚剑记》,《甲寅》月刊第一卷第 8 期,1915 年 8 月 10 日。
⑤ 《焚剑记》,《甲寅》月刊第一卷第 8 期,1915 年 8 月 10 日。

亲，父亲给她取名叫眉娘，后母虐待她，父亲又不敢问。邻居有一老妪，劝她到石塘为娼，说一可以避免阿母猜忌，一可择人而事。此外无一人可怜。阿兰决定和她一起出走。二人用灰炭涂污了脸部，打扮成乞妇状。过了十天到了东馆西大约十里，太阳快落山时，遇到一个像留学生的军将骑马路过，阿兰、眉娘向他乞讨，他从马鞍里拿出一条人腿说，他们吃的就是这个东西。之后，阿兰俩人到了一个小山村，又看见此村人也是以人肉为食，她们也险些被黑店夫妻杀害作肉食。逃跑到村外一个稻草堆，两人钻进去后，看见里面藏了很多东西，包括吃的，大概是富人藏此以备不时之需。拿了点饼干，两人就开始离开这个村子，回望时才知这个村子遭过水灾。两人从村庙中拾得一个破鼓，仅容两人，坐着顺着而下。数日中，见难民出没，以饼干分给他们。又过了两个月，两个人已经亲如姊妹。但阿兰却暴病于道中。"弥留之际，三呼独孤公子，气断犹含笑也。"眉娘顾左右无人居住，当时夜已经很深，行入林中，有家灯火，对主人说愿意卖掉自己以葬姐姐。主人与妻子商量之后对眉娘说，二人是贩布客，正缺人手。第二天夫妻二人将阿兰殓葬，看眉娘容颜朗秀又可怜，把她视为自己的孩子。数月之后，夫妻携眉娘贩布得了一些钱。回来的路上，半夜投宿在始兴县南驿三十里外，贼杀了夫妻二人，劫走眉娘和钱财，刚要登船，见一男子驰至，捉住一个贼的手腕挥剑砍断，三贼奔走。男子问眉娘何处人，眉娘说了自己的身世和经历。男子听眉娘谈到阿兰的名字，默行了数步扔剑于地，仰天潸然曰："阿兰竟去人寰，我流离四方，友仇未复，阿兰在幽冥之中，必能谅我。"①可见独孤粲内心怀着愧疚并且深爱着阿兰。

---

① 《焚剑记》，《甲寅》月刊第一卷第8期，1915年8月10日。

　　眉娘听男子这样说，就愤怒地诘问他："吁，若即吾姊临命所呼之独孤氏耶？负心若此，试问吾姊，停辛佇苦，以待何人？吾诚不愿见若。"①说罢，从地上取剑要自刎。独孤粲夺剑阻止，眉娘又要投河，又被独孤制止。眉娘说听阿兰说过还有胞妹在边州，问独孤能否送她到边州见妹妹，之后回九龙见父亲，然后死无遗憾了。独孤答应了她，两人一起上了刚才的贼船，到红梅驿，以兄妹相称，避免路人怀疑。到了边州，看见周大和阿蕙在海边拾贝壳。阿蕙知道姐姐去世大放悲声，想去拜谒姐姐墓，又不知在什么地方。第二天送眉娘到九龙就不知去向。

　　眉娘不敢直接回家，就去了邻居老妪家，听老妪说她父亲前月已经无故而逝，眉娘痛哭。老妪让她以后住她这里，若她继母看见一定会杀了她。老妪讲了自己的悲惨经历，她非本地人，从小被父亲卖到妓院，经历了许多，父亲开始得到很少的钱，但后来她的身价提高了后，妓院老板不让她父亲再见到她。后有广东胡别驾花了四千金为她赎身，此时她父亲早已去世几个月了。跟着丈夫到了香港家中，翁姑弟妹都因她是外江妖怪，丈夫日日以她为玩具。如今一个下堂娼女，谁能可怜呢？老妪说完又继续在灯下重理其麻，并说如今只有自食其力才能混口饭吃。也不想怨天尤人，只愿自己的命不好。眉娘听后，低头垂泪很久，婉语慰妪曰："妪勿忧，吾闻天无绝人之理。吾当为奴婢觅一栖身之所，然后助妪度日，接欢笑。"②老妪听完非常高兴，抱着眉娘大哭，说老天可怜她。眉娘于是到烟馆作佣工，晚上住在老妪家。忽然有一天，眉娘看见独孤粲翻然而至，在烟榻上捉住一个烟客，对他说：

----

① 《焚剑记》，《甲寅》月刊第一卷第 8 期，1915 年 8 月 10 日。
② 《焚剑记》，《甲寅》月刊第一卷第 8 期，1915 年 8 月 10 日。

"吾四方觅汝久矣,汝非蒋少轩之友呼?何以始谋其财,继害其命,而终夺其妻也?"①烟客大为震惊,跪在地上说,他知道自己的罪过,曾经和少轩在东阳读书非常友爱。之所以到现在还穷无所依,都是听信于蒋的妻子的话。现在他的妻子已经嫁给了一个司令官,也是少轩的同学,并说现在已后悔先前所作的事情,望能饶恕他。独孤粲用剑割了那人的两只耳朵。刚要走,在场的许多人都欷歔感叹。眉娘出来拜见独孤粲,独孤粲很高兴眉娘没发生什么事。烟馆主人听了眉娘和独孤粲的事情,仰慕他的侠义而感叹眉娘的苦难。主人于是向生和老妪请示,收眉娘为发妻,以后眉娘儿女成群,对老妪像自己的母亲一样。独孤为朋友复仇之后,高兴眉娘有了终身依托。然后就去边州,看见周大,问阿蕙何在。周大说已经出嫁。生问怎样?周大泪涟涟说嫁给一个木主。最初阿兰离开后,姨母就将阿蕙许嫁梁姓外孙,而不跟阿蕙说此事。到今春过门的期限快到,才开始跟阿蕙说。阿蕙婉顺不违背姨母,在出嫁前数日,梁氏子瘝病发作而死。姨母问阿蕙意旨向背。阿蕙说:"既许于前,何悔于后。"②就这样嫁过去了。结婚当天和一个木主拜堂,然后穿上孝服为丈夫哭丧。阿蕙幽闲贞静,今世殆若凤毛麟角。有时来省姨母,说翁姑待她很好,也不说自己身世。周大说完,生默默不出一言,从腰间抽出剑,让周大烧了,像焚纸一样。此后,广东人再没有看见过生和周大二人。只是阿蕙每在阴雨连绵之时念叨祖父、阿姊和独孤公子不停罢了。

在《碎簪记》中,苏曼殊开始运用三角恋爱的叙事模式,两个美丽而痴情的女子灵芳和莲佩主动追求一个柔弱多情的男子庄

---

① 《焚剑记》,《甲寅》月刊第一卷第 8 期,1915 年 8 月 10 日。
② 《焚剑记》,《甲寅》月刊第一卷第 8 期,1915 年 8 月 10 日。

湜,可惜最后都落得个悲惨结局。庄湜的叔叔、婶婶给他和莲佩订婚,灵芳是庄湜曾舍命救过他的好友的妹妹,两个女子都深深地爱着庄湜。迫于叔婶的养育之恩和家长制的威力,庄湜不敢反抗。最后,灵芳为只见过一面的哥哥好友庄湜自缢,莲佩为不爱自己的庄湜自刎,而庄湜为这两位花季少女的情感纠葛伤恸而绝。

小说主人公是庄湜,但采用第一人称"我"来进行叙述。这里的"我"与实际上的作者,应该都是深于忧患、悲天悯人、对爱情充满本能忧惧的。采用这种叙述方法,更能强化感情格调,使读者跟随"我"去体验那个"憔悴哀痛而外无可言"的世界。一方面以看破红尘的语气,一方面又有些残忍地将作品中的年轻男女推入情海,一任沉浮。

《碎簪记》以第一人称叙述"我"之友庄湜与两女子的爱情悲剧。弥漫于小说中的戚惨哀怨的氛围,主人公缠绵惆怅的矛盾心态以及三人俱死的结局。陈独秀将《碎簪记》发表在为思想革命开路的《新青年》,而且应作者之请写了"后序"。陈独秀简短的"后序"大大提升了《碎簪记》的思想意义,他从人类情感普遍性角度所作的引申与概括扩展了作品的涵蕴,从而使这篇作品在当时有了特殊的地位。关于作品的思想意义,从陈独秀在《碎簪记》结尾作的后序中可以看出:"余恒觉人间世,凡一事发生,无论善恶,必有其发生之理由,况为数见不鲜之事。其理由必更充足,无论善恶,均不当谓其不应该发生也。食色性也。况夫终身配偶,笃爱之情耶?人类未出黑暗野蛮时代,个人意志之自由,迫压于社会恶习者又何仅此。而此则其最痛切者,古今中外之说部,多为此而说也。前者吾友曼殊,造《绛纱记》,秋桐造《双枰记》,都是说明此义。余皆叙之,今曼殊造《碎簪记》,复命余叙。

余复作如是观。不审吾友笑余穿凿有失作者之意否邪？一九一六年十一月二十二日独秀叙。"①陈独秀在简短的后序中，对社会恶习严重压迫个人情感自由问题作了深入的批判和剖析，很能发人深思。这对苏曼殊的作品理解无疑是加上了一层注解。个人意志自由被压制，意在警戒人们注重个人的生命体验，追求自主独立的人格和权利。

小说中对庄湜与灵芳、莲佩的爱情纠葛的描写，表现了男主人公在两个女子面前无所适从的痛苦，这种选择则显得格外地沉重。美丽和青春为情而毁灭，使作品达到了悲哀美的极致。苏曼殊笔下的少女，基本上都是漂亮、娇艳绝世，而又多情过人。一种是典型的东方女性，一类是文明开通的洋化女性，两种女性都可爱，可两种女性又都似乎不太理想，作者只是让庄湜自绝身亡，大半都是出于选择的困惑。《碎簪记》正是借女性选择的困惑，来表达苏曼殊在文化选择上的困惑。

如果说苏曼殊找到了心仪的"理想女性"模式的话，那就是《绛纱记》中的玉鸾，"居英伦究心历理五稔"、"治泰西文学卓尔出群"，却又"尝割臂疗父病"，又为不学好的未婚夫送衣服和金钱，也为受刑的未婚夫守节。这个兼备中西方女性的纯贞贤淑与西方女性的执著、聪慧、果敢的玉鸾，才是苏曼殊心中的理想女性。但在当时的社会现实情况下，这种女性是无从找到的，所以作品结尾，作者让她"飘然不知所之"。但是从中也可以看出，作者的文化选择，那就是中西融合，这与"五四"时期的文化选择相一致。因此，也透露出民初部分文人对东西方文化的理解和领悟，苏曼殊可谓一代表。此外，这三篇小说的语言都是浅近文言，

---

① 《碎簪记》，《新青年》第二卷第 4 号，1916 年 12 月 1 日，第 7 页。

只须稍略译解,就能和"五四"时期小说家所写的白话文近似。这也是苏曼殊的小说在过渡阶段所表现出的特色。但陈独秀使《碎簪记》在《新青年》上发表,并再一次写了"附识",足可见他对苏曼殊创作的推崇。

二、漂流困惑与生命自觉

苏曼殊以其自身的身世、漂泊经历、学识、入世与出世,反映在他的小说中,虽有大致完整的故事情节,然而,小说中的人物结局都以悲剧而告终。无论是对人物及心理的描写,事件的描述,还是对环境的勾勒,似真非真,文笔出入于生死之间,俗世僧世之间,呈现了他本身对自己漂流命运的一种困惑,行无所止,居无定所,行走于人世间,思考着人类生存的本质。读他的作品,总给人一种空灵、易感、飘忽不定、引发对生命本身探寻思索的向度空间。他用自己的行为和作品给世人留下了生命自觉的思想维度,达到了难于解说的一种形而上的高度,生与死的界限和意义认知,是思想领域里的超脱和参透,也是对生命本体和质地的叩问。

苏曼殊曾经是辛亥革命的积极拥护者,并曾对这个革命抱着极大的期望,因而"二次革命"失败后,面对袁世凯的专制统治,而感到悲哀和愤怒。他曾在孙中山又组建中华革命党的机关刊物他也参编的《民国》杂志上发表了《讨袁宣言》:"擅屠操刀,杀人如草。……辱国失地,蒙边夷亡。四维不张,奸回充斥。上穷碧落,下极黄泉,新造共和,固不知今真安在也!"义正词严,对袁世凯祸国殃民的行径进行了淋漓尽致的揭露和批判,并庄严宣誓:"衲等虽托身世外,然宗国兴亡,亦将起而禷尔之魂!"[①]

苏曼殊的反袁思想渗透在他的小说创作中,小说《焚剑记》

---

① 苏曼殊:《讨袁宣言》,《民国》杂志,1913 年。

和《碎簪记》中都有体现。《焚剑记》中作者以独孤粲和阿兰的爱情为中心线索,把笔锋伸向了当时社会的各个方面。通过对阿蕙、眉娘和一个老妓女悲惨命运的描写,官兵屠戮无辜百姓的描写,官兵和百姓"以人肉为食"的描写等等,都揭露了袁世凯统治下经济凋敝、社会崩溃的黑暗现实。《碎簪记》中作者庄湜谈到与杜灵运的友情时说:"前者吾游京师,正袁氏欲帝之日,某要人者,吾故人也。一日招我于其私宅,酒阑出文书一纸,嘱余译以法文。余受而读之,乃通告列国文件,盛载各省劝进文中之警句,以证天下归心袁氏。余以此类文句,译成国外之语,均虚妄怪诞诪谀便辟之辞,非余之所能胜任也。于是敬谢不敏。某要人曰:'子不译之可,今但恳子联名于此,愿耶?'余曰:'我非外交官,又非元老,何贵署区区不肖之名?'遂与某要人别。三日,有巡警提余至一处,余始知被羁押。"①

这一切都说明了袁世凯为了达到称帝的目的,不惜暴露强奸民意,弄虚作假,肆意自为帝制的丑恶嘴脸和倒行逆施。由此,本来在某院秘书的好友杜灵运为了救出庄湜,疏通关系,竟然辞去了工作,出走周游大地,最后在瑞士,不能回国。在他小说"余"的旁知叙述中,也体现了对辛亥革命后情景彻底失望的心情:"则旧友中不少怀乐观主义之人,余平心而论,彼负抑塞磊落之才,生于今日,言不救世,学不匡时,念天地之悠悠,唯有强颜欢笑,情郁于中,而外貌矫为乐观。迹彼心情,苟谓诸国老独能关心国计民生则亦未也。"②

小说中体现了苏曼殊在 1916 年对国内形势的观感。对社会

---

① 《碎簪记》,《新青年》第二卷第 3 号,1916 年 11 月 1 日。
② 《碎簪记》,《新青年》第二卷第 4 号,1916 年 12 月 1 日。

现实的失望,使得苏曼殊进一步思考生命的意义。人为什么生存,如何看待生与死,虽没有什么专著,却体现在他的小说创作中,小说成为他探索人生的印迹。

同时,现实的极度黑暗,使得苏曼殊在小说中表现了对美好家园的憧憬与向往,体现在对"世外桃源"的描述。与其他一切向往并参加革命的进步知识分子一样,辛亥革命的失败打破了他们原有对革命胜利的幻想,使他陷入不可解脱的痛苦当中,正因为如此,在他的小说中既有对袁世凯的专制统治、殖民主义、封建势力的批判,也有对主人公和下层民众悲惨命运的同情,同时,在作品中出现了虚幻的"世外桃源":"余出庐独行,疏柳微汀,俨然倪迂画本也。茅屋杂处其间,男女自云,不读书,不识字,但知敬老怀幼,孝悌力田而已。贸易则以有易无,并无货币,未尝闻评议,是非之声,路不拾遗,夜不闭户。"①接着,描写海盗的出现,说明苏曼殊也认为在乱世的现实世界中这个"世外桃源"不可能存在,甚至让战争把它毁掉。如《焚剑记》中孤独粲因孤独行走在名山大川之间,被一老者赏识请到家中,辅导两个逃难到山里的孙女阿兰和阿蕙。"生故羸疾,女为扶将,不觉行路之远,俄至木桥,过桥入一庐,长萝修竹,水石周流。……老人复嗟叹曰:'吾山栖五十年矣,不意今之丧乱,甚于前者。'言次,因指少女曰:'此吾次孙也,姊妹二人,避难来此。'"②尽管身处在这幽静的山野里,也无法避免战乱,没多久就听到大炮声,老人把阿兰许给孤独粲,把阿蕙也托付给他后呕血而死,独孤粲只得带着两个女子一起逃难,战争毁掉了美好的一切。实际上,这是苏曼殊心中所要

---

① 《绛纱记》,《甲寅》月刊第一卷第 7 期,1915 年 7 月 10 日。
② 《焚剑记》,《甲寅》月刊第一卷第 8 期,1915 年 8 月 10 日。

寻找和追求的精神家园的象征。这种美好的向往,都被现实的战乱所粉碎。联系黑暗令人失望的现实,发出对人生的慨叹,对生活不抱什么希望,所以书中的主人公,不是为情而死,就是出家。对人类终极目的的思索,使得作者采用多种方式进行思索,其中小说创作就体现了他的这种思索和探寻。既然如此,那生命的意义究竟何在呢? 所有的烦恼、忧患、苦难,都是生命本身带来的,要根除这一切,只能有一个办法,那就是死。

由对现实中人们不思改变社会而对现实失望,对女性态度也有所变化。比如,苏曼殊在《绛纱记》中,用罗霏玉的妹妹小玉的口说出来的。如果从伦理的角度看,这篇小说并不高明,仍然有着传统道德观的陈旧说教,然而,却从对社会现实的反映中,印证作者思想意识中还存在着传统文化的积淀:"吾国今日女子殆无贞操! 犹之吾国,殆无国体之可言。此亦由于黄鱼学堂之害(苏俗称女子大足者曰黄鱼)。女必贞而后自縣。昔者王凝之妻,因逆旅主人之牵其臂,遂引斧自断其臂。今之女子何如?"①

在《碎簪记》中,以"我"的口吻,两次出现"天下女子,皆祸水也"②与此同时,他对当时上海出现的所谓自由之风也给予讥讽:"方今时移俗易,长妇姹女,皆竞侈邪,心醉自由之风,其实假自由之名而行越货,亦犹男子借爱国之义而谋利禄。自由之女,爱国之士,曾游女市侩之不若。诚不知彼辈性灵果安在也? 盖余此次来沪,所见所闻,无一赏心之事。"③

由此可见,他不反对留学,但并不认为西方的文化就什么都

---

① 《绛纱记》,《甲寅》月刊第一卷第 7 期,1915 年 7 月 10 日。
② 《碎簪记》,《新青年》第二卷第 4 号,1916 年 12 月 1 日。
③ 《碎簪记》,《新青年》第二卷第 4 号,1916 年 12 月 1 日。

好,对国内青年男女的无畏效仿,非常反感,大概就是基于此,才融入到小说创作中。"昨日午后三时,张园开华洋义赈会,衲往参观,红男绿女,极形踊跃;足征中外众善之慈祥,衲当为苍生重复顶礼,以谢善男善女之隆情盛意也。惟有一事,所见吾女国民,多有奇特装束,殊自得意,以为如此则文明矣。衲敬语诸女同胞,此后勿徒效高乳细腰之俗,当以'静女嫁德不嫁容'之语为镜台格言,则可耳。"①综上所述可以看出,苏曼殊思想意识中出现的矛盾重重的女性观。

对人生的探讨,一直都是苏曼殊所孜孜追寻的。他在章士钊《双枰记·叙二》中,所说的话可以看作他这一时期对人生问题的另一种形式的探讨:"燕子山僧案:烂柯山人此箸来意,实纪亡友何靡施性情遭际。从头至尾,无一生砌之笔,所谓无限伤心,却不作态。而微词正义,又岂甘为何子一人造狎语邪? 夫士君子惟恐修名不立,顾为婴婴婉婉者损其天年。奚独何子? 殆亦言者之一往情深,劝惩垂诫焉耳! 若夫东家之子,三五之年,飘香曳裾之姿,掩袖回眸之艳,罗带银钩,绡巾红泪。帘外芭蕉之雨,陌头杨柳之烟,人生好梦,尽逐春风,是亦难言者矣。酒书记翩翩,镇翡翠以为床,捌珊瑚而作笔。宝鼎香消,写流魂于异域。月华如水,听堕叶于行宫。故宅江山,梨花云梦。燕子庵中泪眼更谁愁似我? 小蓴山下,手持寒锡吊才人。欲结同心,天涯何许? 不独秋风鸣鸟,闻者生哀也已。甲寅七月七日。"②这篇序言,可谓体现苏曼殊的辞彩华章,情致绵渺深远,并且字里行间仍然体现他那对人生的怀疑、悲悯、感伤、苍凉之感。"夫天下最难解决之事唯

---

① 苏曼殊:《华洋义赈会观》,《苏曼殊全集》第一卷,第167页。
② 苏曼殊:《双枰记·叙二》,《甲寅》月刊第一卷第4期,第2、3页。

情耳"①对生死情爱和个体生命的苦苦追问,苏曼殊在革命家、僧人和多情才子"多重身份"间矛盾徘徊,他很难再将自己定位于某一既有的角色与传统之中了。小说中体现了他不屈挣扎的现实关怀,"言情"更是他飘零人生的感受。

言情、漂流与迷惑,使苏曼殊作品中包含着传统文学中所没有的"个人本位"立场,体现了一个充满自我意识的个体对现实人生意义的探寻和求证,因此可以说他的作品既有对人生的探寻和形而上的思索,也有着超越时代的色彩,为五四新文学的发生奠定了基础。郁达夫曾说苏曼殊的小说具有"一脉清新的近代味。"②钱玄同也对苏曼殊的作品给予了极高的评价:"曼殊上人思想高洁,所为小说,描写人生真处,足为新文学之始基乎?"③他那浪漫感伤而又空灵曼妙的创作风格,注重自我个体验及对生命本身意义的探寻,为五四浪漫感伤的小说创作起到了先锋的作用。他小说中亦真亦幻、亦虚亦实、缥缈不定的故事情节,男女主人公对情感世界的感知和果决,让人感到其小说的题材和叙事手法等也同样变化不定,随意点染一般,同时也体现了苏曼殊对人生和情感的无定的困惑,因而就具有了形而上的意味。通过解读苏曼殊的小说,再一次指证他极富传奇而独一无二的人生经历与创作,无论是在当时的时代,还是五四以后到现在,他与他的不僧不俗、亦僧亦俗的文学作品都是一个独特的存在,他的人生和情感经历都是一个苍凉而凄美的传奇。

---

① 苏曼殊:《碎簪记》,《新青年》第二卷第3号,1916年11月1日,第3页。

② 郁达夫:《杂评曼殊的作品》,《郁达夫文集》(第五卷),广州:花城出版社,1982年版,第256页。

③ 钱玄同:《陈独秀书信集》,水如编,北京:新华出版社,1987年版,第97页。

第四章 《甲寅》月刊与新文学

第一节 《甲寅》月刊无意识中对新文学的呼唤

在《甲寅》月刊最后一期中,黄远庸作为记者给《甲寅》月刊记者写了信。对改革国内的社会现实最根本的办法,主张应从提倡新文学入手的高远预见,并身体力行,他的倡导与五四新文学的发生有着不可忽略的作用。《甲寅》月刊虽未亲自实践对新文学的改革,但由前面的分析、梳理,以及所具有的开放姿态和无意识中对新文学改革的呼唤,进一步明确了《甲寅》月刊影响着《青年杂志》的诞生,也催萌了新文学。有人曾说《甲寅》月刊是《新青年》的滥觞。① 从文学性的内蕴提升,到"人的文学观的确立",对新文学运动都有很大的影响,这不能不说是《甲寅》月刊作为过渡者承前启后的功劳。

一、《甲寅》月刊中对提倡新文学的高远预见与影响

1915 年 10 月 10 日出版的《甲寅》月刊第 10 期的"通讯"栏中,有记者黄远庸"致《甲寅》杂志记者"的两封信,题目是《释

① 杨早:《〈甲寅〉:过渡者》,《中华读书报》,2006 年 2 月 15 日。

言·其一》、《释言·其二》，同时，有章士钊作为记者作答的回信。在《释言·其一》中，前半部分为忏悔，后半部分为觉悟。黄远庸以非常自谦的口吻，写给《甲寅》月刊记者实际上就是写给章士钊的信，信中谈到：

远本无术学，滥厕士流，虽自问生平并无表见，然即其奔随士夫之后，雷同而附和，所作种种政谈，今无一不为忏悔之材料。盖由见事未明，修省未到，轻谈大事，自命不凡；亡国罪人，亦不能不自居一分也。此后将努力求学，专求自立为人之道，如足下之所谓存其在我者，即得为末等人，亦胜于今之一等脚色矣。

愚见以为居今论政，实不知从何处说起。洪范九畴，亦只能明夷待访。果尔，则其选事立词，当与寻常批评家专就见象为言者有别。至根本救济，远意当从提倡新文学入手，综之，当使吾辈思潮如何能与现代思潮相接触，而促其猛醒。而其要义，须与一般之人生出交涉。法须以浅近文艺普遍四周。史家以文艺复兴为中世改革之根本，足下当能语其消息盈虚之理也。①

黄远庸首先对自己从前写过的政论文章进行自我批评，有在官场及退出官场后所写的文章，当然其中包括曾经被袁世凯授命所写的一些报道，大都违背自己的意愿和做人的宗旨，不能不为自己的所为而感到忏悔。否则，他也不会因袁世凯欲称帝让他写宣传文章，他为了划清界限而跑到上海且等一个月后去美国了。立誓今后将努力求学，寻求自立为人之道。黄远庸似以商量的口吻，与章士钊探讨时政，改革社会现实的最根本方法，他认为应当从提倡新文学入手，并且思考我辈的思潮如何能与现代思潮相接

———————————

① 黄远庸：《释言·其一》，《甲寅》月刊第一卷第10期，1915年10月10日，"通信"栏，第2页。

轨。这里所说的"现代思潮",显然就是指西方先进、发达的现代文化与文明成果,言外之意,就是要借鉴国外先进的经验,要广泛介绍,促使国人尽快猛醒,不能总是陶醉于泱泱大国唯我独尊的自我保守意识,与本土相融合。他认为这种改革新文学,不应该只是从上层进行改革、认知,最根本的是要和一般人生出交涉,大有关联,呈现了平民主义精神。这样,须要用浅近的文艺普遍四周,即普及大众,提高全民的素质。这种主张具有强烈的现代意识,且与之后的五四新文化运动宗旨相一致。但当时章士钊并没有认识到这一点,他的答复是:"提倡新文学,自是根本救济之法。然必其国政治差良,其度不在水平线下,而后有社会之事可言,文艺其一端也。欧洲文事之兴,无不与政事并进。"①一心以政治救国的章士钊,对于外患日逼、内乱频仍、社会黑暗、时局险恶的国势,认为"政治"才是挽救民族生活的中心一环。只有等国家政治差良,其度在水平线以上,才有改革文艺的可能,并且文艺也只是其中一个方面而已。认为欧洲文艺复兴,都是与政事齐头并进的。章士钊并没有把文艺改革放在首要位置,这也是他没有发动新文化运动,与黄远庸、陈独秀、胡适的区别所在。

胡适在1922年3月3日写的《五十年来中国之文学》中,曾回溯了民国初年政论大家的发展去向,指出与章士钊同时的政论家有黄远庸,张东荪,李大钊,李剑农,高一涵等,都朝着"逻辑文学"的方向去做了。大家不知不觉地造成一种修饰的,谨严的,逻辑的,有时不免掉书袋的政论文学。胡适还说到了民国五年(1916年)以后,国中几乎没有一个政论机关,也没有一个政论

---

① 章士钊:《释言·记者答》,《甲寅》月刊第一卷第10期,1915年10月10日,"通信栏",第5页。

家;连那些日报上的时评也都退到纸角上去了,或者竟完全取消了。认为《甲寅》最后一期里有黄远庸写给章士钊的两封信,至少可以代表一个政论大家的最后忏悔。

当日的政论家苦心苦口,确有很可佩服的地方。但他们的大缺点只在不能"与一般之人生出交涉"。这一句话不但可以批评他们的"白芝浩——戴雪——哈蒲浩——蒲来士"的内容,也可以批评他们的精心结构的政论古文。黄远庸的聪明已先见到这一点了,所以他悬想将来的根本救济当从提倡新文学下手,要用浅近文艺普遍四周,要与一般的人生出交涉来。章士钊答书还不赞成这种话。……黄远庸那年到了美国,不幸被人暗杀了,他的志愿毫无成就;但他这封信究竟可算是中国文学革命的预言。他若在时,他一定是新文学运动的一个同志,正如他同时的许多政论家之中的几个已做新文学运动的同志了。①

二、黄远庸——五四新文学变革的先行者

黄远庸是我国新闻史上第一位卓有成就的政治记者,是最先运用通讯文体进行写作的中国现代新闻通讯的奠基人。被戈公振称为"盖报界之奇才也"。② 黄远生,原名黄为基,字远庸,远生是他的笔名,江西九江人。1885 年出生于书香门第之家,从小受到良好的家庭教育。少年时就读于南浔公学,后来被家人所促迫,不得不参加科举考试。1904 年中进士,获"知县即任"资格,被分至河南任县令,但他弃官不做到日本留学,入东京日本中央

---

① 胡适:《五十年来中国之文学》,《胡适学术文集·新文学运动》,北京中华书局,1993 年版,第 133、134 页。
② 戈公振:《中国报学史》,北京:生活·读书·新知三联书店,1955 年 3 月第 1 版,1985 年第 2 版,第 184 页。

大学攻读法律。1909 年回国,被清政府任命为邮传部员外郎兼编译局撰修官。不想做官的黄远生,在此目睹了官场的腐败,政府的黑暗,开始为京、沪一些报刊撰文。反映时政,救国呼号。辛亥革命后脱离官场专门从事新闻工作。他先后曾主编过《少年中国》周刊和《庸言》月刊,并担任《申报》、《时报》、《东方日报》驻北京特约记者,同时为《东方杂志》、《论衡》、《国民公报》等报刊撰稿。1915 年 12 月 25 日在美国旧金山被害。

"黄远生的思想甚高,学识甚博,于中国近代社会转型时期的思想、文化、法律、政治、经济、新闻,多有涉猎,时有惊世之论提出。他当时关于文化革命的思想,不在以后五四运动中出现的各种学说之下。"①黄远庸在 1914 年接手梁启超创办的《庸言》杂志后,发表了《本报之新生命》,体现了与《甲寅》月刊相似的开放、平等、客观、公正、广开言路的宗旨和办刊风格。"吾曹此后,将力变其主观的态度,而易为客观,故吾曹对于政局,对于时事,乃至对于一切事物,固当本其所信,发挥自以为正确之主张,但决不以吾曹之主张为唯一之主张,决不以一主张之故,而排斥其他主张,且吾曹有所主张,以及其撷取其他之主张之时,其视综合事实而后下一判断之主张,较之凭恃理想所发挥之空论,尤为宝贵。若令吾人所综合事实,尚未足令吾人下笔判断之时,则吾人与其妄发主张,贻后日之忏悔,不如仅仅提出事实,以供吾曹及社会异日之参考资料,而决不急急于有主张,盖吾人此后所发表者,演绎的理论,决不如归纳的事实之多,以今日大势,固已指导吾人趋于研

---

① 沈永宝:《陈独秀与黄远生:〈文学革命论〉来源考》,《复旦学报》(社会科学版),1992 年第 3 期,第 107 页。

究讨论之途,决不许吾人逞臆悬谈腾其口说故也。"①

黄远庸不但是一位卓有建树的新闻记者,又是一位著名的律师,而且更是我国新文化运动的一位预言家和变革的先行者。他从事新闻活动的几年时间里,正是袁世凯专权、妄图复辟帝制,中国社会最黑暗,中国文化觉醒前最混沌、最迷茫的时刻。报人的角色赋予了黄远生以敏锐的洞察力、深刻的批判力以及调查的坚韧力。他撰写的通讯,用笔洒脱自如,貌似漫不经心,实则井然有序。善于抒情,常把人物、场景和内心感受融为一体,夹叙夹议,笔下含讥,生趣盎然,画龙点睛。并且创造了记述体、漫谈体、书信体、日记体等多样化的通讯形式。同时,个人的痛苦经历,使他开始对中国国民思想和对中国文人人格进行深入的剖析,对自己及知识分子自身和灵魂世界进行叩问和内省,在当时他找不到志同道合之人,所以他和鲁迅一样,成为思考中国文化的孤独者,并进而认识到要彻底改变中国的社会面貌,先从改革个人开始。至根本救济,应该从改革新文学入手。他不仅提出这样的论断,而且身体力行地实践着。他尝试用白话翻译小说,并且是一位近代中国戏剧发展的实践参与者和理论探索者。其戏剧改革理念在对中国古典戏曲的改革基础上融合了西方的戏剧理论和表演手段,在当时可谓特例独行,独树一帜。尽管他的文字只在《甲寅》月刊上留下了《释言》其一、其二,但是他的新文学改革理论和实践不能不说对五四新文学运动有着很大的影响。

早在 1914 年,黄远庸主张借鉴欧洲的历史经验,通过文艺改革,输入现代思潮,改变传统观念。他以文学改革为己任,并决心

---

① 黄远庸:《本报之新生命》,《庸言》第二卷第 1、2 期,1914 年 2 月,第 103、104 页。

"自今以后,将撰述西洋文学的概要,天才伟著所以影响于思想文化者何如,冀以筚路蓝缕,开此先路"。① 他撰写了《本报之新生命》、《新旧思想之冲突》、《朱芷青君身后征赙序》等一系列文学改革的文章。他已经预见到必须进行文艺改革这一点,这种超前意识,并述之于《甲寅》月刊的"通信"栏中,从而也使得《甲寅》月刊无意识中成为了新文学改革最初的舆论阵地,这是不容置疑的。因此,他的文章和思想对继承《甲寅》月刊办刊风格的《新青年》的主编陈独秀,和当时在国外帮助推销《甲寅》月刊的胡适,都产生了很大的影响。前面已经转述胡适专门论述黄远庸的政论文章及信,并说"他这封信究竟可算是中国文学革命的预言",因此,五四新文化运动非领导者想当然就能成就,具有其思想渊源。黄远生的文化活动只有辛亥革命前后短短的几年时间,此时正是中国文化觉醒前最黑暗的时刻。

维新派知识分子几乎都将目光转向中国传统文化的复兴,从上个世纪末活跃在时代潮头的思想先驱变为"不进则退"的文化守成主义者;而"五四"一代彻底反传统的文化激进主义者在此时大都尚出于困惑、迷茫、探索或沉寂之中,既未找到中国文化觉醒的突破口,也还未形成新文化运动的强大阵势。旧的已去未去,新的将生未生,黄远生在这古与今、旧与新、中与西转折的焦点时刻,以其奔放的激情与深沉的忧患意识填补了时代的一个空白。②

黄远庸在他的政论文章中曾经预言过,袁世凯由于"新知识

---

① 黄远庸:《本报之新生命》,《庸言》第二卷第 1、2 号合刊,1914 年 2 月 15 日,第 4 页。

② 张光芒:《黄远生:五四之前的新文化先驱者》,《东方论坛》,2001 年第 4 期,第 44 页。

与道德之不备","思想终未蜕化",因此,袁氏"不能利用其长于极善之域,而反以济恶","将终为亡国之罪魁"。他预测中国的命运将要瓦解于前清而鱼烂于袁世凯手中。正因为此,他更觉得中国的文艺复兴刻不容缓。他的好友林志钧对他的开风气之先评价说:"远庸从前的笔墨,典重深厚,绝非报纸的文字,后来他作文变了极通俗的,把旧日面目,登时全换掉,真是绝大的力量,他的通俗文,凡白话文所能达到的,他无一不可达到,他可谓运用文言的本事到了十二分了,他所用的文言,决不是死的,是活的,在今日大家稍知道新文艺的好处,杂志周刊,也发生了好几种,都带点文艺的色彩,就是日报,也有一两家有这样趋向的,然四五年以前,这种风气,一点也没开,全国出版界黑压压的充满了几千年文艺的暮气,仿佛是个行尸走肉,脸上还带着面具,拖着两腿,好像旧戏的台步,嘴里还装腔作势的,哼几句道白,他偏不好好的把他真面目向人,不好好的走,总而言之是极不自然的,虚伪的,模型的,非实际的,这种种毛病,当日多数人都不觉得。远庸在民国三四年间,就很主张文艺改革之必要,他以为欧洲新文化,全从文艺复兴时代发生,文艺是一切文化之母。……

若使远庸今日还在,岂不是文艺革命阵头一个健将吗?他因为时代的关系,所以连自己境候,也未成熟,他知道白话好处,却仍旧做他句法很长,许多'之'字的文言。"[1]在民国三、四年间,黄远庸就主张进行文艺改革,提出中国文艺复兴之说,可谓思想超前。

《远生遗著》共有文章 239 篇,篇篇精采,字字珠玑。林志钧

---

[1] 林志钧:《远生遗著·序》,《远生遗著》卷一,上海:商务印书馆,1937 年版,第 9、10 页。

在1919年写《远生遗著·序》时,正是五四新文学运动如火如荼的时刻,而黄远庸在提出改革文艺之时,国内则一片黑暗。正如林志钧所说,如果黄远庸还活着的话,他一定是文艺革命阵头的一位健将。他在谈到《庸言》日后计划和刊物登载的要旨时,也表明了自己今后应努力的目标:"夫理论之根据,在于事实,而人群之激发,实造端于感情。今有一物最足激励感情发抒自然之美者,莫如文学,窃谓今日中国,乃文艺复兴时期,拓大汉之天声,振人群之和气,表著民德,鼓舞国魂者,莫不在此。吾国号称文字之国,而文学为物,其义云何,或多未喻,自今以往,将纂述西洋文学之概要,天才伟著,所以影响于思想文化者何如,冀以筚路蓝缕,开此先路,此在吾曹实为创举,虽自知其驽钝,而不敢丧其驰骋之志也"。① 他提到今日的中国,也是文艺复兴时期。对文学改革的倡导,立志要翻译西洋文学,以期对中国文学文化有着一定的影响。他尝试用白话翻译了近万字的法国梅利曼小说《轶蛮哥小传》。"他不很喜欢作诗,大概是落笔痛快惯了,怕受格律韵脚的拘束。""远庸文艺的信仰,是合自然主义,和写实主义为一的。"②

关于戏剧,他写有《新剧杂论》、《小叫天小传》、《新茶花一瞥》等,并对我国戏剧的价值与文学的关系有其独到的见解,他认为,我国的戏剧,难以解析在文学上能占多少价值,并与外国戏剧进行了对照。

盖戏剧者,复合之艺术也,以文学为其生命。而盖以特别的技巧及其表现方法者也。文学者,以热烈而有生命之思想,为其

---

① 黄远庸:《本报之新生命》,《庸言》第二卷第1、2号合刊,1914年2月15日,第4页。

② 林志钧:《远生遗著·序》,《远生遗著》卷一,上海:商务印书馆,1937年版,第10页,第11页。

实质者也。亦有一义曰：文学者，心灵所演第二之自然。二义语异而实相同。故戏剧者，实以思想及声容或律节或其他种种以表现第二之自然者也。然吾国戏剧，与此义更无关系。故综言之，外国戏剧，有实质，而吾国戏剧无实质（以不能代表自然或社会之诚实的思想，故曰无实质）。有实质者较易以技术的形式发现之，无实质者，则全恃此艺术家（即俳优）以一种幻想，及其特别之声调姿势演出一种非社会的非理想的幻象，以娱悦观者，其事更难。故在外国观戏在印取戏剧中所含焦点的印象（即文学之实质），而艺术之技能，实为之副。而在吾国观戏，则剧中情节，了无关系（间有关系者，亦决不甚重）。而专听取艺术家之声调，或看取其姿势，综言之，专注重此艺术家之艺术而已。故其所须于个人能力之卓越之点，乃远倍于外国戏剧，故此界名人，虽了无意识与思想，而其为社会珍重，超越恒畴也。①

他对旧剧、新剧的看法是旧剧重在抒情，新剧重在叙事。认为旧戏仍为旧戏，新戏为新戏，反对半新半旧混杂之戏，以此引到政治，反对新旧调和之说。他赞赏汪笑侬的剧本，抽取古事编为新本，可以发挥国光，鼓舞情志。在《新剧杂论》中认为："脚本有根本要件二。第一必为剧场的，第二必为文学的。"②"脚本之本来性质，既必须上之舞台，因此乃于文学中占特殊之位置。故凡为脚本者，最初须以此点置之心坎中也。"③他的观点是凡戏曲必

---

① 黄远庸：《小叫天小传》，《黄远生遗著》卷二，《民国丛书》第二编（99），上海：上海书店，据上海科学公司1938年版影印，第370、371页。

② 黄远庸：《新剧杂论》，《远生遗著》卷四，上海：商务印书馆，1937年版，第364页。

③ 黄远庸：《新剧杂论》，《远生遗著》卷四，上海：商务印书馆，1937年版，第366页。

剧场的,但剧场的未必即是戏曲。所谓剧场的,是指必须上之舞台时令观众娱悦并有所感悟。所谓文学的,就是所作的必须以文学为中心,否则决非有生命的脚本。永久有生命的脚本,实际上是以文学为中心的缘故。此外,他对新戏非常重视:"新戏之事业重大,余既已郑重言。作者决不可游戏出之,又决不可归咎于社会程度不足,而自懈其神圣之职业也。抑第一舞台以营业之不振,欲从事于新剧,余愿彼益扩充资本,聘请名家,精究此道,而后出之。"①

他在去美国途中所写的《国人之公毒》中对于旧戏剧和旧小说进行了评论,传统戏曲都是一个笼统主义,无论演神仙还是演妖怪,都和演官场一样形式。旧小说十有八九,必讲妖怪,讲状元宰相,讲大团圆。他在《朱芷青君身后征赙序》中说:"故文艺家之能独立者,以其有人生观,人生观之结果,乃至无解决,无理想,乃至破坏一切秩序法律,及俗世之所谓道德纲常,而文艺家无罪焉。彼其职在写象象如是现,写工不能不如是写,写工之自写亦复如是,故文艺家第一义在大胆,第二义在诚实不欺。"②大胆、诚实不自欺、直率而不加修饰,是他不懈追求的目标。"余既有此直觉之思想,则不能不以直觉之文字发表之。余既不能修饰其思想,则亦不能修饰其文字,若真有见之发怒而冷笑者,则即余文之价值也。"③

---

① 黄远庸:《新剧杂论》,《远生遗著》卷四,上海:商务印书馆,1937 年版,第 380 页。

② 黄远庸:《朱芷青君身后征赙序》卷四,上海:商务印书馆,1937 年版,第 180 页。

③ 黄远庸:《国人之公毒》,《远生遗著》卷一,上海:商务印书馆,1937 年版,第 154 页。

希望自己的文字对国人能起到一定的作用,产生一定的反响,便是实现了最初自己文字的价值,从而达到促动和改革文艺的最终目的。黄远庸不仅对小说、戏剧等新文学改革提出自己的看法,而且对语言文字也有自己的想法,认为改革中国古文字,是当时一代人责无旁贷的责任。他在《亲民电报汇编序》中谈到:

观一国之文化,验于其语言文字而知之矣,以中国文字之复杂,其意义又歧出而简薄。不足以周今日繁赜之事物之用,则理而董之,使力避此繁赜,言之以文,而传之于远者,实吾侪不可贷之责任。即不然,就此繁赜之事理,使能以最简之方式,理而董之,纵不必言之以文,而国之社会,得因其董理之结果,利用之以传于远,是亦有志者之所有事也,是二者求之于古,盖无闻焉。夫由前之说,则近数十年吾国教育家,方汲汲于名词之编制审定矣。夫名词之立,含义动数十言,迨既予人以共喻,则一举其词,无异声数十言之义蕴而告之矣。如是而后繁赜之事理,不致为文字之障碍。而文字乃益进化,惟蒙其利者独在儒生,由后之说,则虽有数十言之义蕴,不能以最简之文字表见之者,犹可以最简之符号条贯之,使得因近代物质上之发明,以至促之时间,至省之劳费,利用之以传于远。然后繁赜之文字,不至为传达之障碍,被其泽者方且溥于一切之人。若简易新字,若电报成语新编,皆属此类。若是者,吾国当世君子,尚未见有从事于此,或从事焉而能有成者也。①

关于文学创作和表达自己的感想,黄远庸最注重写实与内照精神,哪怕粗糙写也无关大碍。他最反对虚假、造作,或者以劝化

---

① 黄远庸:《亲民电报汇编序》,《远生遗著》卷二,上海:上海科学公司,1938 年版,第 380、381 页。

的口吻来叙述。"吾人皆自述其感想,且以最诚实单纯之感想为限,而决不假于造作与劝化之口吻。以吾人今日之思想界,乃最重写实及内照之精神,虽甚粗糙而无伤也。"①

他还分析了欧洲文艺复兴的原因,是继承希腊艺术科学而进一步发挥的结果。不拘泥于固定模式,而勇于实践和以实验、实证为主,倡导写实主义。"文艺复兴,继承希腊艺术科学而发挥之。……所谓希腊艺术科学之精神者,不拘泥于习惯,以实验为主,从实验所得之推论,以发见事物之真理是也。……希腊思想之特色,在认一切为自然之迳路,而非其终极,凡人当以忠实之心,研究此迳路所存,故其精神,在实证不在虚定,在研究不在武断。"②这些话,确实是对希腊时代的科学观念的概括,与现代的科学观念的根本区别之处,以及文艺界思想界所受新科学的影响,虽然没有说出来,"然远庸对于新文艺思潮,已完全脱离我国自有文字有历史以来之因袭的思想。并且他发表这种议论,早在好几年以前,他的勇敢,和他的创造力,真可令人佩服了。"③因此,黄远庸的文艺思想浸透着欧洲文艺复兴运动的精神。他在文章中还提到:"欲发挥感情,沟通社会潮流,则必提倡新文学。"④他还区分了文学与科学的界限,指出两者各有其独立的领域。

可以说,黄远庸以他的新闻报道唤醒了民众的忧患意识,首

---

① 黄远庸:《消极之乐观》,《远生遗著》卷一,上海:商务印书馆,1937年版,第123页。

② 黄远庸:《新旧思想之冲突》,《远生遗著》卷一,上海:商务印书馆,1937年版,第155、157页。

③ 林志钧:《远生遗著·序》,《远生遗著》卷一,上海:商务印书馆,1937年版,第12页。

④ 黄远庸:《晚周汉魏文钞序》,《远生遗著》卷四,上海:商务印书馆,1937年版,第184页。

创了现代意义上的文艺启蒙,对中国新文化运动产生了重要而深刻的影响。陈独秀正是在黄远庸的影响下组成了"新青年"团体。仅在《新青年》和《新潮》上提到黄远庸的文章就不下 30 篇之多。黄远庸的好友蓝公武致信给胡适,指出《新青年》所提出的文学革命、思想革命正是黄远庸的未竟事业,胡适将此信发表于《新青年》。罗家伦在《近代中国文学思想的变迁》中谈到:"黄远生于民国三四年之际,颇有新文艺思想发现"。[①] 40 年代之前的文学史都提到黄远庸,认同胡适对他的评价,陈子展的《中国近代文学之变迁》,钱基博的《现代中国文学史》中都有谈及。周扬在延安鲁艺的讲义《新文学运动史讲义提纲》也没有例外。可见新文学史本来就已有黄远庸的名字,只是后来被抹去了。"我闲时常想着,若使远庸没有死,今日必变为新浪漫派的文学,他本是个极富于感情思想的人,又是观察力最强不过的人,自然会与现代最新文艺的潮流相接近了。"[②]对于黄远庸的卓识远见和他的文学才能,早就有人指出来了,只不过后来被某一历史阶段遗弃和埋没而已。

三、从自悟、自悔、自省到改革个人、社会和国家

在《释言》其二中,黄远庸向记者章士钊解释说,前封信刚发出去就收到《甲寅》第 9 号,提到章士钊曾引黄远庸的文章片段作为驳斥的对象而感谢的自谦之语。章士钊在回信中谈到,实际上是在第 9 号上他发表的《帝政驳义》中引了黄远庸在北京《亚

---

① 罗家伦:《近代中国文学思想的变迁》,《新潮》第二卷第 5 号,1920 年 9 月,第 878 页。

② 林志钧:《远生遗著·序》,《远生遗著》卷一,上海:商务印书馆,1937 年版,第 11 页。

细亚报》中发表的文章。黄远庸说此前自己没有明言作此一篇不
通文字的缘故。就原文而论,有几个要点,一是劈头即明言此时
在法律上不得讨论;二是结尾说以外国博士涉论及之之缘故,引
起国人注意,也不能说是无益之事;三是杂引南海(康有为)之
言,指斥专制一切皆蔽,隐主讽谏;四是虽引波氏之说,而不引如
章士钊所引下文的原因,不是自己不觉悟,而是有原因的,出于不
得已:

> 盖欲求彼中人自悟,总之此作出于不得已,而主旨尚未过于
> 没却良心。然远因此大受苦痛,乃至不能不图穷匕见,如前函所
> 称遁出于咫尺之外者,此诚无一驳之价值。而欲求大雅之恕其无
> 状而哀其遇者也。贵志所登梁君鹍一书,尚误会远来沪主持某
> 报,此实远未离京以前态度,不能十分明瞭,有以致之。然梁君与
> 远仅一面之交,既已有此过信,而犹不薄远为不足教,乃以操行可
> 信,及别有政治见解见誉。足见今日海内尚有此等仁人君子。特
> 恨如远之徒,修名不立,遂令忠厚者亦不能无疑耳。然远虽愚妄,
> 亦何敢以今日政象,尚有赞同或为其他作用之余地哉?来此幸已
> 脱离一切,此后当一意做人,以求忏悔居京数年堕落之罪。然远
> 与上海《亚细亚报》,实无一日之关系,且其脱离,在此报未出版
> 前,绝非慑于隐祸,而后有此首尾两端之举。此则敢以人格为证,
> 欲求见谅于海内之仁人君子者也。哀悔愤慨,不可尽言。黄远庸
> 白①

如果说黄远庸前一封信是提倡新文学,容纳他的改革文艺思
想的话,那么第二封信则是他对中国文化改革的思考,对国民性

---

① 黄远庸:《释言·其二》,《甲寅》月刊第一卷第 10 期,1915 年 10 月 1 日,"通
信"栏,第 2、3 页。

的解剖,对人生和自身思想行为的忏悔与自省的宏观概括。黄远庸在赴美之前就与《东方杂志》有供稿之约,他相继在《东方杂志》上发表了第二封信中所表现内容的文章,分别为《忏悔录》(1915 年 11 月 10 日)、《反省》(1915 年 12 月 10 日)、《国人之公毒》(1916 年 1 月 10 日)、《新旧思想之冲突》(1916 年 2 月 10 日)、《想影录》(1916 年 2 月 10 日)。1914 年 2 月,在他接手主编的《庸言》上发表了《本报之新生命》和《消极之乐观》。此前,他还发表了《无耻之由来》、《论自杀》、《论人心之枯窘》等文章。

由于博闻强识和作为记者、律师的经历,使得黄远生对中国文化的本质,以及中国文人和国人的根性认识极为深刻,是一位清醒又能内省的文化孤独者。黄远庸在诸多文章中,深刻剖析了国人的人格、人性的本质。敏锐地指出了中国社会的宗法主义、家族主义正是依附性人格的内在根源,封建社会与"瞒和骗"的人生是互为因果地联结在一起的。国人没有个性存在,都被笼统的伦理的公毒熏染着,国家也因此没有前途而言,因此,他强调要从改革个人到改革社会、改革国家。"以中国之社会制度言之,无复个性之存在,大抵人之一身,为其祖父之奴隶(奴隶与孝义不同),为其家族之奴隶,为其亲党之奴隶,为其同乡人之奴隶。其柔懦者,则拘挛束缚,安于乡愿,其桀黠者,则恣睢暴戾,牺牲一切,并其人生应尽义务而不尽。张公百忍,千古传为美谈。忍!忍!忍!一切皆忍,是可名为忍的笼统主义。故由家而国,乃以相忍为国也。此论专讲思想界,不具论此等事。"①

黄远庸清晰明白地揭露了中国传统的伦理道德对个性自由

---

① 黄远庸:《国人之公毒》,《远生遗著》卷一,上海:商务印书馆,1937 年版,第151 页。

和人格独立的戕害。他倡导人格独立自尊,尊崇自由,反对机械地处理一切事情,包括国家大事。"主持论理或政治者,则多崇人心之自由,迷信物质者,则等人类若机械。凡一国之存,必以自由之人类立国,决不能以机械之人类立国,又一国之士气发达,必先有独立自尊,以为匪我其谁之意,决不能一切万事归过于社会。"①"然今日世界,何谓文明?曰科学之分科,曰社会之分业,曰个性之解放,曰人格之独立,重论理、重界限、重分画、重独立自尊,一言以蔽之,皆与笼统主义为公敌而已。"②他对国民性的剖析和社会心理病的诊断,也切中时弊,一针见血,直击要害,观察细致,洞彻现实。以下几篇文章摘录足可说明他对国民性和社会心理病的准确分析和讥评。

《官迷论》(社会心理病之一):

今吾国上下,中一个病,驯至以此亡国,即亡国之后,而犹不可解者,则官迷之病是也。……盖官迷之毒所由来,一以虚荣心,一以贪心,其原因皆由政治腐败,令官吏为一种特别阶级,特能多取不义之财,而淫威以逞,故求者极丧尽其廉耻,与者乃极肆其骄倨,而恶劣之心理,遂影响于一切政治,夫文明何物?立宪何物?谓一国之人皆有人格,此人格各有独立平等之价值,而各以劳力于社会上受相当之报酬耳。今有官迷,则社会之人,各欲奴隶人而鱼肉人,则其去政治之轨道也,远已,故夫有人心者,不可不去

---

① 黄远庸:《少年中国之自白》,《远生遗著》卷一,上海:商务印书馆,1937年版,第13页。
② 黄远庸:《国人之公毒》,《远生遗著》卷一,上海:商务印书馆,1937年版,第152页。

此陵人与劫人财之心,二者官迷之毒所由生也。①

《无耻之由来》(社会之病二):

此少数者之病根,实从何来? 记者敢断言之曰:第(一)由于国民无道德之根柢。第(二)由于现代思潮之薄弱而已。夫国民道德最深根柢,莫过于宗教,宗教种类虽不同,要其薄现在,崇未来,贱苟偷,重信仰则一,吾国既自古无宗教,孔孟之说,高尚而不适于民情,而庄老杨子之糟粕,乃绵延于世,其说既以虚蛇委缩为我为宗世风乃益趋于偷薄,及奔走嗜利之途,利之所在,见金而不见人可也,故数千年以来,皆以仕宦显扬,鱼肉人群为学说,及欧风东渐,莘莘学子,于新旧道学皆无根柢,惟浮浅之曲学,及体魄之欲望,乃大发达。故简单言之,吾国乃兼中唯心主义与唯物主义之二毒,唯心者言其无所不可为,唯物者言其为之必以利,今世界各国,其国民皆有浅薄之共同理想,其对现世则曰爱国家,其对现世以外,则曰信仰其国教中所奉之神,以是于现实主义以外,尚有将来,于利己主义以外,尚有他物,以增长人生趣味,而维持国群,今吾国则固已无之矣。②

《论自杀》:

盖吾人接此悲闻,惟知今日吾国人类之可哀,及吾辈心情之不泯,抑不复能哀此死者,至如更以俗世之空文相责备,则其去人生之意也远矣。夫自杀一大问题也,至如吾人今日尤为一切身世重要问题,综言之,即为吾辈商量处置身世之一种法门耳,自杀之事,文明时代,多于野蛮,畸人蹈之,易于常辈,统计具在,斑斑可

---

① 黄远庸:《官迷论》,《远生遗著》卷一,上海:商务印书馆,1937 年版,第 31、34、35 页。

② 黄远庸:《无耻之由来》,《远生遗著》卷一,上海:商务印书馆,1937 年版,第 53、54 页。

考,大抵今世文明时代,自杀之原因,有原于哲学家之厌世者,有原于恋爱失望者,有原于生活困难者,有原于避绝其他苦痛者,此皆非下等动物及野蛮人意境所到。①

作者谈到今日中国自杀者,多数皆因为生活困难的原因,而日本则以情死居多。所谓文明社会,社会却愈加黑暗,凋敝混乱,虚伪残杀,生灵涂炭,是非混淆,自杀者愈多。此外,黄远庸在文章中对自我及知识者精神上作了恰当准确的剖析。如《祝之欤诅之欤》:

娶妇生子,周年而贺,吾不知其可贺欤,抑可吊也?

以有文明,而机巧杂出,生业益敝,豪猾恣虐,下民涂炭。以有文明,而风俗偷薄,古道衰亡,以虚伪为礼仪,以残杀为道德。以有文明,而世界乃有强权无公理,万国之衣冠存者五十,强有力者仅六七耳。以有文明,而朱紫乱目,郑雅不分,是非混淆,天下大乱。……

盖天地之至人,而我辈之刍狗也。余辈既已游食四方,而又自为美誉以赞曰:我将为社会之耳目也,之喉舌也,物象至繁,耳目至简,汝之所视,及汝所听,皆汝主观,非物真象,况于社会万有,心理繁复,岂汝耳目所能遍周。②

爱国之心,民族意识,知识分子的良知,独立自尊的人格,使得黄远庸竭力剖析眼前国内现实种种弊端的原因,就是人心涣散,国人消极、悲观、失望、绝望的心理,进而人心变得枯窘,厌倦了一切,使国势更为颓丧、腐旧。

---

① 黄远庸:《论自杀》,《远生遗著》卷一,上海:商务印书馆,1937 年版,第 61 页。

② 黄远庸:《祝之欤沮之欤》,《远生遗著》卷一,上海:商务印书馆,1937 年版,第 77、78 页。

今日吾国大患安在,不佞以为决不在外交财政议会政党等等,以是等等所发生败象,皆国家危难时代幼稚时代所必经之阶级,不足为害,所可疾首痛心引为大患者,则人心之枯窘无聊希望断绝是也。……

今之政客亦既多矣,然其人之意气精神,殆无一人不怀消极与悲观,疲倦之气色,见于眉宇,枯窘之论调,千口而一律,无论所谓激烈派或稳健派者,其中莫不枵然而无所有,乃令全国之人,厌倦舆论,厌倦议会,厌倦政府,厌倦一切政谈,其结果将厌倦共和,厌倦国家,呜呼,以此现象,吾恐今日人心所对于国家之观念,其危险殆非常智所能鉴悉者,吾甚望当世诸君子之一念及此也。……

国情及国势,既不许有纯粹的理论之主张,而今日人才,又大半为新旧青黄不接时之人才,其于国势国情,颇不了了,以是除禅贩之学说,腐旧之保守论,及机关派之謷言外,多无可道者,此人心枯窘之所由来也。"①

在给《甲寅》月刊的第二封信中,黄远庸大致阐明了自己逃离北京到上海的原因。1915 年秋,袁世凯称帝闹剧开启,有意借重黄远庸的名声为其复辟大张声势,于是命他写一篇赞助帝制的文章。黄远庸拖延了多天没写,后禁不起袁势的催逼,写了一篇"似是而非","并非怎样赞成"的文章加以搪塞。袁世凯看了当然不满意,命其重作。值此,在这"人格上争死活的最后一关",他决然逃离北京到了上海,准备一个月后去美国,并说"此后当一意做人,以求忏悔居京数年堕落之罪。"他的名篇《忏悔录》就是

① 黄远庸:《论人心之枯窘》,《远生遗著》卷一,上海:商务印书馆,1937 年版,第 88、89、90 页。

在这种情境下写作的。"夫人生最惨,莫惨于良心之所不欲言者。而以他故,不能不言,良心之所急于倾吐者,而乃不得尽言,而身死或族灭乃次之。"①在西方思想文化史上,以"忏悔录"为书名的,以圣奥古斯丁和卢梭的两本最为有名。然而在中国思想文化史上,类似的"忏悔录"却很少见。"一方面是取得了一定的职业和经济自主,另一方面却享受不到独立于政治的实际保障;一方面是精神和心灵的自由解放,另一方面却遭受外界环境的残酷压抑,这种种极不和谐的命运遭际,就在黄远生他们的内心深处挑起了紧张的心理冲突,陷入欲摆脱耻辱的依附似乎又摆脱不得、渴望灵魂自由而又有所恐惧的矛盾心境,从而发生了自我的痛苦分裂,致使'灵魂为躯壳所囚狱'。"②

在《忏悔录》中,黄远庸开始就坦然诉说了自我人格的不幸分裂。他敢于对自身进行严格的解剖,自我的一半是一个傀儡,是一个异化了的"非我",自我的另一半是"他人之眼光"冷眼旁观下所看到的"本我"。如果从真正的"他人之眼光看来",可作观照的并以此作价值评判的形象,是那个外在的"非我"。而他的真实灵魂,那个内在的"本我",是别人无法体察的。他承认自己虽然灵魂还存在,但早已成为只有躯壳的囚犯,这是令他极为痛苦之所在。

余乃以身为形役之人也,饮则吾有时不知为饮,食则吾有时不知为食,起居坐卧,常若异人,动静操作,身动而心不属,块然一身,早同异物,日出日入,一切动静,常若冥然,无有感觉。似一身

---

① 黄远庸:《少年中国之自白》,《远生遗著》卷一,上海:商务印书馆,1937 年版,第 10 页。

② 许纪霖:《智者的尊严——知识分子与近代文化》,上海:学林出版社,1991 年12 月版,第 92 页。

分为二截，其一为傀儡，即吾本身，令自有人撮弄作诸动作；其一乃他人之眼光，偶然瞥见此种种撮弄，时为作呕，作呕既久，不可复住，则亦听之。此傀儡者之名片之衔号，实乃多种，曰学生，曰官吏，曰新闻记者，曰政客，曰律师，皆其经历中之最大者也。而此傀儡之余之于官吏，之于学生，之于政客，之于新闻记者，之于律师，亦犹其于饮食起居然，冥然罔觉，其为自身之饮食起居，蠢蠢然若不自知其自身，实为学生，实为官吏，实为政客，实为新闻记者，实为律师也者，盖余之魂之死，亦已久矣。……

吾之一身，有如两截：一为傀儡，一为他人之眼，要知此他人之眼，即吾真正之灵魂。吾之灵魂，实有二象：其一吾身如一牢狱，将此灵魂，囚置于暗室之中，不复能动，真宰之用全失；其二方其梏置之初，犹若槛兽羁禽，腾跳奔突，必欲冲出藩篱，复其故所，归其自由，耗矣哀哉。牢笼之力大，抵抗之力小，百端冲突，皆属无效，梏置既久，遂亦安之，此所谓安，非真能安，盲不忘视，跛不忘履，则时时从狱隙之中，稍冀须臾窥见天光，惨哉天乎。不窥则已，一窥则动见吾身种种所为，皆不可耐，恨不能宰割之、棒逐之，综之恨不能即死，质言之，即不堪其良心之苛责而已。[1]

倘若自我在"堕落"中灵魂死掉了，落得个"白茫茫大地真干净"，这样就不会有痛苦存在。然而竟偏偏是"魂实未死"，"魂为躯役"，这就使黄远庸感受到双重自我的分裂痛苦。良知时刻被鞭挞、被拷问，不能不时时自省、时时忏悔。

余深信凡吾人所敬仰之青年，其灵魂必曾一度或数度被其躯壳所囚狱，若曰未曾，则其将来必入此牢狱，以此牢狱乃人生必经

---

① 黄远庸:《忏悔录》,《远生遗著》卷一,上海:商务印书馆,1937年版,第124、125页。

之阶级,犹人之必入鬼门关也,特入此牢狱之人,可变化为多种:其一则魂以瘐死,一死不可复活,自此以后,永永堕落。凡今之种种人头而畜鸣者,皆是也;其二则其灵魂日与躯壳奋战,永无和议之望。吾有若干友人,皆所敬爱,磊落而英多,聪明而智慧,然憔悴忧伤,悲歌慷慨,甚乃自杀,或已早亡。若是者谓之灵魂与躯壳之战死;其三则破狱而出,出魔入道,出死入生,此后或为圣贤,或为仙佛,即其不然,亦得为有道之君子,模范之市民,若余者,其以瘐死乎? 其以战死乎? 其竟破狱而出乎? 余之自身,既绝无能力思想足以自定其归宿,则余亦只能听之运命,而今者则余奔突叫号之时也。则余窥狱隙而略见天日之时也。则余不堪良心苛责之时也。则余忏悔之时也。余之忏悔,含有自责与自恕二义。盖余以为余及世间人所犯一切之罪恶与过失,其自身之原因与社会上之原因各占若干之成分者也。①

这里,黄远庸不仅忏悔,而且揭示了忏悔的内容和陈述自身"堕落"的缘由。个人和社会都有责任,这说明他已经触及到社会和自己最隐秘的内心深处。由于他所处的时代是一个新旧交替的时代,也是一个新旧思想冲突的时代,这在有着从进士到记者生涯的黄远庸身上表现得更为明显。"吾人以一身立于过去遗骸与将来胚胎之中间,赤手空拳,无一物可把持,徒彷徨于过渡之时期中而已。"②有着这种新旧冲突背景和自身经历的衬托,他的苦闷和彷徨才会有"理欲交战"的矛盾与苦痛。"吾于科举时代,绝无作官思想,至为留学生将毕业时,则谋生之念,与所谓爱国之

---

① 黄远庸:《忏悔录》,《远生遗著》卷一,上海:商务印书馆,1937年版,第125、126页。

② 黄远庸:《想影录》,《远生遗著》卷四,上海:商务印书馆,1937年版,第161页。

念者交迫于中。自此以往,乃纯然理欲交战之时期,理不胜欲,故以堕落,欲又不能胜理,故以苦痛,愈苦痛则愈堕落,愈堕落则愈苦痛,二者循环相生,扰扰不绝,遂令一生非驴非马,既不能为真小人,亦不能为真君子,推究病根所在,由于生活太高,嗜欲太广,思想太复,道力太乏而已。"①

这不仅仅是黄远庸个人的悲剧,也是那个新旧交替时代的知识分子的悲剧。尽管他的命运和灵魂充满着挫折与苦痛,但他没有沉沦。所以说,黄远庸的《忏悔录》消极而不悲观,失望而不绝望。他将灵魂的忏悔作为自己新生的洗礼,作为人格超升的支点。在沉痛的反省之后,他决意不再为"政治界之一寄生虫",立志做纯洁的能够自食其力的精神上健全的人。"今日无论何等方面,自以改革为第一要义,夫欲改革国家,必须改造社会,欲改造社会,必须改造个人。社会者,国家之根柢也;个人者,社会之根柢也。国家吾不必问,社会吾不必问,他人吾亦不必问,且须先问吾自身,吾自身既不能为人,何能责他? 更何能责国家与社会? 试问吾自身所以不能为完全为人之故安在? 则曰以理欲交战故,以有欲而不能刚故。故西哲有言曰:'寡欲者改革家之要素也。'继自今,提倡个人修养,提倡独立自尊,提倡神圣职业,提倡人格主义,则国家社会,虽永远陆沉,而吾之身心固已受用不尽矣。吾之忏悔,此物此志而已。"②理智、清醒、庄严的忏悔使忏悔者的心灵得到了洗涤,得到了拯救,从而得以净化和升华。如果黄远庸也像自己的同胞那样悠然自得,他将有足够的理由为自己辩白,

---

① 黄远庸:《忏悔录》,《远生遗著》卷一,上海:商务印书馆,1937 年版,第 130 页。

② 黄远庸:《忏悔录》,《远生遗著》卷一,上海:商务印书馆,1937 年版,第 134 页。

他用大量的公开文字足以证实自己从来不乏斥责"袁大总统"的勇气,这充分说明他并没有堕落,只是自我激励、自我解剖。当时的社会舆论对他有着很深的误解,以为他真的堕落了。他不但没有申辩,反而比产生误解的旁人更严厉的谴责和披露自己,发掘灵魂深处那几乎酿成失足的另一面,而且又是在知识界几乎人人必读的《东方杂志》上作公开的"灵魂拷问",对于一向看重面子的中国士大夫来说,这该是需要多么大的勇气和多么的不容易做到! 黄远庸超越了他自己,人格得到了超升,单从这点而言,黄远庸忏悔的意义就非同一般。"远庸以崭新之失望,为乐观的理由,这种见解,可谓别致。然远庸那样性情,没有弄得精神病及自杀,就靠着这个失望而不绝望的见解。"①由此看来,黄远庸并没有完全消极绝望。

《消极之乐观》真正体现了黄远庸最终没有沉沦,而是对国家前途命运充满着进化的希望和信念,是因为人心、意识、文明不死、势力不灭的缘故。

> 吾敢断言,最后之光辉,必灿烂而无极。以前之罪恶及错误,皆为吾曹此后忏悔及进步之最可宝贵之材料。而吾断言其必发挥此最后可宝贵之光辉者,何也? 则以人心不死故也,则以意识不死故也,则以文明不死故也,则以势力不灭故也,则以此优等人类经历程序最后可表现之共同潮流,已经磅礴郁积,回旋周转,而渐得其安身立命之地,而直接间接相合抱故也,则以自古哲人,未有不经几度之愤思自杀,而后成功故也。……然吾人之所敢自负者,即以此试验之结果,而有此日崭新之失望,此失望之新现象,

① 林志钧:《远生遗著·序》,《远生遗著》卷一,上海:商务印书馆,1937 年版,第15 页。

固至可宝贵,因此失望,而吾人良心,自发生之一种新观象,其将来之结果,正无穷也。……在此失望期中,吾人将何所为,而吾敢断言,一切所为,无非进步。①

综上,通过黄远庸在《甲寅》月刊第 10 期给记者写的两封信的分析,对黄远庸提倡新文学,以及改革文艺思想和改革自身与社会国家的实践进行梳理和剖析,使我们认识到他不是凭空提倡改革新文学的,有着理论的准备和思想的积淀。事实上,章士钊也不是第一次看到黄远庸的文章,在《甲寅》月刊第 3 期"评论之评论"中,章士钊有篇文章《自然》中就提到黄远庸的文章。"黄君远庸在《庸言》报二十九期。作《论衡》一段。想全篇必为体大思精之作。兹特其发端耳。惜其为现时政象所局。行文未能尽如其意。然已有精深罕经时人道及之语。见诸行间。""愚尝论中国治法,本尚自然,于此以通中西治术之邮,乃为大要,惟惜吾之自然法。乃天降下民,作之君师。由此一人之君师,自为诠释,谓之'经分',适命之使然。非必其固有之序也。坐是人民自由之力,无自发展,独夫僭天之训。日肆淫威,同法自然。而吾之收效,乃大异于西国,此则因黄君一语,而不能不太息痛恨者也。"②可见,章士钊对黄远庸的才能还是很佩服的,也认识到其行文未能尽如其意和自己有些方面相通的观点,那么,《甲寅》月刊登载黄远庸的信也就非常自然了。黄远庸向章士钊提出至根本救济,当从提倡新文学入手,既表明自己观点,又有与其商榷之意,希望能与当时政治影响颇大,也是政论文大家的章士钊联手,由改革

---

① 黄远庸:《消极之乐观》,《庸言》第二卷第 1、2 期,1920 年 9 月,第 4、6、7 页。
② 章士钊:《自然》,《甲寅》月刊第一卷第 3 期,1914 年 7 月 10 日,"评论之评论"栏,第 6、11 页。

文学进而改革社会和中国。《甲寅》月刊如运载的轮船一样，完成了它所承载的使命。

黄远生提出的新文学主张，是在知识界普遍对政局失望而沉闷之际，文学界风靡着鸳鸯蝴蝶派之时，更显得意义非凡。因此，如果说当五四新文学的运动洪流汹涌澎湃之时，从某种意义上来讲，正是黄远庸开启了这一现代性的闸门，那么《甲寅》月刊就成为了承载这闸门的载体。他倡导的"以浅近文艺普遍四周"的思想，正是要突出以人为本的文学主题，与《新青年》后来提倡"人的文学"、"平民文学"的文学观相一致。《甲寅》月刊比《新青年》早两年就无意识中开始呼唤"新文学"，说明了《甲寅》月刊与《新青年》两者之间存在着应有的传承关系。

第二节 《甲寅》月刊催萌了新文学

《甲寅》月刊中黄远庸对新文学的提倡，以及他对新文学身体力行的实践和思索，同时主张从思想入手，先改革个人，进而改革社会，改革国家。那么《青年杂志》从创刊之日起，虽然强调"批评时政，非其旨也。"但从所发表的文章不难看出，《新青年》也是从思想文化入手来达到关心政治、推动社会进步，进而开展文学改良和文学革命这样一个目的的，并且在创刊宗旨、撰稿人队伍、编辑策略、广告等方面对《甲寅》月刊有所承续。在文学方面，《甲寅》月刊催萌了新文学，突出具有开放的文学姿态和确立以人为主体的文学观，进而促进了新文学理论的发展和文学批评观的形成。

一、开放的文学姿态与"人的文学观"的确立

《甲寅》月刊虽然不是以文学为主，而是一份政论性极强的

刊物,政治文化是它要讨论的目标。关于《甲寅》月刊与五四新文学的关系,常乃德曾经这样表述过:"民四,民五,正是政治上极黑暗的时代,梁启超在《大中华》上已主张抛弃政治,专从社会改造入手,章士钊在《甲寅》上驳他的议论,仍主张应注意政治。后来的文化运动是跟着梁启超的主张走的,章士钊的主张似乎失败,但梁启超虽然主张从社会入手,他却并没有给后来的文化运动指出新路,章士钊虽然也并不知道新文化运动是甚么,但他无意间却替后来的运动预备下几个基础。他所预备到第一是理想的鼓吹,第二是逻辑式的文章,第三是注意文学小说,第四是正确的翻译,第五是通信式的讨论。这五点——除了第二点后来的新文化运动尚未能充分注意外——其余都是由《甲寅》引伸其绪而到《新青年》出版以后才发挥光大的,故我们认《甲寅》为新文化运动的鼻祖,并不算过甚之辞。"①这是常乃德在 1928 年所作的对《甲寅》月刊与新文学的梳理和评价,确实很说明问题。但他认为新文化运动唯独没有继承章士钊以及《甲寅》月刊预备的逻辑式的文章的说法,现今看来,好像并不全面。学术界已经有人论述了逻辑文为现代学术论文提供了很好的范例,而短评之类则与《新青年》上的随感录一脉相连,后经鲁迅等作家发展,建设成为文艺性的政论即杂文了。因此,这不能不从《甲寅》月刊开放的文学姿态和章士钊、陈独秀的文学观谈起。

《甲寅》月刊在第 1 期的《本志宣告》中宣布,刊物不仅是一个"以条陈时弊,朴实说理为主旨",而且是具有开放、自由的公共舆论空间,"既乏架空之论,尤无偏党之怀,惟以己之心,证天下

人之心,确见心同理同,即本以立说,故本志一面为社会写实,一面为社会陈情而已。"①此外,谈到刊物的性质,非个人所能左右,也非一派之议论所垄断,所列论文也一体待遇,没有社员与投稿者的区别,只要不背于杂志的主旨,都能得以发表,真名别号,都可随意使用。而且,对小说创作的要求更为自由,"本社募集小说,或为自撰,或为欧文译本,均可,名手为之,酬格从渥。"②

随着刊物的不断发展壮大,影响更加广泛,杂志对文学的功能表述得更为清晰,对创作也寄予了更大的希望,这不能只说是对政论文章的学理性强、枯燥的一种调剂,随着清末民初文学观念的不断更新,也体现了编者开始对文学的重视,广开言路,文体不限。"小说为美术文学之一,怡情悦性,感人最深,杂志新闻,无不刊载,本志未能外斯成例,亦置是栏,倘有撰著译本,表情高尚者,本志皆愿收购,名手为之,酬格从渥。"③章士钊在当时主张政治上的"有容"、"尚异"思想,这种思想也延伸到他的办刊宗旨,因此也就不难理解《甲寅》月刊可以登载各类政见、观点不同的政论文章,也可刊载各种题材、体裁的文学作品。这样确实鼓励了像陈独秀等一批比较激进的捍卫个人自由权利等思想主张的知识分子,可以任意地发表自己的言论和见解。

从《甲寅》月刊登载的文章,以及章士钊和陈独秀的言论中,可以看出他们的文学观念已经与辛亥革命之前有着很大的变化,由政治上调整了个人与国家的基本关系架构,政治思想观念与文学观念的互动,使得新的思想为文学的感悟场域开辟了空间。最

---

① 《本志宣告》,《甲寅》月刊第一卷第 1 期,1914 年 5 月 10 日。
② 《本志宣告》,《甲寅》月刊第一卷第 1 期,1914 年 5 月 10 日。
③ 《本社通告》,《甲寅》月刊,第一卷第 7 期,1915 年 7 月 10 日。

明显的就是陈独秀发表在《甲寅》月刊第4期上的那篇《爱国心与自觉心》，他激进地高举个人权利的大旗，与曾经盛行一时的国家主义思想形成尖锐的对抗。章士钊面对读者的斥责，在《甲寅》月刊第一卷第8期上发表了一篇《国家与我》；站在一定的政治思想高度，为陈独秀的观点辩护，并认为陈独秀的文章表现了"解散国家"和"重建国家"的爱国意识，是对于"伪国家主义"的自觉，同时，他也主张发扬人格独立精神，建立可爱的新的国家。

章士钊早年对文学的认识是笼统的，模糊的，他认为文学是包括学术和创作活动，其中包含他留学期间给各大报刊投稿，以及后来发表的政论文章，都属于治文学。他一方面赞同章太炎先生说的"凡文理、文字、文辞皆称文"①的观点，因此也很看重自己的政论文章。另一方面，在留学期间对于西方科学文化的涉猎，使他产生了"分业"观，即把政论文和文学区别开来，文学有广义和狭义之分，文学观也逐渐清晰起来。他认为文学"大之有裨于世道人心，而小之文人所当满意踌躇之胜事。"②他充分认识到文学自身存在的个性和独立性，也很注重文学的形式，"盖文学者，形式之事多，精神之事少"，"有内无外，又安足当文学二字耶？"③《甲寅》月刊上设有"诗录"、"文录"、小说等栏目，但只是附属于政论文章之后，他认为："夫文武之道，一张一弛，儒者之义，有藏有息，读本刊而为政论学篇所腻，偶以小诗短记疏之，恍若后飨之

---

① 章太炎：《国故论衡·文学总略》，刘梦溪主编：《中国现代学术经典·章太炎卷》，石家庄：河北教育出版社，1996年版，第45页。
② 章士钊：《评新文学运动》，《章士钊全集》第五卷，上海：文汇出版社，2000年版，第365页。
③ 章士钊：《文学——答王基乾》，《章士钊全集》第六卷，上海：文汇出版社，2000年版，第294页。

余,佐以姜豉,未始不为一适。"①这是他20年代回答读者建议他削去"文录"等栏目而专登政论文章时,他的回答,这种观点同样适用于《甲寅》月刊。

此外,个人办报和留学、革命流亡的生活经历,也使他们对自身命运的个体体验有着相当深刻的感受。章士钊后来回忆他和陈独秀编辑《国民日日报》的情景时说:"吾两人蛰居昌寿里之偏楼,对掌辞笔,足不出户。兴居无节,头面不洗,衣敝无以易,并亦不瀚。一日晨起,愚见其黑色裕衣,白物星星,密不可计。愚骇然曰:'仲甫,是为何耶?'独秀徐徐自视,平然答曰:'虱耳。'其苦行类如此。"②这种个体生存的体验,使得他们在办《甲寅》月刊的比较自由的话语空间里,可以充分展现自己的思想观点,并且这种新思想本身就是对现实人生体验后的经验总结。

《甲寅》月刊中,章士钊发表了一篇小说《双枰记》,陈独秀和苏曼殊作了序,苏曼殊创作了小说《绛纱记》,他和陈独秀也都作了序。从他们的序言和作品中,足见他们都极为注重个人生存体验及对文学的新路进行探索的文学观。章士钊谈到自己写作《双枰记》的目的是:"仅于身历耳闻而止。"强调"身历耳闻"的人生体验,接着又说:"然小说者,人生之镜也,使其镜忠于写照,则留人间一片影。此片影要有真价。"③陈独秀在《双枰记·叙一》中,对章士钊的小说及其政治主张进行了申说和评价,强调个体的重要性,先有个体而后才有团体。"书中人之怀抱境遇,既如上文所

---

① 章士钊:《忠言——答吴其昌》,《章士钊全集》第六卷,上海:文汇出版社,2000年版,第468、469页。
② 章士钊:《吴敬恒——梁启超——陈独秀》,《甲寅》周刊第一卷第30号,1927年1月,第5、6页。
③ 章士钊:《双枰记》,《甲寅》月刊第一卷第4期,1914年11月10日。

陈。而作书者之怀抱与境遇,亦欲以略告读者。烂柯山人尝以纯
白书生自励,予亦以此许之。烂柯山人素恶专横政治与习惯,对
国家主张人民之自由权利,对社会主张个人之自由权利。此亦予
所表同情者也。团体之成立,乃以维持及发达个体之权利已耳。
个体之权利不存在,则团体遂无存之必要,必欲存之,是曰盲
动。"①章士钊在苏曼殊的小说《绛纱记·序一》中谈到:"人生有
真,世人苦不知。彼自谓知之,仍不知耳。苟其知之,未有一日能
生其生者也。何也?知者行也。一知人生真处,必且起而即之。
方今世道虽有进,而其虚伪罪恶,尚不容真人生者存。即之而不
得,处豚笠而梦游天国,非有情者所堪也,是宜死矣。"②宣扬人生
有真,世道却不允许存在,有情人不能终成眷属,只能以死抗争。
在序的最后,章士钊说:"彼已知人生之真,使不得即,不死何待?
是固不论不得即者之为何境也。吾友何靡施之死,死于是。昙鸾
之友薛梦珠之坐化,化于是。罗霏玉之自裁,裁于是。昙鸾曰:为
情之正,诚哉正也。"③宣扬人生真义,为情为爱而死,面对世道的
黑暗,世人的不理解,使不得即,不死何待?并说自己创作的《双
枰记》就是宣传此义,与苏曼殊作品所表现的情爱主题相一致,体
现了章士钊的文学观。陈独秀在《绛纱记·序二》中也表现了这
方面内容,更着重地突出文学的人生况味。"人生最难解之问题
有二:曰死曰爱。死与爱皆有生必然之事。……然则人生之真果
如何耶?予盖以为尔时人智尚浅,与其强信而自蔽,不若怀疑以

---

① 陈独秀:《双枰记·叙一》,《甲寅》月刊第一卷第 4 期,1914 年 11 月 10 日。
② 章士钊:《绛纱记·序一》,《甲寅》月刊第一卷第 7 期,1915 年 7 月 10 日,第
1 页。
③ 章士钊:《绛纱记·序一》,《甲寅》月刊第一卷第 7 期,1915 年 7 月 10 日,第
1,2 页。

侯明。昙鸾此书,殆弁怀疑之义欤? 昙鸾与其友梦珠行事绝相类,庄周梦蝴蝶,蝴蝶化庄周。予亦不暇别其名实。昙鸾存而五姑殁,梦珠殁而秋云存,一殁一存,而肉薄夫死与爱也各造其极。五姑临终,且有他生之约,梦珠方了彻生死大事,宜脱然无所顾恋。然半角绛纱,犹见于灰烬,死也爱也。果熟为究竟也耶?"①这里表现了陈独秀对情爱生死主题的理解及对爱情至上观念的赞赏。苏曼殊小说中那种对自觉生命的描写,与反传统的情爱追求,包含了中国传统文学中所没有的"个人本位"的立场,这一切不能不说是新文学观形成的本源所在。早在辛亥革命时期,面对成为民族精神生活主潮的群体意识,鲁迅就呼唤个性解放。鲁迅那闪烁着真知灼见的《文化偏至论》、《破恶声论》、《摩罗诗力说》,体现着他个人的经历体验,他那对"精神界战士贵矣"的判断和希望,对国民性的探讨和批判,尊崇个性主义,主张"剖物质而张灵明,任个人而排众数",②同时更多地接受了西方现代科学文化精神,因此,注重"人"的个性解放,提倡人的自觉精神,集中到他的"立人"思想中。

"人的文学"呼唤"人的觉醒"是中国现代启蒙文学的统一主题。辛亥革命时期,"国民"属于"国家"而不属于自己,"人的觉醒"所注重的是作为国民的责任,而不是作为国民的自由权利。随着启蒙的不断深入,"人"的思想内涵有了很大的变化,突出个人主体性。李大钊说:"我们应该承认爱人的运动远比爱国的运

---

① 陈独秀:《绛纱记·序二》《甲寅》月刊第一卷第 7 期,1915 年 7 月 10 日,第 2、3 页。

② 鲁迅:《文化偏至论》,《鲁迅全集》第一卷,北京:人民文学出版社,1981 年版,第 46 页。

动更重",①代表着五四时期的思想主流,是五四人放眼世界后努力争做世界人的呼唤。在《青年杂志》第一卷第1号刊登的《社告》上,尽管没有具体谈到关于文学创作的问题,但谈到与世界有关系,以平易之文,说高尚之理,放眼世界,开拓进取。"今后时会,一举一措,皆有世界关系。我国青年,虽处蛰伏研求之时,然不可不放眼以观世界。本志于各国事情,学术,思潮,尽心灌输,可备攻错。本志以平易之文,说高尚之理。凡学术事情足以发扬青年志趣者,竭力阐述。冀青年诸君于研习科学之余,得精神上之援助。"并且对社外投稿,非常欢迎,"本志执笔诸君,皆一时名彦,然不自拘限,社外撰述,尤极欢迎。海内鸿硕,倘有佳作,见惠无任期祷。"②同时,陈独秀在《敬告青年》中,更进一步地高举个人主义的旗帜,对青年大胆地提出六项人生倡议,这代表了《青年杂志》的发展方向,不同于以往和同时期的其它报刊。所有这些,都体现了刊物同样具有着开放的、活跃而自由的话语空间。在第二卷第1号登载的《通告》中说:"自第二卷起,欲益加策励,勉副读者诸君属望,因更名为新青年。且得当代名流之助,如温宗尧、吴敬恒、张继、马君武、胡适、苏曼殊、诸君,允许关于青年文字,皆由本志发表。嗣后内容,当较前尤有精采。此不独本志之私幸,亦读者诸君文字之缘也。"③指出有当代名流相助,都是留日和留学欧美的人,鼓励青年人踊跃投稿,自由发表见解。正是因为有这样的办刊宗旨,才使得《新青年》倾向于文学、文化改革的目标而向前发展,努力与世界接轨。

---

① 李大钊:《"少年中国"的"少年运动"》,《李大钊选集》,北京:人民出版社,1981年版,第238页。
② 《社告》,《青年杂志》第一卷第1号,1915年9月15日。
③ 《通告》,《新青年》第二卷第1号,1916年9月1日。

　　郁达夫在《中国新文学大系·散文二集·导言》中谈到："五四运动的最大的成功，第一要算'个人'的发见。从前的人，是为君而存在，为道而存在，为父母而存在的，现在的人才晓得为自我而存在了。"①为个人而存在，对"人"的呼唤，"人的文学观"也便真正地确立。周作人在《新青年》第五卷第6号上发表了《人的文学》，从理论上对"人的文学"作了明确的阐释。他首先表明态度，"我们现在应该提倡的新文学，简单地说一句，是"人的文学"。应该排斥的，便是反对的非人的文学。"②接着，他又明确阐释了何为"人的文学"和"非人的文学"："用这人道主义为本，对于人生诸问题，加以记录研究的文学，便谓之人的文学。其中又可以分作两项(一)是正面的，写这理想生活，或人间上达的可能性。(二)是侧面的，写人的平常生活，或非人的生活，都狠可以供研究之用。这类著作，分量最多，也最重要。因为我们可以因此明白人生实在的情状，与理想生活比较出差异与改善的方法。这一类中写非人的生活的文学，世间每每误会，与非人的文学相溷，其实却大有分别。……这区别就只在著作者的态度不同。……一个希望人的生活，所以对于非人的生活，怀着悲哀或愤然。一个安于非人的生活，感著满足，又带著玩弄与挑拨的形迹。简明说一句，人的文学非人的文学的区别，便在著作的态度，是以人的生活为是呢？非人的生活为是呢？这一点上。"③区别

----

　　① 郁达夫：《导言》，赵家璧主编，《中国新文学大系·散文二集》，上海：上海良友图书印刷公司，1935年版，第5页。

　　② 周作人：《人的文学》，《新青年》第五卷第6号，1918年12月15日，第575页。

　　③ 周作人：《人的文学》，《新青年》第五卷第6号，1918年12月15日，第578、579页。

了"人的文学"和"非人的文学",也就表明了新文学的文学导向,确定了新文学的崭新内容。

关于人道主义的内容实质,周作人还强调:"我所说的人道主义,并非世间所谓'悲天悯人'或'博施济众'的慈善主义,乃是一种个人主义的人间本位主义。"①确定了人道主义的本质就是个人主义的人间本位主义。周作人还解释了他的个人主义,既是利己又利他,而利他即是利己,以此突出个人的社会本质。鲁迅的"立人"思想,则是更多地强调人的独立与尊严。二者结合在一起,经过文学改良和文学革命,从理论上真正地确立了五四时期"人的文学观"。新文学对于人的价值的阐释,是建立在"个体"本身的独立、自由和幸福的意义之上,是在人的本体意义上确定的灵肉一致的文学。

二、逻辑文学与五四新文学

关于"逻辑文学",是五四时期由罗家伦提出来的。"逻辑"一词,就是西方的"Logic",它来自于希腊词 Logos,所以有时也译成"逻各斯"。在我国,从春秋战国到近代,被称为"名辩之学"、"名学"、"辩学"、"名辩学"、"论理学"等。我国近代的逻辑学理论译自于西方,始于明末,清末严复翻译了多部,如《名学》(译自约翰·穆勒的《逻辑体系》前四卷)、《名学浅说》等,最后,由在英国师从戴维逊教授习逻辑学的章士钊给予定名为"逻辑"。章士钊是继严复之后的又一逻辑大家,他在《论翻译名义》等文章中,多次讨论义译和音译的差别,认为那种舍音而取意的翻译都不恰当,还是以音直译为好,即取 logic 音译最佳,于是定名为"逻辑",

---

① 周作人:《人的文学》,《新青年》第五卷第 6 号,1918 年 12 月 15 日,第 578 页。

一直延续至今。西方的"逻各斯"基本词义是言辞、理性、秩序、规律，其中最基本的含义是"秩序"和"规律"，普通的逻辑学是关于推理和论证的科学。《现代汉语词典》中对"逻辑"的解释是："①思维的规律：合乎～。②客观的规律性：革命的～。③逻辑学，研究思维的形式和规律的科学。[英]"钱基博在《现代中国文学史》中把这样的文章统称为"逻辑文"。民初以后，章士钊的政论文章在文坛上可谓独树一帜，其文体影响了一批政论作家，是继梁启超等人所创的"新民体"之后的又一种文体，它以文言的形式出现。"所谓逻辑文，就是章士钊在民国初年创立的以文言形式写作的政论文体式，他糅合和中西政论的优长，具有显著的现代理性色彩，对散文变革有一定的作用和影响，继'新文体'之后，逻辑文丰富并完善了政论文体式，可以说，它把中国散文论说文这一支发展到了完备的境界。"①可以说，章士钊是真正地具有明确逻辑文体意识而进行逻辑文创作的作家，并且这一独特文体在民初曾经产生了广泛的影响，享誉当时文坛十余年。

前述章士钊赞成章太炎的"凡文理、文字、文辞皆称文"的观点，这代表了民初文坛上的观点，在文学现代性还不尚明显的情况下，"逻辑文"也是属于文学的一种，所以罗家伦后来称章士钊的政论文章为"逻辑文学"，并认为他是"集'逻辑文学'的大成"："民国元二年议政的潮流，制宪的背景，所以《甲寅》杂志出来，可谓集'逻辑文学'的大成了！平心而论，《甲寅》在民国三四年的时候，实在是一种代表时代精神的杂志。政论的文章，到那个时候趋于最完备的境界。即以文体而论，则其论调既无'华夷文学'的自大心，又无"策士文学"的浮泛气；而且文字的组织上又

---

① 徐鹏绪、周逢琴：《论章士钊的逻辑文》，《东方论坛》2002 年第 5 期，第 15 页。

无形中受了西洋文法的影响,所以格外觉得精密。"①

对于章士钊自成体系的政论文章,胡适认识得比较深刻,他把章士钊和严复、梁启超、章太炎放在一起作比较,他认为从1905年到1915年,文坛的政论大家应该是章士钊,对他的文章特点分析得细致、全面。认为章士钊吸收了这几个人的文章的优点和长处,加上西学基础,形成自己卓具特色的逻辑文体:"自1905年到1915年(民国四年),这十年是政论文章的发达时期。这一个时代的代表作家是章士钊。章士钊曾著有一部中国文法书,又曾研究伦理学;他的文章的长处在于文法谨严,论理完足。他从桐城派出来,又受了严复的影响不少;他又很崇拜章太炎,大概也逃不了他的影响。他的文章有章炳麟的谨严与修饰,而没有他的古僻;条理可比梁启超,而没有他的堆砌。他的文章与严复最接近;但他自己译西洋政论家法理学家的书,故不须模仿严复。严复还是用古文译书,章士钊就有点倾向'欧化'的古文了;但他的欧化,只在把古文变精密了;变繁复了;使古文能勉强直接译西洋书而不消愿意来重做古文;使古文能曲折达繁复的思想而不必生吞活剥的外国文法。"②胡适提到梁启超,这就应该了解近代文体的演变过程。当代学者研究认为晚清的"新文体",是从冯桂芬、薛福成式的的散文、王韬式的"报章文"和戊戌期间的"时务文",到经过梁启超改造的"新民体"发展而成的。③ 洋务运动期间,中国早期一批由封建士大夫转化而来的资产阶级知识分

---

① 罗家伦:《近代中国文学思想的变迁》,《新潮》第二卷第5号,第872、873页。

② 胡适:《五十年来中国之文学》,《胡适学术文集·新文学运动》,北京:中华书局,1993年版,第130页。

③ 朱文华:《简论晚清"新文体"散文》,《复旦学报》(社会科学版),1995年第3期。

子,仿效西方来华的传教士,在国内创办一批近代报纸,并且学写政治时事评论性文章。这类文章,大都文字浅显,语言流畅,说理透彻,也富有鼓动性,就是所谓的"报章文",其中以王韬主编的《循环日报》(1874 年,香港)上发表的政论文为代表。戊戌维新运动期间,许多人纷纷办报,亲自撰稿,宣传维新变法。最为突出的是众人(包括梁启超本人)在梁启超主办的《强学报》(1896 年,上海)、《时务报》(1896 年,上海)上发表的文章,宣传维新,抨击守旧态度坚决,气势宏大,慷慨激昂汪洋恣肆,明快有力,当时被称为"时务文",影响非常大。戊戌变法失败后,梁启超流亡日本,在横滨先后创办《清议报》(1898 年)和《新民丛报》(1902 年)。他受日本文化的影响,仿效日本明治散文中盛行的"欧文直译体",对"时务文"进行了革新,形成了被时人所称颂的"新民体"。钱基博也说梁启超的"新民体"是因为他创办《新民丛报》的缘故。

因"新民体"最适合做宣传鼓动的工具,在武昌首义前一直影响着众多文章作者,包括革命者。陈子展从中国文学史的角度考察"新文体"的历史作用并作以评价:"这种文体正从桐城派八股文以及其他古体文解放而来,比桐城派古文更为有用,更为合适于时代的需要。而且,这种解放是'文学革命'的第一步,是近代文学发展上必经的途径。"①待同盟会成立,《民报》出版以后,以章炳麟为代表的革命派与康有为梁启超为代表的立宪派,借助于《民报》和《新民丛报》展开论战。"这一次论战实在是中国政治思想史上极有光荣的论战,因为两派都是以学理为根据,堂堂正正旗鼓相当,在训练中国人的系统的政治思想上,影响是非常

---

① 陈子展:《中国近代文学之变迁》,上海:中华书局,1931 年版,第 122 页。

之好的。"①然而,时代的发展,总会有新的质素增加,淘汰固有的事物,正如胡适所说:"谭嗣同梁启超一派的文章,应用的程度要算很高了,在社会上的影响也要算很大了,但这一派的末流,不免有浮浅的铺张,无谓的堆砌,往往惹人生厌。章士钊一派是从严复章炳麟两派变化出来的,他们注重论理,注重文法,既能谨严,又颇能委婉,颇可以补救梁派的缺点。甲寅派的政论文在民国初年几乎成一个重要文派。"②因此,"逻辑文"的出现,是对这股文风进行有力的扭转和矫正,改变了"新文体"称霸论坛的局面。

"逻辑文"自身具有概念和定义准确,文风朴实简练,学理性强,文字半文半白,通俗易懂,明白晓畅的特色。陈子展这样概括章士钊的政论文章:"他的文章既有学理做底子,有论理做骨骼,有文法做准绳,故读他的文章,总觉得它极为谨严莹洁。""又严正,又幽默,又深刻,又公允,真有趣味"。③ 从前述的《甲寅》月刊创刊宗旨中即可看出,章士钊的态度就是促使政论文向着条理严谨和朴实说理的方向发展,因而使民国初年的论坛大大改观,使得那些互相攻击谩骂,好持极端绝对之论者,也不再受到舆论的重视。章士钊的政论文章多是长篇,文章虽长,但多用短句,一般句子长不过十个字,短的有四五个字,错落有致、节奏铿锵。章士钊晚年,回顾清末民初的文坛,也曾提到自己所创的文体及文风:"从晚清以至民初,二三十年间,以文字摊写政治,跳荡于文坛,力掣天下而趋者,唯严几道与梁任公二人,吾稍后起,论者颇谓可得

① 常乃德:《中国思想小史》,葛兆光导读,上海:上海古籍出版社,2005 年 8 月版,第 133、134 页。

② 胡适:《五十年来中国之文学》,姜义华主编:《胡适学术文集·新文学运动》,北京:中华书局,1993 年 9 月版,第 96 页。

③ 陈子展:《中国近代文学之变迁》,上海:中华书局,1931 年版,第 74、75 页。

骏靳而行。吾当时并不省识此一形势,由今思之,几道规模桐城,字栉句比,略带泰西文律,形成一种中西合参文格,面生可疑,使人望而生畏 。任公有陶渊明之风,于政于学,皆不求甚解而止,行文信笔所之,以情感人,使读者喜而易近,因之天下从风而靡。吾则人婉言之,曰桐城变种,毒言之,曰桐城余孽,实则桐城与吾绝不近,吾之所长,特不知者不敢言能言者差能自信,文不乖乎逻辑,出笔即差明其所以然,不以言欺人而已。"①章士钊不承认自己属于桐城一派,与桐城绝不相近,并且出笔知晓要说的什么,朴实说理,不以文章欺世盗名,体现了他的文风确实不同于桐城派。

陈万雄曾说过初期《新青年》与《甲寅》月刊有一定人事和思想渊源,是由于《新青年》早期作者和栏目,是从《甲寅》月刊承继过来,可见两刊物和同人队伍的渊源关系,陈独秀、李大钊、高一涵、张东荪、易白沙发表过政论文章,尤其是李大钊和高一涵受章士钊的"逻辑文"风格影响极为明显,并且《青年杂志》初期,陈独秀、李大钊、李剑农等人同时为这两份杂志撰稿。他们都各自保持着自己的独立性,具有比同时代其他作家更为强烈的精英独立意识,但他们真的几乎形成一个甲寅派。而《甲寅》月刊也只是"以其温和的政治态度提供了一种希望和保证,以及一个研讨论坛","作为一个很受尊敬的政论作家,章士钊成为一个松散的思想言论群体的中心。"②他们当中,只有章士钊创立了这种逻辑文的规范,罗家伦在《近代中国文学思想的变迁》中提到,"剥蕉式"文体的说法源于章士钊《政本》开篇的一句话:"爬罗而剔抉之,

---

① 章士钊:《柳文指要·跋》,《章士钊全集》第十卷,上海:文汇出版社,2000 年版,第 1651、1652 页。

② 魏定熙:《北京大学与中国政治文化(1898—1920)》,北京大学出版社,1998 年 5 月,第 117 页。

如剥蕉然,剥至终层,将有现也。"①章士钊创立自己所说的"剥蕉式"式文体,当代学者研究指出《新青年》早期的作者大都受到这种"剥蕉"文体的影响,这种影响与后面的新文学运动也是有着一定渊源关系的。"1905 至 1907 年革命派与维新派论战中出现的文章,首次引进西方的形式逻辑,使论述方式具有了现代科学的色彩。此后,章士钊将这种论述方式进一步作了发展,创立了所谓'剥蕉'式文体,即运用归纳和演绎等推理方法,围绕论点层层深入,使论述具有严密的逻辑性和思辨力。……对实现'五四'议论性散文向现代转变,却有十分重要的意义。"②《甲寅》月刊的文字以其重学理的精英意识风行一时,按胡适的话说,"逻辑文"既不容易做,又不能通俗,所以白话文运动风起云涌的时候,它就"归于失败"了。"民国五年(一九一六)以后,国中几乎没有一个政论机关,也没有一个政论家;连那些日报上的时评也都退到纸角去了,或者竟完全取消了。这种政论文学的忽然消灭,我至今还说不出一个所以然来。"③现在看来,从 1915 年始,袁世凯称帝、张勋复辟等一系列政治事件,使国人对政治的信念开始动摇,政论也渐渐失去影响。黄远庸提前认识到这一点,才给章士钊写信,主张从提倡新文学入手。陈独秀等人也意识到抽象的论政是徒劳的,于是便通过《青年杂志》来唤醒青年读者群。

"逻辑文"以其逻辑严密、语言严谨、文调平实给当时的文坛吹进了一股清新的空气。逻辑文体在客观上促成了论说文与狭

---

① 《政本》,《甲寅》月刊第一卷第 1 期,1914 年 5 月 10 日。

② 孙宝林:《近现代文体演变的历史鸟瞰》,《中国现代文学研究丛刊》,1999 年第 4 期,第 42 页。

③ 胡适:《五十年来中国之文学》,姜义华主编:《胡适学术文集·新文学运动》,北京:中华书局,1993 年 9 月版,第 132、133 页。

义文学散文的相互剥离。作为近代议论性的散文,在文体功能、语言体式和论述方式等方面的变革,已完全不同于"新文体"散文,具有了现代性。而到了新文学运动时期,散文却失去了原有的繁华景象,由中心退居到边缘。逻辑文是中国散文文体革新中有着重大贡献的一种文体,新文学的散文既得益于它对散文概念的分化作用,也直接汲取了它的营养,这一切只是被它的文言的外壳掩盖了而已。"逻辑文中的宏篇巨制,为现代学术论文提供了很好的范例,而短评之类则与《新青年》上的随感录一脉相连,后经鲁迅等作家发展,建设成为文艺性的政论——杂文,在现代散文领域开出了一朵奇葩;抒情性的美文迈着轻快的步伐,在文学散文这个明净的天空下,迅速走向繁荣。"①"逻辑文"在五四新文学运动时期,由《新青年》上的"随感录"中产生的篇幅短小、论理充分的杂文,便是它的分支。"逻辑文学"或政论文学,在文学由古典形态向现代形态的转变之时,完成了自己的裂变与更新,它与《甲寅》月刊一起,实现了在特定历史时期所起的指正纠偏和过渡链接的作用。

三、文学改良与文学革命

　　胡适曾受亚东图书馆老板汪孟邹(名炼,以字行)的催稿,在《甲寅》月刊上刊载了翻译小说《柏林之围》(第4期)和"通信"栏里的《非留学》(第10期),因为汪孟邹在海外替章士钊推销《甲寅》月刊。1915年10月6日,汪孟邹将刚出版的《青年杂志》创刊号寄给在美国留学的胡适,并写信告诉胡适,此杂志"乃炼友人皖城陈独秀主撰,与秋桐亦是深交,曾为文载于《甲寅》者也。

---

　　① 　徐鹏绪、周逢琴:《论章士钊的逻辑文》,《东方论坛》,2002年第5期,第21页。

拟请吾兄于校课之暇,担任《青年》撰述,或论文,或小说戏曲,均所欢迎。"①此时,汪孟邹又受陈独秀之托,向胡适约稿。胡适当时正忙于哲学博士论文,未能及时寄来作品,直到1916年2月初,赶译出俄国作家库普林的短篇小说名著《决斗》,寄给了陈独秀,登载在《新青年》第二卷第1号上,从此两人开始书信往来。胡适在给陈独秀寄译稿并附信件中谈到为自己对造新文学的意见及翻译的要求:"今日欲为祖国造新文学,宜从输入欧西名著入手,使国中人士有所取法,有所观摩,然后乃有自己创造之新文学可言也。……译事正未易言。倘不经意为之,将令奇文瑰宝化为粪壤,岂徒唐突西施而已乎?与其译而失真,不如不译。此适所以自律,而亦颇以人者也。"②同时,胡适针对第2号中翻译作品提出自己的看法,坦率地批评了薛琪瑛翻译的英国作家王尔德的《意中人》。"即译此书者尚未能领会是书佳处,况其他乎!而遽译,岂非冤枉王尔德。"③用西方文学名著作为中国文学改良的药方,使陈独秀和胡适达成了共识。陈独秀回信说:"尊论改造新文学意见,甚佩甚佩。足下功课之暇,尚求为《青年》多译短篇名著若《决斗》者,以为改良文学之先导。弟意此时华人之著述,宜多译不宜创作,文学且如此,他何待言。"④以此也明了陈独秀在《青年杂志》创刊初期几乎不登载国人创作作品的原因。

---

① 汪孟邹:《寄胡适》,转见耿云志的《胡适新论》,长沙:湖南出版社,1996年5月版,第137页。

② 胡适:《寄陈独秀》,《胡适书信集》(上),北京:北京大学出版社,1996年9月版,第69页。

③ 胡适:《寄陈独秀》,《胡适书信集》(上),北京:北京大学出版社,1996年9月版,第69页。

④ 陈独秀:《致胡适》,《胡适书信集》(上),北京:北京大学出版社,1996年9月版,第5页。

　　关于新文学的改良,胡适于 1915 年夏到 1916 年春经过反复思考,又与留美同学辩论,认为今日欲言文学革命,须从八事入手:一曰不用典。二曰不用陈言套语。三曰不讲对仗,文当废骈,诗当废律。四曰不避俗字俗语,不嫌以白话作诗词。五曰须讲求文法之结构。此皆形式上之革命也。六曰不作无病之呻吟。七曰不摹仿古人,语语须有个我在。八曰须言之有物。认为这样改良都是精神上的革命。陈独秀于 1916 年 1 月给胡适回信,认为胡适的文学革命八事,除了第五和第八项外,其他各项无不合十赞叹。陈独秀将与胡适切磋"文学革命"的来往信件,都刊登在《青年杂志》第二卷第 2 号(1916 年 10 月 1 日)上。此间陈胡的通信,讨论文学改革之事,可谓文学革命的序幕已被揭开。

　　胡适接陈独秀信不久,就写了一篇《文学改良刍议》,用复写纸抄了两份,一份给《留美学生季刊》发表,一份寄给了陈独秀。陈独秀收到后,立即刊登在《新青年》第二卷第 5 号上(1917 年 1 月 1 日)。"胡适作为学者,他的思想主张和文学观念都具有学术性,这是他与陈独秀的不同和日后与陈产生分歧的原因之一。但胡适远在大洋彼岸的美国,因在《新青年》上发表文章而'暴得大名',其原因一方面是恰逢其时——语言载体的变革不仅在文学界蕴蓄已久,张弓待发,而且已成为思想革命发展亟待解决的问题。他的《文学改良刍议》又是一种学理性的探讨,易为学术界的新派所接受。"①胡适于"刍议"中仍倡言文学改良须从八事入手,但这八事的次序有大改变。为"文学革命"的第一篇公开宣言,其最重要的观点被置于"不摹仿古人"与"不避俗字俗语"

---

　　① 陈方竞、刘中树:《对五四新文学发生及源流的再认识》,《文艺研究》1999 年第 2 期,第 62 页。

两事之中。"胡适的《文学改良刍议》发表于民国六年一月,最初只是和平的讨论,但自陈独秀、钱玄同等参加了这个讨论以后,态度遂由和平而趋于急激,陈独秀发表了《文学革命论》,才明白举起文学革命的旗子,主张白话的写实文学。以后的文学运动跟着这条路走,发展得很快。"①同时,胡适也表明了"白话文学之为中国文学之正宗,又为将来文学必用之利器,可断言也"②的态度,可以说成为引爆"文学革命"的"导火索"。其实在前述两人的通信中就已露端倪。

陈独秀在胡适《文学改良刍议》后,以极其欢欣的笔调加了"独秀识"即"编者按":"余恒谓中国近代文学史,施、曹价值远在归、姚之上。闻者咸大惊疑。今得胡君之论,窃喜所见不孤。白话文学,将为中国文学之正宗。余亦笃信而渴望之。吾生偶亲见其成,则大幸也。"③从陈独秀这篇识中,就已经显示出了刊物越来越清晰的办刊指向,那就是要进行文学改革,同时,胡适公开地声称:白话文学,将为中国文学之正宗。这样为下一期登载的《文学革命论》打下铺垫。接着,1917 年 2 月,陈独秀就发表了《文学革命论》,真正地高举起"文学革命"的大旗,而且以决绝的态度,不容商量和质疑。尽管有铺垫,但还是如一颗炮弹,震惊了学界和文坛。陈独秀提出的"三大主义",既是革命口号,也是革命的实质内容及思想内涵:"文学革命之气运,酝酿已非一日,其首举义旗之急先锋,则为吾友胡适。余甘冒全国学究之敌,高张"文学

---

① 常乃德:《中国思想小史》,葛兆光导读,上海:上海古籍出版社,2005 年 8 月版,第 138 页。

② 胡适:《文学改良刍议》,《新青年》第二卷第 5 号,1917 年 1 月。

③ 陈独秀:《文学改良刍议·独秀识》,《新青年》第二卷第 5 号,1917 年 1 月 1日。

革命军"大旗,以为吾友之声援。旗上大书特书吾革命军三大主义:曰,推倒雕琢的阿谀的贵族文学,建设平易的抒情的国民文学;曰,推倒陈腐的铺张的古典文学,建设新鲜的立诚的写实文学;曰,推倒迂晦的艰涩的山林文学,建设明了的通俗的社会文学。"①

陈独秀始终表明要以法兰西为主体的欧洲文明作榜样,从而确定了新文学的方向,在《文学革命论》结尾,用欧洲文学经典锻造的"四十二生的大炮"来轰击中国的传统文学:"欧洲文化,受赐于政治科学者固多,受赐于文学者亦不少。予爱卢梭、巴士特之法兰西,予尤爱虞哥、左喇之法兰西;予爱康德、赫克尔之德意志,予尤爱桂特郝、卜特曼之德意志;予爱倍根、达尔文之英吉利,予尤爱狄铿士、王尔德之英吉利。吾国文学界豪杰之士,有自负为中国之虞哥、左喇、桂特郝、卜特曼、狄铿士、王尔德者乎?有不顾迂腐之毁誉,明目张胆以与十八妖魔宣战者乎?予愿拖四十二生的大炮,为之前驱"。②

《新青年》的编者们非常注意杂志的编辑策略,寻找新的讨论话题,最为成功的还应该是关于"白话文"的讨论,声势浩大,具有理论意义,又将理想与现实巧妙地结合在一起,以至扩展到整个思想观念和文化传统的论争。接着,新文化人纷纷表态,大谈自己的白话文学改良观。"我总要上下四方寻求,得到一种最黑,最黑,最黑的咒文,先来诅咒一切反对白话,妨害白话者。即使人死了真有灵魂,因这最恶的心,应该堕入地域,也将绝不改

---

① 陈独秀:《文学革命论》,《新青年》第二卷第 6 号,1917 年 2 月 1 日。
② 陈独秀:《文学革命论》,《新青年》第二卷第 6 号,1917 年 2 月 1 日。

悔,总要先来诅咒一切反对白话,妨害白话者"。① 鲁迅的这段话,表达的正是新文化人思想态度的一致性,是《新青年》同人精神上的大团结与集体意识的凝结。

傅斯年对此也有发现,虽然不喜欢章士钊的逻辑文章,但肯定了他有一种特长,为几百年的文家所没有,那就是采用西洋词法。"我们读中国文常觉得一览无余,读西洋文常觉得层层叠叠的:这不特是思想上的分别,就句法的构造而论,浅深已不同了。《甲寅杂志》里章行严先生的文章,我一向不十分崇拜,他仍然用严几道的腔调,古典的润色,不过他有一种特长,几百年的文家所未有,——就是能学西洋词法,层次极深,一句话里的意思,一层一层的剥进,一层一层的露出,精密的思想,非这样复杂的文句组织,不能表现;决不是一个主词,一个谓词,结连上很少的用言,能够圆满传达的。"②章士钊文章的"剥蕉"文法,为五四人所注重和学习。

刘半农在《我之文学改良观》中,第一次提出"文学散文"的概念:"前此独秀君撰论,每以'文学之文'与'应用之文'相对待,其说似是,然就论理学之理论言之,文学的既与应用的对待。则文学之文不能应用,应用之文不能视为文学,不按以'不贵苟同'之义,不敢遽以此说为然也。西人之规定文学之用处者,恒谓Literature's often embrace all composition except those upon the positive science. 其说似较独秀君稍有着落。然欲举实质科学以外一切文字,悉数归纳诸文学范围之中,亦万难视为定论。就不按之

---

① 鲁迅:《二十四孝图》,《鲁迅全集》第二卷,北京:人民文学出版社,1981年版,第251页。

② 傅斯年:《怎样做白话文》,《中国新文学大系·建设理论集》,上海良友图书印刷公司,1935年,第224页。

意,凡科学上应用之文字,无论其为实质与否,皆当归入文字范围,此后专论文学,不论文字。所谓散文,亦文学的散文而非文字的散文。"①这是对文学独立最明白的宣告,刘半农事实上已经将人文科学里的政论归入文字,只是再强调一下真正的文学作品并非是无用的而已,陈独秀对他的意见当然赞同,在"附识"中,他说,"文字"与"应用之文"名词虽不同,而实质似无差异,从此新文学运动轰轰烈烈地开展起来。"这时候思想改革的新机一动,就不是仅仅改良文学和反对孔教两件运动所能限制的了。因为反对孔教,故在消极的方面有彻底反对旧日礼教的运动;因为主张白话文学,故在积极的方面有接近平民的种种运动,新文化运动的机会遂渐渐成熟了。"②

由文学的形式改良为突破口,进而是进行整个思想文化领域里的革命。与其说陈独秀的文学革命体现了彻底的反传统,不如说是他过分强调了文学启蒙的社会作用,而忽视文学自身的独立性和美学价值。但是,正如许多人论述的那样,如果没有陈独秀等人这种果决的态度和手段,就不能达到最终的从文学到语言改革的成功。倡导白话文,进行文学革命,使得与"逻辑文"或"政论文学"首先在语言上就划清了界限,为后面的"随感录"杂文打下了基础。

---

① 刘半农:《我之文学改良观》,《新青年》第三卷第 3 号,1917 年 5 月 1 日。
② 常乃德:《中国思想小史》,葛兆光导读,上海:上海古籍出版社,2005 年 8 月版,第 138 页。

第三节 文学作为载体 注重学理的精英倾向

一、翻译文学的不断拓展与新文学的价值定位

翻译文学热潮从晚清时期就开始盛行,伴着洋务运动的展开,中国对西学的态度也由最初的排斥逐渐转向主动接受和宣传。从严复开始,对西方的自然科学、政治学、社会学、逻辑学等书籍的翻译,使得中国知识界于戊戌变法之后对西方社会有了更深入的认识。与此同时,在文学翻译方面,以林纾为代表的翻译家大量地翻译介绍了西方的文学作品,其中尤以小说为主,他们用文言进行翻译,借古文输入西方的思想。这种译介方法无疑是当时现实情状的自觉不自觉的选择而已。如果说,严复是致力于传播西方近世人文思想的话,那么,林纾则是热衷于介绍西洋近世文学,他们都在各自不同的领域里为当时的读者提供了观望西方科学文化艺术以及生活方式的新窗口,在一定程度上为新文学的诞生培养了众多的准读者群,建构了近代文学向现代化探寻的历史风貌。正是由于林纾等人对西洋小说的翻译,以及梁启超对"新小说"的提倡,影响和师范了清末民初的小说创作,使得小说这种自古一直处于边缘地位的"小道"文学,一下子上升到文学的中心位置。

从《甲寅》月刊的目录中,可以看出登载的翻译作品不是太多,这当然与刊物的偏于政治倾向有关。由于主编章士钊曾留学英国,对西方特别是英国的政治体制做过系统地考察和学习,因此刊物中有许多对西方权利说、民主、宪政、总统制、内阁制、联邦制、议会制等政治体制的介绍和探讨,并且章士钊先后写了多篇关于翻译的理论文章,如:《译名》、《论翻译名义》等。"逻辑"

（logic）一词的翻译，就是经由他才最后敲定。在文学方面，《甲寅》月刊只刊载一篇胡适翻译的法国都德的短篇小说《柏林之围》（Le Siege de Berlin），①并且是用浅显的文言翻译而成。不过，章士钊及《甲寅》月刊的政治观对陈独秀及《新青年》的办刊指向产生了一定的影响。可以说，近代的大规模翻译运动是促使古文走向现代化的内在动因，也为新文学的诞生奠定了坚实的基础。随着文学翻译从文言向白话的过渡，新思想的产生也就自然而然了。因此，正如王哲甫所说，近代翻译家们的理论主张与翻译实践显然都为后来的"翻译"提供了实践的基本例证。"五四"时代译介的西学著作不再像近代那样只是在文学传统内部进行调适，而是拓展范围，全面译介。翻译的理论与文本为新秩序的建构提供了可靠的依据。尊西趋新成为"五四"时期的潮流，"五四"时代对"新"的追求——更甚于对白话语言的运用——是中国现代文学的核心标志。②

　　《青年杂志》从第一卷第 1 号中就直接刊载了翻译作品，而没有登载个人的文学创作。有陈嘏翻译的屠格涅夫的小说《春潮》，一青年的英汉对译《青年论》，彭德尊的《卡内基传》。同时，有陈独秀的《法兰西人与近代文明》、《现代文明史》等文章，有"国外大事记"、"世界说苑"等栏目，这是杂志有意识地为传播欧洲新的文艺思潮所作的选择，为国人扩大观看世界、了解世界的窗口，这也代表了杂志的办刊指向和文学导向。杂志的封面设计也作以宣传，从第一卷第 1 号到第 6 号的封面分别登载卡内基、

---

① 《甲寅》月刊第一卷第 4 期，1914 年 11 月 10 日。
② 王哲甫：《中国新文学运动史》，北京：北平杰成印书局，1933 年版，第 13、14 页。

屠格涅夫、王尔德、托尔斯泰、佛兰克林、谭根的肖像,对文学家、成功人士、科学家的推崇,可见与刊物的宗旨是相一致的。

《新青年》除了翻译文学作品之外,还翻译了一些名人、伟人传记,以及其他方面的文章,这里,只探讨文学作品的翻译。按照译者、翻译的国别和外国作家的不同情况,把《新青年》从第一卷到第九卷发表的翻译作品,进行一下划分,可以看出:译者有陈独秀、陈嘏、彭德尊、薛琪瑛、吴弱男、刘叔雅、汝非、胡适、刘半农、周作人、鲁迅、陶履恭、汪中明、罗家伦、袁振英、沈性仁、沈泽民、朱希祖、张黄、苏菲、沈钰毅、任鸿隽、张崧年、沈雁冰等二十多位。翻译作品的国别包括俄国、英国、法国、美国、印度、日本、挪威、西班牙、波兰、瑞典、丹麦、南非、葡萄牙、阿美尼亚等十多个国家。涉及到的作家有屠格涅夫、莫泊桑、高尔基、阿尔志跋绥夫、托尔斯泰、王尔德、易卜生、安徒生、显克微支、古卜林、普路斯、阿伽洛年、武者小路实笃、国木天独步、千家元磨等几十人。

《新青年》打破了近代以来的翻译习惯,从题材、体裁上都有了很大的拓展空间。不只是翻译欧美及日本著名文学家的文学作品,而且还翻译东欧、亚非一些弱小民族和国家的作家作品,这和鲁迅、周作人翻译的《域外小说集》的宗旨是一致的。鲁迅曾在《域外小说集》的序言中说:"收录至审慎,移译亦期弗失文情。异域文术新宗,自此始入华土。"[①]鲁迅对外国文学的选择介绍是非常重视的。在体裁上,《新青年》的翻译者们把外国文学作品依照欧洲文学所倡导的文体分类法进行分类,所以在登载翻译作品时都标明了作品的体裁,大体上分为小说、诗歌、戏剧、散文四

---

① 鲁迅:《域外小说集·序言》,《鲁迅全集》10 卷,北京:人民文学出版社,1981年版,第 168 页。

类,其中登载的传记作品,应该归属散文系列。

　　《新青年》最初就大规模地登载翻译的外国文学作品,至于文学创作前三卷却极少,只在第一卷第 4 号登载谢无量的一首古体诗,第二卷第 3、4 号登载苏曼殊的文言小说《碎簪记》,直到第二卷第 6 号,陈独秀发表《文学革命论》的同时,发表胡适在《文学改良刍议》之后写的八首白话诗作以尝试,第三卷第 4 号胡适又发表了白话词,第四卷第 2 号上有刘半农、胡适、沈尹默发表的白话诗,第 3 号、4 号都登载了白话诗之后,第四卷第 5 号上才有鲁迅的第一篇白话小说《狂人日记》和鲁迅的几首白话诗的出现。鲁迅独创的这篇日记体白话小说,在《新青年》和新文学运动史上都是一个界碑,这是新文化人在《新青年》创作园地里勾勒更新更美图画的开始,是《新青年》所开展的文学革命取得的实绩,同时也预告了新文学文学主题、题材、体裁,以及创作手法方面都将是一个更新的突破。鲁迅在谈到关于怎样写作《狂人日记》时说:"所仰仗的全在先前看过的百来篇外国作品和一点医学上的知识。"①鲁迅的写作经验也是受了外国文学的影响,可见《新青年》大范围、大规模、声势浩大地译介外国文学作品,决不是《新青年》没有什么稿件可登载了的缘故,而是体现了编者的编辑策略和杂志的办刊指向,就是打开国人与外国文学沟通的通道,通过西方文学文化上展现的现代文明,新的生命活力,来冲击和淘洗国内传统文化统摄的人们心理与愚蒙的灵魂,到处体现一个不同于其他刊物的"新"字。关于小说的发展情况,鲁迅曾经说过:"在中国,小说是向来不算文学的。在轻视的眼光下,自从

---

　　① 鲁迅:《我怎么做起小说来》,《鲁迅全集》第 4 卷,北京:人民文学出版社,1981 年版,第 526 页。

十八世纪末的《红楼梦》以后,实在也没有产生什么较伟大的作品。小说家侵入文坛,仅是文学革命运动,即 1917 年以来的事。自然,一方面是由于社会的要求,一方面则受了西洋文学的影响。"①

《新青年》在发表了鲁迅的小说之后,在第四卷第 6 号上就登载了"易卜生专号",系统地介绍了挪威剧作家易卜生的生平与创作,同时登载了他的几部翻译作品。胡适的《易卜生主义》,罗家伦与胡适合译的《娜拉》(《玩偶之家》),陶履恭翻译的《国民之敌》,吴弱男翻译的《小爱有夫》,袁振英翻译的《易卜生传》。《青年杂志》从第一卷第 2 号登载的薛琪瑛翻译的爱情喜剧《意中人》到"易卜生专号"的刊载,可见,杂志只在戏剧方面就这样大胆介绍和宣传,其他如小说、诗歌、散文的翻译数量也不在少数。可以说,大量外国文学作品的翻译是新文学运动得以顺利展开的媒介。《新青年》上的译者都是新文学运动的主将,而且"新文学运动的几员大将都是由海外留学归来的,白话文运动从文学理论、文体形式、语言等各方面都对传统文学构成了革命性的挑战。在历史转折的关键时刻,接受西方资源不能没有中介,因此,近代以来的文化问题明显地聚焦于'翻译'上,现代中国人的最早的现代性体验也是与西方的生活语汇、科技术语、文学话语交融在一起的。近代以来的思想界借助译介与特殊的修辞方式言说了文化的现代性追求。"②新文学运动取得节节胜利,除了政治方面的因素之外,不能不说翻译文学在《新青年》上登载和宣传

---

① 鲁迅:《〈草鞋脚〉(英译中国短篇小说集)小引》,《鲁迅全集》第 6 卷,北京:人民文学出版社,1981 年版,第 21 页。

② 曹而云:《翻译实践与现代白话文运动》,《福建论坛·人文社会科学版》,2004 年第 8 期,第 65 页。

所发挥的功用,确实功不可没。这方面可以说是陈独秀在继承前人办刊和翻译文学的基础上,对文学革新方面的创新。陈独秀本人并不擅长诗文小说,但是作为主编,他对编发文学作品有着浓厚的兴趣。陈独秀虽然在《新青年》上除了登载少量的诗歌外,没有创作其他的文学作品,然而,他却是一个积极传播并亲自翻译介绍外国文学的译者。在《青年杂志》上,他是最早著文介绍西方文艺思潮的,第一卷第3号上发表了他的《现代欧洲文艺史谭》,就介绍了西方近代文艺思潮从古典主义、理想主义(浪漫主义)到写实主义(现实主义)、自然主义的演变过程。陈独秀身体力行,在《青年杂志》第一卷第2号中翻译了印度达噶尔的诗歌《赞歌》和美国国歌《亚美利加》。翻译印度的作品,在以前是不多见的,陈独秀起了引领作用。他在"通信"栏中说:"吾国文艺,犹在古典主义、理想主义时代,今后当趋向写实主义。文章以纪事为重,绘画以写生为重,庶足挽今日浮华颓败之恶风。"①陈独秀不仅自己翻译,而且他还组织团结了一批译者,同时也是《新青年》翻译文学的倡导者和组织者,他发动文学革命,以决绝的不容商量的口吻,彻底反对传统文化与文学,张扬个性主义,效仿西方文学,为新文学向现代化的转型,确实起到了筚路蓝缕的先锋作用。文学翻译的作用不能小觑,在翻译手法上,新文化人基本上扬弃了林纾、梁启超等人采用强迫外语迁就汉语的"意译法",而采取直译的翻译手法。因此说,中国现代文艺思潮的演进,几乎是欧洲近现代文艺思潮发展的缩影。

胡适在《文学改良刍议》中提出"八不主义",正面主张书面语与口头语相接近,以白话文学为正宗。朱自清曾在《中国新文

---

① 《青年杂志》第一卷第4号,"通信"栏,1915年12月15日。

学大系·诗集·导言》里指出,新诗运动"最大的影响是外国的影响"。① 美国意象派宣言,即所谓"六原则"中"也有不用典,不用陈腐的套话"②等等。胡适的这些观点可以说有些是来自美国意象派 1915 年的宣言。胡适当时还在美国留学,自然而然地会接触到这种宣言的。陈独秀在《文学革命论》中提出"三大主义",并号召中国文学家仿效卢梭、雨果、黑格尔、歌德、培根、狄更斯、达尔文等宣扬科学与民主的外国思想家和文学家,向"十八妖魔"宣战。这一建设性的主张,体现了新文化人决心脱离古典而追求现代性,并且注重对所登载的外国文学作品思想性的选择。其现代性的主要内涵便是"理性的精神,科学精神,契约精神,批判精神,个体的自主性,自由,平等,博爱,人权等等,"③它与宗法文化,专制主义,封建主义是尖锐对立的,现代性成为中国现代文化与文学思想的主流。可见,陈独秀和胡适的文学主张都受了欧美文学的很深影响,体现文学革命从思想内容到文学形式上都有与以往截然不同的改革。"引证西方的理论成为争夺知识话语权时惯用的话语策略,新文化倡导者们一开始就意识到理论文本对于争取话语的合法权的重要意义,他们凭借其理论话语、经典制造、大量翻译西方文学著作来制作白话文学的合法性术语。"④随着文学革命的不断深入,大量外国作品开始采用白话文进行译介。

---

① 朱自清:《导言》,赵家璧主编,《中国新文学大系·诗集》,上海:上海良友图书印刷公司,1935 年版,第 1 页。
② 赵毅衡:《意象派简介》,《作品与争鸣》,1982 年第 4 期,第 75 页。
③ 雷达:《现当代文学是一个整体》,《当代作家评论》,2005 年第 2 期,第 7 页。
④ 曹而云:《翻译实践与现代白话文运动》,《福建论坛·人文社会科学版》,2004 年第 8 期,第 67 页。

在《新青年》周围的新文学精英知识分子,他们在对知识结构、知识体系不断进行建构的过程中,在对传统文化和伦理的不断批判过程中,在对个人主体意识的不断完善和人的文学观的确立中,他们的现代价值观念也得到了体现和确立。在如何看待个人与国家、个体与社会、自由权力与义务等等价值体系中的关系时,他们不像晚清一代知识分子那样,以持守国家主义的宏观理念为己任,认为国权重于人权,国家的命运替代个人的命运,而他们所真正探寻的是现代自我身份、自我价值在充满现代气息的文化语境中得到确立和认同。他们所倡导和宣扬的以白话为正宗吸收西欧文法的新文学,经过精英们的努力和不断地实践,也终于在五四以后成为现代社会中文学与文化的主要言说方式。

二、新文学的理论建树与批评观的形成

胡适的《文学改良刍议》首先提出以白话为新文学改革的正宗。这里的白话文,是指现代白话文,与梁启超、黄遵宪、裘廷梁等人所提倡的"崇白话废文言"的"新文体"相比有很大的不同。胡适在文章中提出了著名的"八不主义",他说:"吾以为今日而言文学改良,须从八事入手。八事者何? 一曰,须言之有物。二曰,不摹仿古人。三曰,须讲求文法。四曰,不作无病之呻吟。五曰,务去烂调套语。六曰,不用典。七曰,不讲对仗。八曰,不避俗字俗语。"关于新文学创作,胡适认为:"今日之中国,当造今日之文学,不必摹仿唐宋,亦不必摹仿周秦也。"他还认为,言之有物的"物"是指"情感"和"思想"。他说:"情感者,文学之灵魂。文学而无情感,如人之无魂,木偶而已,行尸走肉而已。""吾所谓'思想',盖兼见地、识力、理想三者而言之。思想不必皆赖文学

而传,而文学以有思想而益贵。思想亦以有文学的价值而益贵也。"①胡适发表这篇文章时是以商榷的口吻写的,而陈独秀的《文学革命论》则是以不容反驳的语气而成。文章开篇就介绍近代欧洲文明史从何处而来,答案是由革命所赐。然后提到关于文学革命,已经酝酿很久,由朋友胡适充当首举义旗的急先锋,自己则高涨"文学革命军"的大旗,旗上书写着革命军三大主义,也就是陈独秀掀起文学革命的纲领,即"曰推倒雕琢的阿谀贵族文学,建设平易的抒情的国民文学;曰推倒陈腐的铺张的古典文学,建设新鲜的立诚的写实文学;曰推倒迂晦的艰涩的山林文学,建设明了的通俗的社会文学。"②文中陈独秀列举了"失独立自尊之气象"的贵族文学,"失抒情写实之旨"的古典文学,"自以为名山著述"的山林文学的种种弊端,倡导具有平易的抒情的国民文学,新鲜的立诚的写实文学,明了的通俗的社会文学。这两篇文章的发表,定位了文学革命的方向和目标,使新文学运动得以迅速开展。一场运动的方向明确之后,就必须深入到对诸多具体问题的分析之中。

《新青年》出到第三卷之后,白话文的积极倡导者都注意到了具体的改革问题,不少文章对此都进行了深入细致地探究,并提出了有益的改革方案。包括对小说、诗歌、戏剧、散文等方面都提出了许多革新的意见。他们都是边创作边探讨,以文学创作体验辅助理论的形成,同时又以文学理论进一步来指导创作。如刘半农的《我之文学改良观》、③《应用文之教授》、④钱玄同的《论应

---

① 胡适:《文学改良刍议》,《新青年》第二卷第 5 号,1917 年 1 月 1 日。
② 《文学革命论》,《新青年》第二卷第 6 号,1917 年 2 月 1 日。
③ 《新青年》第三卷第 3 号,1917 年 5 月 1 日。
④ 《新青年》第四卷第 1 号,1918 年 1 月 15 日。

用文亟宜改良》、①傅斯年的《文言合一草议》、②欧阳予倩的《予之戏剧改良观》、③胡适的《论短篇小说》、④《文学进化观念与戏剧改良》⑤都极为细致地对改革的内容进行了具体的分析。

刘半农是最早认识到文言中也不乏蕴涵浑厚,表达雅洁的词汇,完全可以将文言词汇掺入白话,这只会增强白话语言的表现力。因此,在新文学运动之初,他就提出"文言、白话可以暂处于对待的地位。""以二者各有所长、各有不相及处,未能偏废故。"⑥钱玄同与陈独秀一样,也是最早对《文学改良刍议》作出反响者之一。《文学改良刍议》发表当月,他便写信给陈独秀,认为该文中"主张白话体文学说,最精辟。"信中话语不多,却抓住了胡适文章中最有价值的思想。钱玄同以"古人用古语,今人用今语"的口号来注释"白话体文学说"。抛却"八不主义"中的其他七项,只是强调其中第八项的"白话体文学说"的思想。这个"古今一体,言文合一"的"白话体文学说"对于文学革命具有极为重要的意义,"它有力地推动了胡适倡导的白话文学理论体系的最后完成,以摧枯拉朽之势摧毁了阻碍言文合一的文派——桐城、选学派,为建设新文学确定了一个明白无误的目标。"⑦因此,钱玄同的"白话体文学说"后来演化成胡适文学革命思想的基本理论。在《新青年》第四卷第 4 号,胡适发表了《建设的文学革命

---

① 《新青年》第三卷第 5 号,1917 年 7 月 1 日。
② 《新青年》第四卷第 2 号,1918 年 2 月 15 日。
③ 《新青年》第五卷第 4 号,1918 年 10 月 15 日。
④ 《新青年》第四卷第 5 号,1918 年 5 月 15 日。
⑤ 《新青年》第五卷第 4 号,1918 年 10 月 15 日。
⑥ 刘半农:《我之文学改良观》,《新青年》第三卷第 3 号,1917 年 5 月 1 日。
⑦ 沈永宝:《论钱玄同的"白话体文学说"》,《复旦学报》(社会科学版),2000 年第 3 期,第 27 页。

论》,提倡"国语的文学"和"文学的国语",进一步深化了他的新文学主张,把原来的"八不主义"重新解释成:"要有话说,方才说话","有什么话,说什么话;话怎么说,就怎么说","要说我自己的话,别说别人的话","是什么时代的人,说什么时代的话"。在这里,胡适把对新文学的主张说得非常清楚、透彻,坚定地表明白话为新文学正宗的立场。

关于陈独秀的《文学革命论》,其中提到的反对贵族文学、古典文学两个词汇,有学者探讨出是受法国启蒙主义思潮的影响,法国启蒙主义思潮中就有反对"贵族文学"、"古典文学"两项:"如果以法国启蒙主义文学做比照,会发现《文学革命论》中的主要价值评判准则几乎都可以在该文学思潮中找到对应的关系。能显示出二者关系的突出标志是,在《文学革命论》中反复出现的两个关键词——古典文学、贵族文学,也正是法国启蒙主义文学中的两个关键词。"①他所说的"平易的抒情的国民文学"、"新鲜的立诚的写实文学"和"明了的通俗的社会文学"②是一种"实利的而非虚文的"、"科学的而非想像的"③具有平民意识的启蒙性质的文学,也就是18世纪法国启蒙主义文学中的那个对现实具有初步觉醒意义的现实主义文学。

文学是陈独秀思想体系中的一个重要构成部分,尽管在他心目中政治第一,文学第二,他的文学观念和文学主张,是与其政治、伦理主张相联结的。陈独秀由《甲寅》月刊时期的注重个人主体性,强调自我意识,突出个人本位的文学观,到《文学革命

---

① 乔国强、姜玉琴:《法国启蒙思想与陈独秀的文学观》,《中国现代文学研究丛刊》,2005年第3期,第224页。

② 陈独秀:《今日教育之方针》,《青年杂志》第一卷第2号,1915年10月15日。

③ 陈独秀:《敬告青年》《青年杂志》第一卷第1号,1915年9月15日。

论》中对传统文学的彻底抨击,他理想中的新文学应该是既不模仿古人,又不铺张堆砌、矫揉造作,而注重写实和"写世"的白话文学。直到"白话文学运动"胜利之后,陈独秀还强调:"白话若是只以通俗易解为止境,不注意文学的价值,那便只能算是通俗文,不配说是新文学。"①在陈独秀的心目中,文学的价值就是文学所具有的社会功利性。这与梁启超在《新民丛报》上对边沁功利主义宣传,以及《甲寅》月刊时期,章士钊及同人们对于边沁、穆勒和霍布豪斯等人的政治上功利主义学说的宣传译介有关。陈独秀在与《东方杂志》记者的辩论中,大胆宣称:"余固彻头彻尾颂扬功利主义者","虽最狭之功利主义","余亦颂扬之"。他认为在政治上"功利主义所谓权利主张,所谓最大多数之最大幸福等,乃民权自由立宪共和中重要文件。"②同时,他在伦理上,更在文学上也主张带有功利主义、实用主义,即以人的文学、为人生为目标的文学创作。而胡适则受杜威实验主义的影响,将实验主义引进其白话文学理论的建构中,这是胡适的文学功能观,他认为白话文学应该注重适用或实用,也就是适用于社会和时代发展的需要。胡适一直以明白浅显为文学的第一要义,"明白如话"是他所追求的白话文学的境界,认为"真实性"的文学属性非常重要,忽视了想象、虚构和情感。这也是胡适与陈独秀在文学改良观上的不同之处。

《新青年》从4卷1号开始使用白话和新式标点,第一篇使用白话创作的各种体裁文章有:胡适创作了第一首白话诗《朋

---

① 陈独秀:《新文化运动是什么?》,《新青年》第七卷第5号,1920年4月1日。
② 陈独秀:《再质问〈东方杂志〉记者》,《新青年》第六卷第2号,1919年2月15日。

友》①,鲁迅创作了第一篇白话小说《狂人日记》②。胡适写作了第一部白话剧本《终身大事》③。4 卷 4 号上开设的"随感录"专栏,成为早期议论性白话散文的发源地。胡适用白话翻译了小说《二渔夫》④。刘半农用白话翻译了戏剧《琴魂》⑤。周作人用白话翻译诗歌《古诗今译·牧歌》⑥。《新青年》还探讨了白话文的使用范围从文学扩展到应用文的领域,钱玄同第一次提出了应用文的"改革之大纲十三事"⑦,其中最重要的一条是书写语言都要"以国语为之",陈独秀表示赞成。接着刘半农在《应用文之教授》⑧中同意钱玄同的观点,并且还详细规定了应用文从选、讲、出题到批改等一系列教授的具体措施。傅斯年的《文言合一草议》⑨,对白话彻底取代文言的方案做了进一步的设计,并提出了十项改革方略、八项改革原则。他在《怎样做白话文》中说:"现代白话不仅仅只是白话,更重要的是它是现代的,它是融合古今中外的语言而成,在词汇上远比作为民间口语的白话要丰富,能够表达现代人的思想。所以决不能把五四白话简单地等同于古代白话。"⑩白话文在所有领域取代文言成为一种事实。

傅斯年在建设新白话文方面是比较用心者之一。他的《文学革新申议》、《文言合一草议》《怎样做白话文》都产生过较大影

---

① 《新青年》第二卷第 6 号,1917 年 2 月 1 日。
② 《新青年》第四卷的 5 号,1918 年 5 月 15 日。
③ 《新青年》第六卷第 3 号,1919 年 3 月 15 日。
④ 《新青年》第三卷第 1 号,1917 年 3 月 1 日。
⑤ 《新青年》第三卷第 4 号,1917 年 6 月 1 日。
⑥ 《新青年》第四卷第 2 号,1918 年 2 月 15 日。
⑦ 《新青年》第三卷第 5 号,1917 年 7 月 1 日。
⑧ 《新青年》第四卷第 1 号,1918 年 1 月 15 日。
⑨ 《新青年》第四卷第 2 号,1918 年 2 月 15 日。
⑩ 高玉:《语言运动与思想革命》,《文学评论》,2002 年第 5 期。

响。尤其是在《怎样做白话文》中，他还特别申明了自己讨论的范围。"我所讨论的范围，限于无韵文。……又无韵文里头，再以杂体为限，仅当英文的 Essay 一流。其余像小说，不歌的戏剧，本是种专门之业，应当让专家研究他的做法，也不是这篇文章能够概括的。请读者注意我所讨论的，只是散文———解论（Earration）辩议（Augumentation）记叙（Narration）形状（Description）四种散文，———没有特殊的文体。"①傅斯年认为只有欧化才能实现新文学"人化"的目标。西方文学的文学观念、审美意识、情感表现等都将成为中国现代文学的参照系统，中介则为翻译实践。他说："要是想成为独到的白话文，超于说话的白话文，有创造精神的白话文，与西洋文同流的白话文，还要在乞灵说话以外，再找出一宗高等凭借物。这高等凭借物是什么，照我回答，就是直用西洋文的款式，文法，词法，句法，章法，词枝……。一切修辞学上的方法，造成一种超于现在的国语，欧化的国语，因而成就一种欧化国语的文学。"②他反复强调，我们的理想，是使国语受欧化。关于将来的白话文应该是什么样子，傅斯年说："我们对于将来的白话文，只希望他是'人的'文学，但是这道理说来容易，做去便觉得极难。幸而西洋近世的文学，全遵照这条道路发展：不特将他的大地方是求合人情，就是他的一言一语，一切表词法，一切造作文句的手段，也全是'实获我心'。我们径自把他取来，效法他，受他的感化，便自然而然的达到'人化'的境界，我们希望将来的文学，是'人化的文学'，须得先使他成欧化的文学，就现在

---

① 傅斯年：《怎样做白话文》，《新潮》第一卷第 2 号，1919 年 2 月 1 日，第 170 页。

② 傅斯年：《怎样做白话文》，《新潮》第一卷第 2 号，1919 年 2 月 1 日，第 176 页。

的情形而论,'人化'即欧化,欧化即'人化'。"①所以说,新文化运动时期建设的白话文学,是"欧化"了的白话文,它虽然采用俗语俚语,但是这种白话文的水准还是远远高于底层大众的接受能力,从中可以看出它有着很强的精英和学理色彩。

《新青年》还进行了白话诗歌和白话戏剧创作的探讨,促进了其理论的发展。以戏剧讨论为例,《新青年》有关白话戏剧的讨论,最早出现在第5卷第4号上。这里有胡适的《文学进化观念与戏剧改良》、傅斯年的《戏剧改良各面观》、欧阳予倩的《予之戏剧改良观》等等,这些文章使得这一号又几乎成了"戏剧改良专号"。胡适主张新戏要引入"悲剧的观念",进行"经济"的表现。② 傅斯年认为新剧剧本"还要自己编制,但是不妨用西洋剧本做材料,采取他的精神,弄来和中国人情合拍了,就可应用了。换一句话说来,直译的剧本,不能适用,变化形式,存留精神的改造本,却是大好"。③ 欧阳予倩则提出新剧本"贵能以浅显之文字,发挥优美之理想。无论其为歌曲,为科白,均以用白话,省去骈俪之句为宜。"④这些都是中国最早的现代戏剧理论。总之,他们创造的戏剧观念就是张扬个性,推崇为人生的写实主义戏剧观,倡导悲剧观念和进化观念。

对新文学的创作目标,周作人提出了"人的文学"和"平民文学"观,把个体的人,作为"人",如他所说的"一种个人主义的人间本位主义",以人道主义为本,研究人生各种问题,从而把"思

---

① 傅斯年:《怎样做白话文》,《新潮》第一卷第2号,1919年2月1日,第180页。

② 胡适:《文学进化观念与戏剧改良》,《新青年》第五卷第4号,1918年10月15日。

③ 傅斯年:《戏剧改良各面观》,《新青年》第五卷第4号,1918年10月15日。

④ 欧阳予倩:《予之戏剧改良观》,《新青年》第五卷第4号,1918年10月15日。

想革命"和"文学革命"结合起来,"人的文学"观成为五四新文学运动的理论旗帜,开始使文学创作对象和主题由"我们"向"他们"转变,各种文学体裁在实践中都经历了多次的讨论,对所创作的经验进行总结,创作类型已经确定,同时也基本上形成了五四新文学的批评观。罗家伦在《近代中国文学思想的变迁》中说:"国语文学的精神就是'人生化'的精神。""思想革命是文学革命的精神,文学革命是思想革命的工具,二者都是去满足'人的生活'的。"①胡适在《五十年来中国之文学》中谈到:"民国六年的《新青年》里有许多讨论文学的通信,内中钱玄同的讨论很多可以补正胡适的主张。"②胡适接受了钱玄同的批评观点,进而纠正了自己早期倡导新文学理论上的偏颇。

关于什么是新文学,也体现了五四新文学批评观。李大钊在《什么是新文学》一文中,明确地把"新文学"进行了界定:"我的意思以为刚是用白话作的文章,算不得新文学;刚是介绍点新学说、新事实,叙述点新人物,罗列点新名辞,也算不得新文学。"那么真正的"新文学"应该是:"我们所要求的新文学,是为社会写实的文学,不是为个人造名的文学;是以博爱心为基础的文学,不是以好名心为基础的文学;是为文学而创作的文学,不是为文学本身以外的什么东西而创作的文学。""洪深的思想、学理,坚信的主义,优美的文艺,博爱的精神,就是新文学新运动的土壤、根基。"③可以说,李大钊对"新文学"内容与功能性质的正确而全面

---

① 罗家伦:《近代中国文学思想的变迁》,《新潮》第二卷第5号,1920年9月,第878、879页。

② 胡适:《五十年来中国之文学》,《胡适学术文集·新文学运动》,北京:中华书局,1993年版,第152页。

③ 李大钊:《什么是新文学》,《星期日周刊》"社会问题号",1920年1月4日。

的界定,纠正了先前新文学创作与理论中出现的偏颇,形成了现代文学崭新的文学批评观。《新青年》在五四时期产生了巨大反响,潘公展在《关于新文学的三件要事》的信中对《新青年》作了中肯的评价:"《新青年》是今日国中一线的曙光;要拯救中国的青年,跳出旧家庭社会束缚的势力,重新做他们的'人',全靠这《新青年》了。"①《新青年》以文学作为载体,与《甲寅》月刊一样,都体现了注重学理的精英倾向,也就是说新文学创作和文学翻译作为新文学运动的载体,把文化运动更为深入地进行到思想领域,并从理论上得以阐释。

---

① 潘公展:《关于新文学的三件要事》,《新青年》第六卷第 6 号,1919 年 11 月 1 日。

结　语

综上所述，从《甲寅》月刊到《新青年》，既是对清末民初启蒙思潮的承继与超越，同时，《新青年》在诸多方面是对《甲寅》月刊的承续与发展，《甲寅》月刊无意识中对新文学的提倡，进而催生了新文学。《新青年》在前此基础上，建设了新文学，确立了"人的文学观"，采用了新式的"欧化"的白话文，真正启动了新文学运动。这期间，《甲寅》月刊对《新青年》所起的作用和影响，不能低估，两刊物之间确实有着千丝万缕的联系。常乃德在20世纪20年代末就认识到："新文化运动萌芽于《甲寅》时代，产生于《新青年》时代，而到"五四"以后才算成熟。"①这样的结论不是空穴来风，是有着历史的史实作为依据的。

从近代历史上看，中国知识分子对民族命运的探求，主要是先从政治思想层面打开，况且思想层面的探求又呈现了不同层面，每一个层面所展示的实质意义与作用都有所不同，由政治思想观念的转变互动着文学思想观念的变化。从严复与梁启超、章士钊与陈独秀、《甲寅》月刊与《新青年》，这种发展变化有着"多

---

① 常乃德：《中国思想小史》，葛兆光导读，上海：上海古籍出版社，2005年版，第141页。

层次"性。新文学就是在对旧有的政治、思想、文学理念的不断扬弃后,生发出不同于往昔的生长空间,其深度与广度的展现都各有所不同。胡适说过:"文学者,随时代而变迁者也。一时代有一时代之文学。"①确实如此,五四新文学的诞生和发展,就是缘于对清末民初启蒙思潮与文学观念的承继与不断更新的基础上而展开的。也就是说,没有政治思想和观念上的更新,就不会带来文学观念上的更新。民初以后的知识精英肩负着启蒙与革命的双重使命,承担着政治文化革新和社会民众思想革新等任务,由政治到思想到文学,他们不断地探索,不断地实践,最终进行了思想和文化文学领域里的一场大革命,使得传统观念中的小道文学获得了正宗的地位。

当历史的时针指向 1914 年 5 月 10 日时,《甲寅》月刊诞生了。它虽然存在的时间仅仅有一年零五个月,但它犹如耀眼的流星一样,虽然短暂,但毕竟在近代历史发展的轨道上,留下了不可磨灭的足迹。"《甲寅》毕竟是以政论为特色的刊物,它本身不能适应新文化运动的需要。《甲寅》的主要编者章士钊看重了政制的作用。要想通过政制改革来实现民主政治。他没有能从更深的层次上来考虑中国的问题。当着时代需要继续前进时,他没有跟上时代的步伐。"②因此,不能因为章士钊在 20 年代任段祺瑞政府司法总长和教育总长时,对学生运动的镇压,抑或是签署了制止学生运动和解散女校的命令,就遮蔽和否定了他在清末曾是一个激进狂热的革命者,任《苏报》主笔,主编《国民日日报》时,

---

①　胡适:《文学改良刍议》,《新青年》第二卷第 5 号,1917 年 1 月 1 日。
②　岳升阳:《〈甲寅〉月刊与〈新青年〉的理论准备》,《清华大学学报(哲学社会科学版)》,1989 年第 1 期,第 36 页。

与黄兴等共创"华兴会",大力鼓吹、宣传反清排满,参加以暗杀为主的"爱国协会",主笔《民立报》,创办《独立周报》等,以及在《甲寅》月刊时期,变得理性平和,由国权论者转变成民权论的倡导,对中国民主革命所做的应有贡献。

　　章士钊倡导的"有容"的政治思想,也引导着他编辑《甲寅》月刊的办刊思想。自由主义是《甲寅》月刊的思想根基,从第1期上就表现出来,决定了刊物成为民初进步知识分子的公共话语空间,从办刊宗旨可以看出,章士钊和同人是想创建一种超越党派政治的论坛,而不是办一党之刊物,争一党之私利。章士钊与同人一起,调整了个人与国家之间的关系架构,在创刊号上他把严复列举为自己的理论对手,重新捍卫卢梭的"天赋人权说",从理性层面倡导人权、民主、自由,强调自我意识,因此,从《甲寅》月刊到《新青年》的先进知识分子,通过对早期国家主义立场的质疑和批判,进而全力高张个人主义的大旗,使得中国现代思想、文化与文学获得了一个新的起点,并进入到了新的理性层面。

　　在文学方面,《甲寅》月刊虽然都是采用文言笔法,但章士钊及其同人改变了以往的"文以载道"的文学观,并且在其创作的小说中注重"身历耳闻",体现了由群体到个体的探求。"人生最难解之问题有二,曰死,曰爱","知人生之真,使不即得,不死何待?"章士钊与陈独秀一起,对苏曼殊小说表达的对以死为结局的爱情至上观念大加赞赏。陈独秀在此基础上更加注重个人的人生况味,强调个人的自觉性和主体性。胡适翻译小说的价值选取,老谈的类型小说的不断尝试与探索,程演生的小说将多种创作手法融合在一起的试验,等等,这些小说在叙事策略和艺术建构上,都有许多方面的新探求。诗歌方面,采用近体诗创作,虽然在形式上没有太大的突破,但都是面对现实抒己情怀,咏怀、咏史、记游、送别等诗,不同程度地再现了袁世凯篡夺辛亥革命果实后,知识分子那种无奈、悲愤、感怀、伤感、思索、憧憬等情怀。散文方面,杂录时事,也是实录见闻,前清掌故,学术日记等,内容丰富多彩,各色人等,奇闻异事,名人轶事,无不包容。章士钊的"逻辑体"的政论文章,深深地影响着李大钊和高一涵,这种"逻辑文学"与《新青年》"随感录"中的杂文不能说没有渊源关系。

从文学方面对《甲寅》月刊进行全面梳理,目前还没发现有人做过,虽然文学活动不是《甲寅》月刊的办刊重点,但从所登载的文学作品中,尤其是小说,确实能体现文学变革的新因素的呈现,这种变革是一种暗流涌动,因为这里没有梁启超倡导"新小说"时期的大张旗鼓,也没有具体的文学理论作指导,都是作者在默默地尝试着,不深入细致分析是很难发现的。《甲寅》月刊作者们在文学创作题材、体裁、叙事模式和叙事结构等方面,为新文学的诞生输送了新的一定能量。没有这过渡时期的探索,想完全改变文学旧有的面貌必不可能。

五四新文学与《甲寅》月刊一样,具有着开放的文学姿态,提出什么是"人的文学"和"非人的文学",确立了"人的文学观",这既是文学革命的要求,也是救亡图存运动的产物,进而发展成为"为人生的文学"。"人"的价值的被发现,是对建立在"个体"本身的独立、自由和幸福意义基础之上的界定和阐释。胡适与陈独秀的文学改良与文学革命,使得倡导白话文学成为文学的正宗。对于"白话文"的讨论,调动了新文化人的积极性,具有其理论意义,同时又把整个文坛对思想观念和文化传统的评判整合起来,突出了白话文学的重要性。与《甲寅》月刊相比,《新青年》对翻译文学的作者、题材、体裁、国别、文学价值等不断地进行了拓展,向读者打开了更多扇通向世界并认识世界的新窗口,进而定位了新文学的价值,亦即以白话为正宗吸收西欧文法的新文学。《新青年》的同人们对白话文学的纷纷探讨,表达了现代人的思想,丰富了新文学的内容,建构了新文学理论和文学批评观,提出了新文学是为社会写实、以博爱心为基础、为文学而创作的文学。

此外,对于《甲寅》月刊和《新青年》所登载的广告进行分析,从中梳理和归纳出两个刊物有着共同的注重学理的精英倾向,同时,又有着很强的承续性,对这方面的挖掘,目前还没有人整理过。笔者认为,从《甲寅》月刊和《新青年》广告登载上,既能看出其杂志本身所具有的特性,同时,研究《甲寅》月刊与新文学的关系,或者说《新青年》与《甲寅》月刊的渊源关系,此方面研究不能不说也是彰显这种承续关系的一个方面,固然也有着重要的学术价值和意义。

《甲寅》月刊一如水晶体,多面折射,是民初大力介绍、传播西方文化思想的主要阵地,是先进知识分子从理论上反思辛亥革命、提出和阐释自己思想的公共话语空间。众多《甲寅》月刊的编辑和作者最后都聚集到《新青年》周围(以高一涵、李大钊、易白沙、苏曼殊、刘叔雅、陶履恭等为代表)。《甲寅》月刊对《新青年》起到承上启下和传播媒介的重要作用,不可忽视。在很大程度上说,没有《甲寅》月刊诸多方面的铺垫,就不会有《新青年》的政治、学理、学术思想的继续发展,或者说新文学运动不会那么早发生。它为中国古代文学画上了一个有力的句号,又为五四新文学的发生和发展开拓和刷新着道路。同时,《甲寅》月刊本身就是一个光辉的文学时期,并且在文学上留下了历史时期的纪录。尽管旧的文学格局依然存在着,但在表层之下却汹涌着新的文学暗流。正如梁启超认识到自己所处的为过渡时代一样,他认为

"有进步则有过渡,无过渡亦无进步。"①要过渡就应该有革命,无论是政治革命还是思想革命、文化领域里的革命,这样才能进步。黄远庸在《想影录》的"过渡时代之悲哀"中说:"今日吾曹不新不旧,不中不西。""旧者既已死矣,新者尚未生,吾人往日所奉为权威之宗教道德学术文艺,既已不堪新时代激烈之风潮。"②清醒的进化论思想,过渡时代,新旧更替,既有悲哀,也有去旧更新的喜悦,新事物势必对旧事物摧枯拉朽,这是历史潮流,事物发展规律所致。关键是找准在过渡时代所处的位置和所应起到的作用。这样看来,每一个时代都属于过渡时代,在历史长河中都只有那短暂的一瞬间。"《甲寅》杂志为新文化运动搭起了知识分子活动的舞台,而《新青年》则随之唱起了主角,领导了新文化运动。"③《甲寅》月刊就是民初到五四新文化运动的一个过渡平台,它承载着经历过清末民初民主革命的一代进步知识分子新的探索和梦想。

可见,《甲寅》月刊和《新青年》都分别承担了不同的重要的历史使命,并且在中国近现代文化思想史上有着极为重要的价值和地位,扮演了不同的角色。《青年杂志》在创刊之初,完全承续着《甲寅》月刊的模式,与《甲寅》月刊一样,1917 年以前也是完全用文言文,这意味着它也只面向受过良好教育的少数的中国青年读者,并且它在思想理论上也没有重大的突破。尽管它后来的影

---

①　梁启超:《过渡时代论》,《饮冰室合集》(专集第三册),上海:中华书局,1989年版,第 27 页。

②　黄远庸:《想影录》,《远生遗著》卷一,上海:商务印书馆,1937 年版,第 161页。

③　闵锐武:《〈甲寅〉杂志与〈青年杂志〉的渊源关系》,《河北师范大学学报》(哲学社会科学版),2001 年第 3 期,第 68 页。

响远远超过《甲寅》月刊,但它与《甲寅》月刊的渊源关系,不能被掩埋掉。新文化运动的大旗是由《新青年》同人们举起的,"他们克服了《甲寅》政制救国论的局限,提出了思想和伦理层次的问题,把重点转向国民性的改造。而《甲寅》所提供的理论准备,又使他们克服了其他救国论在对待旧伦理上的调和的或维护的态度,对于旧的封建伦理展开了激烈的批判,并用新思想、新观念来造就青年,使新文化运动蓬勃兴起。"①对于五四新文化运动,"人"的问题的被发现意味着普通人的生存意义的被发现和被肯定,大张旗鼓地提倡尊重个体生命的权利,倡导个性主义,"人的文学观"的确立,使得近代中国的思想史和文学史发展由此进入了一个新的时期。五四新文学具有着宽广的艺术胸襟和蓬勃的生命内容,这与《新青年》秉承着《甲寅》月刊时期所开创的自由主义标尺有关。它能反映进步知识界新的伦理价值和审美价值,有着全新的文学素质,并且驻扎到人的心灵深处。五四启蒙思想的大门继续敞开着,引领着人们向着美好的未来迈进,并且将会一直沿袭下去。因此,可以肯定地说,如果没有与《甲寅》月刊这种千丝万缕的联系,《青年杂志》就不可能于1915年9月诞生,没有这些因缘际会,新文学的萌生就不会这么顺理成章。

　　《甲寅》月刊中黄远庸对新文学的预言:"远意当从提倡新文学入手。"②而《新青年》对《甲寅》月刊的回应评价是:"输入政治之常识,阐明正确之原理,且说理精辟"。③《新青年》与《甲寅》月刊相互之间的钟情作用,在其他刊物之间所没有的。总之,从

---

　　① 岳升阳:《〈甲寅〉月刊与〈新青年〉的理论准备》,《清华大学学报(哲学社会科学版)》,1989年第1期,第36页。

　　② 黄远庸:《释言》,《甲寅》月刊第一卷第10期,1915年10月10日。

　　③ 《新青年》第二卷第2号,"通信"栏,1916年10月1日。

《甲寅》月刊到《新青年》，既体现了清末以来西方民主、自由、科学思想的影响和中国民族思想的变化，也反映了辛亥革命后知识分子政治、思想上发生的变化，随着时代的变化，思想与文学也跟着不断地变革。两刊物都具有注重学理的精英倾向，《甲寅》月刊对新文学的无意识提倡，却催萌了新文学，对这一过程的梳理研究，使我们对《新青年》诞生的直接缘起有了更进一步的认识，同时对新文化运动的思想特征及全面发动有了更为清晰的把握，是对清末民初"救国论"局限的克服，从根本上认识五四新文学的精神，拓展了对五四新文学发生期的研究，全面地了解和把握新文学的立场和格局。从而使我们加深了对近代中国思想流变和文学观念演变的认识和了解。因此，研究《甲寅》月刊以及从《甲寅》月刊到《新青年》的发生发展，从政治思想到文学观念的变革，无不影响着新文学，探讨《甲寅》月刊与《新青年》以及与新文学的渊源关系，是近代思想史和文学史研究中不可缺少的一环，为新文学发生根源论域的探讨更全面、更宽阔，更有新意，笔者作出力所能及的有益探索。

参考文献

一、近现代期刊文献

1. 梁启超主编:《时务报》,1896 年 8 月创刊,上海。

2. 梁启超主编:《清议报》1898 年创刊,日本横滨。

3. 梁启超主编:《新民丛报》,1902 年 1 月创刊,日本横滨。

4. 梁启超主编:《新小说》,1902 年 10 月创刊,日本横滨。

5. 章士钊主编:《苏报》,1903 年 5 月 27 日,上海。

6. 章士钊主编:《国民日日报》,1903 年 8 月 7 日创刊,上海。

7. 杜亚泉主编:《东方杂志》,1904 年 1 月创刊,上海。

8. 陈独秀主编:《安徽俗话报》,1904 年 3 月创刊,安徽芜湖。

9. 章太炎主编:《民报》,1905 年创刊。

10. 李伯元主编:《绣像小说》,1903 年 5 月创刊,上海。

11. 汪维父主编:《月月小说》,1906 年 9 月创刊,第 4 期开始由吴研人、周桂笙合办,上海。

12. 黄摩西主编:《小说林》,1907 年 2 月创刊,上海。

13. 王蕴章主编:《小说月报》,1910 年 7 月创刊,上海。

14. 于右任主编:1910 年 10 月创刊,章士钊主编:《民立报》1912 年 2 月,上海。

15. 梁启超主编:《庸言》,1912 年创刊,1914 年 2 月第二卷第 1、2 号合刊改为由黄远庸主编,天津。

16. 章士钊主编:《独立周报》,1912 年 9 月创刊,上海。

17. 章士钊主编:《甲寅》月刊,1914 年 5 月创刊,日本东京。

18. 陈独秀主编:《青年杂志》(第二卷为《新青年》),1915 年 9 月创刊,上海。

19. 章士钊主编:《甲寅》日刊,1917 年 1 月创刊,北京。

20. 傅斯年主编:《新潮》,1919 年 1 月创刊,北京。

21. 章士钊主编:《甲寅》周刊,1925 年 6 月创刊,北京。

二、图书文献

1. 章行严选:《名家小说》(上中下),上海:亚东图书馆,1916 年版。

2. 梁启超:《清代学术概论》,上海:商务印书馆,1921 年版。

3. 陈独秀:《独秀文存》,上海:亚东图书馆,1922 年版。

4. 章士钊:《甲寅杂志存稿》,上海:商务印书馆,1922 年版。

5. 黄远生:《远生遗著》,上海:商务印书馆,1927 年版。

6. 陈子展:《中国近代文学之变迁》,上海:中华书局,1929 年版。

7. 王森然:《近代二十家评传》,北京:北京古震书局,1934 年版。

8. 郑振铎主编:《中国新文学大系·文学论争集》,上海:上海良友图书公司,1935 年版。

9. 赵家壁主编:《中国新文学大系(第一集)·建设理论集》,上海:良友图书印刷公司,1935 年版。

10. 张若英:《中国新文学运动史资料》,上海:光明书店,1936 年版。

11. 郑振铎:《中国俗文学史》(上下),北京:商务印书馆,1938 年版。

12. 蔡元培等著:《中国新文学大系导论集》,上海:良友图书公司,1945 年版。

13. 张静卢辑注:《中国近代出版史料初编》,北京:三联出版社,1953 年版。

14. 阿英:《晚清小说史》,北京:作家出版社,1955 年版。

15. 张静卢辑注(补编):《中国出版史料》,北京:中华书局,1957 年版。

16. 中国科学院历史研究所三所编:《五四运动回忆录》,北京:中华书局,1959 年版。

17. 李大钊:《李大钊选集》,北京:人民出版社,1959 年版。

18. 中共中央马克思恩格斯列宁斯大林著作编译局研究室编著:《五四时期期刊介绍》,北京:人民出版社,1959 年版。

19. 张丹、王忍之编:《辛亥革命前十年间时论选集》(总三卷),北京:三联书店,1960 年版。

20. 中国人民政治协商会议全国委员会文史资料研究委员会编:《辛亥革命回忆录》(1—8 卷),北京:中华书局,1961 年版。

21. 钱钟书:《林纾的翻译》,北京:商务印书馆,1981 年版。

22. 刘献彪、林治广编:《鲁迅与中日文化交流》,长沙:湖南人民出版社,1981 年版。

23. 唐振常:《章太炎吴虞论集》,成都:四川人民出版社,1981 年版。

24. 鲁迅:《鲁迅全集》,北京:人民文学出版社,1981 年版。

25. 蔡尚思主编:《中国现代思想史资料简编》(五卷),杭州:浙江人民出版社,1982 年版。

26. 方汉奇:《中国近代报刊史》,陕西人民出版社,1982 年版。

27. 王长新:《日本文学史》,长春:外语教学与研究出版社,1982 年版。

28. 薛绥之、张俊才:《林纾研究资料》,厦门:福建人民出版社,1982 年版。

29. 丁守和编:《辛亥革命时期期刊介绍》,北京:人民出版社,1982 年版。

30. 汪原放:《回忆亚东图书馆》,上海:学林出版社,1983 年版。

31. 胡绳武、金冲及:《从辛亥革命到五四运动》,长沙:湖南人民出版社,1983 年版。

32. 中南地区辛亥革命史研究会:《纪念辛亥革命七十周年青年学术讨论会论文选》(上中下),北京:中华书局,1983 年版。

33. 曾乐山:《五四时期陈独秀思想研究》,福州:福建人民出版社,1983 年版。

34. 中华书局编辑部编:《纪念辛亥革命七十周年学术讨论会文集》(全三册),中华书局出版,1983 年版。

35. 曾小逸主编:《走向世界文学 中国现代作家与外国文学》,长沙:湖南人民出版社,1985 年版。

36. 王铁仙编:《新文学的先驱〈新青年〉、〈新潮〉及其他作品选》,上海:华东师范大学出版社,1985 年版。

37. 赵清、郑诚编:《吴虞集》,成都:四川人民出版社,1985 年版。

38. 梁启超:《中国近三百年学术史》,朱维铮校注,《梁启超论清学史二种》,上海:复旦大学出版社,1985年版。

39. 梁容若:《中日文化交流史论》,北京:商务印书馆,1985年版。

40. 柳亚子编:《苏曼殊全集》(1—5卷),北京:北京市中国书店,1985年版。

41. 刘中树:《鲁迅的文学观》,长春:吉林大学出版社,1986年版。

42. 曹聚仁:《中国学术思想史随笔》,生活·读书·新知三联书店,1986年版。

43. 任访秋:《中国新文学渊源》,郑州:河南人民出版社,1986年版。

44. 中山大学中文系主编:《中国近代文学的特点性质和分期》,广州:中山大学出版社,1986年版。

45. 胡适:《白话文学史》,长沙:岳麓书社,1986年版。

46. 梁漱溟:《东方学术概观》,成都:巴蜀书社,1986年版。

47. 赵园:《艰难的选择》,上海:上海文艺出版社,1986年版。

48. 周庆基等著:《新文学旧事丛话》,上海:上海教育出版社,1986年版。

49. 陈平原:《在东西方文化碰撞中》,杭州:浙江文艺出版社,1987年版。

50. 水如编:《陈独秀书信集》,北京:新华出版社,1987年版。

51. 胡适:《四十自述》,上海:上海书店,1987年版。

52. 陈平原:《中国小说叙事模式的转变》,上海:上海人民出版社,1988年版。

53. 王俊年编:《中国近代文学论文集·小说卷(1919—1949)》,北京:中国社会科学出版社,1988 年版。

54. 严家炎等编:《二十世纪中国小说史第一卷 1897—1916》,北京:北京大学出版社,1989 年版。

55. 陈平原、夏晓虹:《二十世纪中国小说理论资料(1897—1916)》,北京:北京大学出版社,1989 年版。

56. 王锦厚:《五四新文学与外国文学》,成都:四川大学出版社,1989 年版。

57. 舒新城:《近代中国留学史》,香港:中华书局,1989 年版。

58. 王跃、高力克:《五四:文化的阐释与评价》,太原:山西人民出版社,1989 年版。

59. 刘桂生、朱育和主编:《时代的错位与理论的选择》,北京:清华大学出版社,1989 年版。

60. 上海中西哲学与文化交流中心编:《时代与思潮(1)——五四反思》,华东师范大学出版社,1989 年版。

61. 乐黛云、王宁主编:《西方文艺思潮与二十世纪中国文学》,北京:中国社会科学出版社,1990 年版。

62. 于布扎、孙志成选编:《卢梭作品精粹》,石家庄:河北教育出版社,1990 年版。

63. 谢六逸:《日本文学史》,上海:上海书店出版社,1991 年版。

64. 夏晓虹:《觉世与传世——梁启超的文学道路》,上海:上海人民出版社,1991 年版。

65. 许纪霖:《智者的尊严》,上海:学林出版社,1991 年 12 月版。

66. 徐鹏绪、张俊才著:《中国近代文学研究概论》,天津:天津教育出版社,1992 年版。

67. 张俊才:《林纾评传》,天津:南开大学出版社 1992 年版。

68. 钱理群:《周作人论》,上海:上海人民出版社,1992 年版。

69. 李今:《个人主义与五四新文学》,哈尔滨:北方文艺出版社,1992 年版。

70. 陈福康:《中国译学理论史稿》,上海外语教育出版社,1992 年版。

71. 胡适:《五十年中国之文学》(《胡适学术论集·新文学运动》),北京:中华书局,1993 年版。

72. 王富仁:《灵魂的挣扎 文化的变迁与文学的变迁》,长春:时代文艺出版社,1993 年版。

73. 陈平原:《小说史:理论与实践》,北京:北京大学出版社,1993 年版。

74. 杨义:《二十世纪中国小说与文化》,台北:业强出版社,1993 年版。

75. 黄霖:《近代文学批评史》,上海:上海古籍出版社,1993 年 2 月版。

76. 耿云志:《胡适遗稿及秘藏书信》,合肥:黄山书社,1994 年版。

77. 赵毅衡:《苦恼的叙述者——中国小说的叙述形式与中国文化》,北京:北京十月文艺出版社,1994 年版。

78. 章士钊著,李妙根编选:《为政尚异论》,《章士钊文选》,上海:上海远东出版社,1996 年版。

79. 钱基博著:《中国现代学术经典——钱基博卷》,刘梦溪主编,傅道彬编校,石家庄:河北教育出版社,1996 年版。

80. 严复著:《中国现代学术经典·严复卷》,刘梦溪主编,欧阳哲生编校,石家庄:河北教育出版社,1996 年版。

81. 梁启超著:《中国现代学术经典·梁启超卷》,刘梦溪主编,夏晓虹编校,石家庄:河北教育出版社,1996 年版。

82. 田正平:《留学生与中国教育近代化》,广州:广东教育出版社,1996 年版。

83. 曹聚仁:《文坛五十年》,上海:中国出版集团东方出版中心,1997 年版。

84. 吴霓:《中国人留学史话》,北京:商务印书馆,1997 年版。

85. 杨义:《中国叙事学》,《杨义文存》(第一卷),北京:人民出版社,1997 年版。

86. 陈安湖主编:《中国现代文学社团流派史》,武汉:华中师范大学出版社,1997 年版。

87. 廖超慧:《中国现代文学思潮论争史》,武汉:武汉出版社,1997 年版。

88. 杨正典:《严复评传》,北京:中国社会科学出版社,1997 年版。

89. 张炯、邓绍基、樊骏主编:《中华文学通史(第五卷):近现代文学编近代文学》,北京:华艺出版社,1997 年版。

90. 陈万雄:《五四新文化的源流》,北京:生活·读书·新知三联书店,1997 年版。

91. 刘纳:《嬗变——辛亥革命时期至五四时期的中国文学》,北京:中国社会科学出版社,1998 年版。

92. 叶渭渠、唐月梅:《20 世纪日本文学史》,青岛:青岛出版社,1998 年版。

93. 胡适:《胡适文集》,北京:人民文学出版社,1998 年版。

94. 徐迅:《民族主义》,北京:中国社会科学出版社,1998 年版。

95. 邵盈午:《苏曼殊传》,北京:团结出版社,1998 年版。

96. 申丹:《叙述学与小说文体学研究》,北京:北京大学出版社,1998 年版。

97. 任继愈主编:《中华传世文选(12)·晚清文选》,长春:吉林人民出版社,1998 年版。

98. 杨义:《中国现代小说史》,《杨义文存》(第二卷),北京:人民出版社,1998 年版。

99. 郭延礼:《中国近代文学翻译文学概论》,武汉:湖北教育出版社,1998 年版。

100. 刘中树:《〈呐喊〉〈彷徨〉艺术论》,长春:吉林大学出版社,1999 年版。

101. 靳明全:《攻玉论——关于二十世纪初期中国政界留日生的研究》,重庆:重庆出版社,1999 年版。

102. 陈独秀著、秦维红编:《陈独秀学术文化随笔》,北京:中国青年出版社,1999 年版。

103. 邹小站:《章士钊传》,郑州:河南人民出版社,1999 版。

104. 邹振环:《影响中国近代社会的一百种译作》,北京:中国对外翻译出版公司,1999 年版。

105. 刘桂生:《严复思想新论》,北京:清华大学出版社,1999 年版。

106. 罗平汉:《风尘逸士 吴稚晖别传》,北京:华夏出版社,1999 年版。

107. 丁守和主编:《中国近代启蒙思潮》(上下卷),社会科学文献出版社,1999 年版。

108. 章含之、白吉庵主编:《章士钊全集》(总 10 卷),文汇出版社,2000 年版。

109. 郭延礼:《近代西学与中国文学》,南昌:百花洲文艺出版社,2000 年版。

110. 刘纳:《从五四走来——刘纳学术随笔自选集》,福建教育出版社,2000 年版。

111. 汪晖:《死火重温》,北京:人民文学出版社,2000 年版。

112. 俞兆平:《写实与浪漫——科学主义视野中的"五四"文学思潮》,上海:上海三联书店,2001 年版。

113. 裴效维主编:《近代文学研究》,北京:北京出版社,2001 年版。

114. 丁仕原:《20 世纪的一面镜子:章士钊论稿》,海南出版社,2001 版。

115. 邹小站:《章士钊社会政治思想研究》,郑州:河南人民出版社,2001 版。

116. 宋原放主编:《中国出版史料》(现代部分),济南:山东教育出版社;武汉:湖北教育出版社,2001 年版。

117. 严昌洪、许小青:《癸卯年万岁　1903 年的革命思潮与革命运动》,武汉:华中师范大学出版社,2001 年版。

118. 张大明:《西方文学思潮在现代中国的传播史》,成都:四川教育出版社,2001 年版。

119. 周晓明:《多源与多元——从中国留学族到新月派》,武汉:华中师范大学出版社,2001 年版。

120. 郭延礼:《中国近代文学发展史》(1—3 卷),北京:高等教育出版社,2001 年版。

121. 夏晓虹:《晚清社会与文化》,武汉:湖北教育出版社,2001 年版。

122. 王一川:《中国现代性体验的发生》,北京:北京师范大学出版社,2001 年版。

123. 王富仁:《中国文化的守夜人——鲁迅》,北京:人民文学出版社,2002 年版。

124. 郑家建:《中国文学现代性的起源语境》,上海:上海三联书店,2002 年版。

125. 中国史学会编:《辛亥革命与 20 世纪的中国》(上中下),中央文献出版社,2002 年版。

126. 许道明:《中国现代文学批评史新编》,上海:复旦大学出版社,2002 年版。

127. 陈平原:《思想史视野中的文学——〈新青年〉研究》,陈平原、山口守主编,《大众传媒与现代文学》,新世界出版社,2003 年版。

128. 陈方竞:《多重对话:中国新文学的发生》,北京:人民文学出版社,2003 年版。

129. 朱洪:《陈独秀传》,合肥:安徽人民出版社,2003 年版。

130. 方长安:《选择·接受·转化——晚清至 20 世纪 30 年代初中国文学流变与日本文学关系》,武汉:武汉大学出版社,2003 年版。

131. 颜德如:《梁启超严复与卢梭社会契约思想》,长春:吉林人民出版社,2003 年版。

132. 高力克:《五四的思想世界》,上海:学林出版社,2003 年 8 月版。

133. 高玉：《现代汉语与中国现代文学》，北京：中国社会科学出版社，2003 年版。

134. 郑匡民：《梁启超启蒙思想的东学背景》，上海：上海书店出版社，2003 年版。

135. 孙之梅：《南社研究》，北京：人民文学出版社，2003 年版。

136. 李泽厚：《中国近代思想史论》，天津：天津社会科学出版社，2003 年版。

137. 安庆市陈独秀学术研究会编注：《陈独秀诗存》，合肥：安徽教育出版社，2003 年版。

138. 杨联芬：《晚清至五四：中国文学现代性的发生》，北京：北京大学出版社，2003 年版。

139. 白吉庵：《章士钊传》，作家出版社，2004 年版。

140. 郭华清：《宽容与妥协—章士钊的调和论研究》，天津：天津古籍出版社，2004 年版。

141. 徐复观著、陈克艰编：《中国知识分子精神》，上海：华东师范大学出版社，2004 年版。

142. 佘小杰：《中国现代社会言情小说研究》，北京：中国社会科学出版社，2004 年版。

143. 朱寿桐：《中国现代社团文学史》，北京：人民文学出版社，2004 年版。

144. 鲁正葳：《撩开民国黑幕——报界奇才黄远生见证》，兰州：甘肃人民出版社，2004 年版。

145. 常乃德：《中国思想小史》，葛兆光导读，上海：上海古籍出版社，2005 年版。

146. 张宝明：《〈新青年〉个人、社会与国家关系聚焦》，北京:社会科学文献出版社,2005 年版。

147. 吴康:《新文学的本原》,长沙:岳麓书社,2005 年版。

148. 陈国庆:《中国近代社会转型研究》,北京:社会科学文献出版社,2005 年版。

149. 王玉琦:《近现代之交中国文学传播模式转换研究》,南昌:江西人民出版社,2005 年版。

150. 袁洪亮:《人的现代化　中国近代国民性改造思想研究》,北京:人民出版社,2005 年版。

151. 陈平原:《中国现代小说的起点——清末民初小说研究》,北京:北京大学出版社,2005 年版。

152. 陈平原:《触摸历史与进入五四》,北京:北京大学出版社,2005 年版。

153. 栾梅健:《二十世纪中国文学发生论》,桂林:广西师范大学出版社,2006 年版。

154. 岳凯华:《五四激进主义的缘起与中国新文学的发生》,长沙:岳麓书社,2006 年版。

155. 董炳月:《"国民作家"的立场——中日现代文学关系研究》,北京:生活·读书·新知三联书店,2006 年版。

156. 郑大华:《民国思想家论》,北京:中华书局,2006 年版。

157. 郑逸梅编著:《南社丛谈:历史与人物》,北京:中华书局,2006 年版。

158. 栾梅健:《民间的文人雅集:南社研究》,上海:中国出版集团,东方出版中心,2006 年版。

159. 朱洪:《陈独秀与胡适》,武汉:湖北人民出版社,2006 年版。

160. 丁仕原:《章士钊与近代名人》,北京:中国文史出版社,

2006 年版。

三、中译国外文献：

1.〔日〕实藤惠秀著、谭汝谦等译:《中国人留学日本史》,北京:三联书店,1983 年版。

2.〔美〕费正清编:《剑桥中国晚清史 1800—1911》,北京:中国社会科学出版社,1985 年版。

3.〔美〕林毓生:《中国意识的危机 "五四"时期激烈的反传统主义》,贵阳:贵州人民出版社,1988 年版。

4. 微拉·施瓦支(Vera Schw arcz)著、李国英等译:《中国的启蒙运动——知识分子五四遗产》,太原:山西人民出版社,1989 年。

5.〔美〕费正清编:《剑桥中华民国史 1912—1949》,北京:中国社会科学出版社,1994 年版。

6.〔日〕伊藤虎丸著、孙猛等译:《鲁迅、创造社与日本文学 中日近现代比较文学初探》,北京:北京大学出版社,1995 年版。

7.〔美〕格里德著、鲁奇译:《胡适与中国的文艺复兴——中国革命中的自由主义（1917—1937）》,南京:江苏人民出版社,1996 年版。

8.〔斯洛伐克〕玛利安·高利克著,陈圣生等译:《中国现代文学批评发生史 1917—1930》,北京:社会科学文献出版社,1997 年版。

9.〔美〕林毓生:《中国传统的创造性转化》,北京:生活·读书·新知三联书店,1998 年版。

10.〔美〕周策纵著,周子平等译:《五四运动——现代中国的思想革命》,南京:江苏人民出版社,1999 年版。

11.〔日〕伊藤虎丸著、李冬木译:《鲁迅与日本人 亚洲的近代与"个"的思想》,石家庄:河北教育出版社,2000 年版。

12.〔美〕李欧梵:《现代性的追求　李欧梵文化评论精选集》,北京:生活·读书·新知三联书店,2000 年版。

13.〔美〕张灏:《梁启超与中国思想的过渡》,崔志海、葛夫平译,南京:江苏人民出版社,2000 年版。

14.〔美〕夏志清:《中国现代小说史》,刘绍铭等译,香港:中文大学出版社,2001 年版。

责任编辑:薛　晴
装帧设计:艺和天下
版式设计:刘泰刚
责任校对:闫　宓

图书在版编目(CIP)数据

《甲寅》月刊与中国新文学的发生/赵亚宏 著.

　-北京:人民出版社,2011.8

ISBN 978－7－01－010209－2

Ⅰ.①甲…　Ⅱ.①赵…　Ⅲ.①社会科学-期刊-关系-新文学(五四)

　-研究-中国-现代　Ⅳ.①G239.296 ②I209.6

中国版本图书馆 CIP 数据核字(2011)第 175357 号

《甲寅》月刊与中国新文学的发生
JIAYIN YUEKAN YU ZHONGGUO XINWENXUE DE FASHENG

赵亚宏　著

人民出版社 出版发行
(100706　北京朝阳门内大街166号)

北京市文林印务有限公司印刷　　新华书店经销

2011 年 8 月第 1 版　2011 年 8 月北京第 1 次印刷

开本:880 毫米×1230 毫米 1/32　印张:11.25

字数:295 千字

ISBN 978－7－01－010209－2　定价:24.80 元

邮购地址 100706　北京朝阳门内大街 166 号

人民东方图书销售中心　电话 (010)65250042　65289539